U0890162

国家出版基金项目
NATIONAL PUBLICATION FOUNDATION

国家“十三五”重点图书出版规划　广东省原创精品出版项目

中国房地产与宏观经济研究丛书

房地产金融：中国实践与国际借鉴

蔡真　著

China's Real Estate and Macroeconomic Studies Series

SPM
南方出版传媒
广东经济出版社
—广州—

图书在版编目（CIP）数据

房地产金融：中国实践与国际借鉴／蔡真著. —广州：广东经济出版社，2019. 2
ISBN 978 -7 -5454 -6634 -8

Ⅰ. ①房… Ⅱ. ①蔡… Ⅲ. ①房地产金融业 - 研究 - 中国 Ⅳ. ①F832. 45

中国版本图书馆 CIP 数据核字（2018）第 299078 号

出 版 人：李　鹏
责任编辑：黄　炘
责任技编：许伟斌
封面设计：朱晓艳

《房地产金融：中国实践与国际借鉴》
Fangdichan Jinrong：Zhongguo Shijian yu Guoji Jiejian
蔡真　著

出版发行	广东经济出版社（广州市环市东路水荫路 11 号 11 ~ 12 楼）
经销	全国新华书店
印刷	佛山市迎高彩印有限公司 （佛山市顺德区陈村镇广隆工业区兴业七路 9 号）
开本	787 毫米 × 1092 毫米　1/16
印张	22
字数	286 940 字
版次	2019 年 2 月第 1 版
印次	2019 年 2 月第 1 次
书号	ISBN 978 -7 -5454 -6634 -8
定价	63. 80 元

如发现印装质量问题，影响阅读，请与承印厂联系调换。
发行部地址：广州市环市东路水荫路 11 号 11 楼
电话：（020）38306055　37601950　邮政编码：510075
邮购地址：广州市环市东路水荫路 11 号 11 楼
电话：（020）37601980　营销网址：**http://www.gebook.com**
广东经济出版社新浪官方微博：**http://e.weibo.com/gebook**
广东经济出版社常年法律顾问：胡志海律师

序

房地产金融学是一门应用学科，也是一门交叉学科。就一般意义而言，它旨在应用金融经济学的一般原理阐释房地产市场以及相关金融机构是如何运作的。从教科书的写作来讲一般包括三部分内容：一是与房地产相关的金融基本原理，具体包括金融杠杆、金融中介理论、投资组合理论、政策性金融理论、行为金融理论等；二是相关产品及相关市场的应用，具体包括房地产开发贷、住宅抵押贷款、抵押贷款二级市场、房地产投资信托基金、房地产保险等，这些应用内容围绕产品功能、产品估价、市场概况、风险管理等议题展开；三是专题研究，包括房地产泡沫、房地产周期、住房金融制度的跨国比较等。从国外的研究尤其是美国的研究来看，房地产金融是一个相对较窄的研究领域，它重点关注以政府支持机构为主的住房贷款体系以及由此发展出来的证券化市场等，实际上它属于政策性金融的一部分。从历史的逻辑看，伴随着人口迁移和城市化进程，资本主义国家面临严重的住房短缺问题，住宅无论对开发商还是对购房者而言都具有资金投入数量大、占用时间长的特点，因此房地产金融在早期大都是以合作金融和政策性金融的形式存在的。

本书的书名为《房地产金融：中国实践与国际借鉴》，就中国实践而言有哪些独特之处呢？首先，我国政策性住房金融体系发展较为曲折。20世纪80年代中国人民银行批准设立的烟台住房储蓄银行和蚌埠住房储蓄银行先后转型为城市商业银行，目前专业住房储蓄银行仅有中德住房储蓄银行一家，但其业务也涉及吸收公众存款、发放商业按揭贷款、理财等传统银行业务。1991年我国率先在上海试点住房公积金制度，随后向全国推广。然而时至今日住房公积金制度不得不面临改革的窘境：一方面住房公积金制度的覆盖人群少，截至2016年底公积金覆盖人数仅1.3亿，这与制度设计最初的保障功能相背离；另一方面，现行住房公积金制度缺乏公平性，作为一项带有政策性金融性质的制度，其补贴对象应为低收入人群，而目前缴存对象主要为政府、事业单位、国有企业职工，这造成了低收入者往往无力购买房屋，高收入者运用住房公积金享受低息贷款拥有多套住房的局面。由于住房公积金制度本身的缺陷，其二级市场也没得到充分发展，直到2014年武汉市住房公积金中心才发行了首例公积金资产证券化产品。由于上述原因，本书并不探讨中国的住房公积金制度以及相应的二级市场。其次，中国是一个间接金融主导的国家，贷款无论是在房地产开发还是在个人住房购买方面都是主导的金融产品，因此在中国探讨房地产金融一定绕不开对信贷关系的探讨。与完全市场化的西方国家相比，它们以价格工具——利率为主要调节方式，我国则以数量工具为主要手段，具体包括：规模的窗口指导、首付比例标准、限贷等。那么何种方式更为有效呢？这取决于制度背景以及宏观经济环境。再次，土地财政与银行信贷纠缠在一起。由于分税制改革导致地方政府财权上收、财力下降，地方政府在承担公共基础设施建设责任时不得不求助于土地财政：通过土地招拍挂制度以及农地转非过程中的垄断地位，地方政府在土地交易过程中形成了极大溢价。地方政府以土地储备为抵押，再从银行获得贷款支撑投资扩张，由此形成了“土地财政→银行信贷→基建投资”的循环。由于货币创造的内生性，土地财政成为近十年货币超发的源头之一。2014 年通过的新《中华人民共和国预算法》允许地方政府举债，即将债务问题明面化，此后又进行了大规模的债务置换工作，然而目前地方政府以融资平台、PPP 等形式存在的“明股实债”数额依然巨大，地方政府的隐性债务已经成为系统性风险的源头之一。因此，研究中国的房地产金融问题，应将土地财政以及相关的融资活动囊括进来。最后，房地产泡沫问题。当前中国房价泡沫成分之大，已经到了令人咋舌的地步。根据国际调查公司 Numbeo 的统计，2017 年北京、上海、深圳这三座城市的房价收入比在全球城市中排名分别为第 5、第 7 和第 2。如果房价继续上涨，将导致实体投资回报率不如房价上涨率，从而引致实体经济的挤出效应；如果房价泡沫破裂，房价下跌传导至地价，将导致地方政府债务违约风险增大。金融学研究的一个重要对象是风险问题，而房地产和地方政府债务已经构成了系统性风险的一对孪生兄弟。

就本书第二项内容“国际借鉴”而言，涉及如下几点：第一，借鉴西方的经济学金融学基本原理和方法论，如杠杆原理、巴拉萨 - 萨缪尔森效应、一价定律、最优化方法、计量经济模型等，这些原理和方法贯穿于各章的分析中。第二，就历史上西方典型国家的房地产泡沫事件展开研究，梳理泡沫发酵的背景、展示泡沫形成发展的过程以及泡沫破灭的严重后果，从而对我国房地产市场的发展起到警示作用。就泡沫形成的机理而言，本书从比较金融的视角展开，重点分析以德国为代表的“社会型市场”模式和以英美为代表的“利润驱动型市场”模式在住宅金融方面的差异，从而为房地产市场长效机制的建立发挥借鉴作用。第三，城市化的一般规律。住房短缺和房价高涨是伴随着城市化进程而来的，金融则是服务实体经济的血脉；总结西方国家城市化的一般经验有利于理解房价变动的规律，从而为货币金融政策的因势利导奠定基础作用。

全书共分四篇内容：第一篇是基础性的内容，为《房地产与金融关系研究》，具体包括四章：第一章《房价与信贷关系研究》，该文构建了包括购房者、开发商以及银行三者的内生模型，该模型说明了提升贷款利率进而遏制房价过快上涨的总需求管理政策并不一定成立。因为提高贷款利率尽管起到了遏制贷款需求的作用，但从银行供给角度看则起到了促进作用，在房地产景气周期中，抵押物价值上涨远远超过贷款成本的增加。在中国实践中，紧缩政策还降低了银行资金成本，反而增强了银行放贷动力。这些因素使得价格型政策在中国的房地产调控中难以发挥作用，文中的实证研究证明了上述结论，而后续以“国十条”为代表的数量调控政策在实践中则发挥了较好的效果。第二章《地方政府债务可承受水平测度》，土地财政以及相关的融资活动推升了房价，也形成了地方政府严重的隐性债务。当时写作这篇文章的目的在于为地方政府开闸发债进行技术准备，根据地方可支配财力测度债务上限。这篇文章的贡献包括两点：一是指出了过往文章在应用期权方法时用税收流量去对应债务存量的错误，这导致债务可承受水平的严重低估，这是一个低级错误，但影响甚广；二是做了一点精细化的工作，即对各省地方可支配财力和刚性支出部分进行了详尽而细致的估算。第三章《美国量化宽松政策对中国房地产市场的影响》，该文主要考察了外部冲击对中国房地产市场的影响，分析了基于利率汇率渠道和“巴拉萨－萨缪尔森效应”传导渠道展现的机会窗口，并进行了计量检验，其结论表明美国量化宽松的货币政策形成了充裕的流动性，流动性的外溢导致了中国房价上升。当美国退出量化宽松货币政策时，中国应适当关闭资本项目闸门，防止汇率和房价双杀。第四章《房地产已成系统性风险重要源头》，这篇文章从理论角度回答了为什么房地产应成为系统性风险监测的重要领域，对房地产市场与银行部门、地方政府债务、实体经济的关联程度进行了详尽分析，对系统性风险的传染途径进行了沙盘推演。文章最终结论如题——房地产已成系统性风险重要源头，值得监管当局高度关注。总的来讲，第一篇内容构成了房地产与金融关系的完整结构：从内部讲包括了信贷和土地财政的内容，从外部讲包括了外部冲击的因素；由于房地产市场联系着消费者、地方政府、银行，具有系统重要性的地位，我们对其风险进行了分析；这四章构成了“一核三方向”的立体结构。

第二篇为《泡沫问题》，是对第四章《房地产已成系统性风险重要源头》的回应，即系统性风险崩塌会怎么样？《典型国家房地产泡沫形成、发展、破灭过程分析》这篇文章对日本和美国的情况进行了研究，并对中国进行了对标分析。一是我们的城市化进程还未结束，二是我们应对危机可以采取一些临时性的管控手段。尽管这是一篇对策性的工作论文，但收录在本书中我对治理泡沫的措施进行了一些学术思考：单纯用货币政策应对泡沫往往会付出巨大的代价，日本和美国都是鲜活的例子；而宏观审慎政策可减少货币政策对金融稳定的负面作用，“双支柱调控框架”形成的现实依据正基于此。这部分内容体现在该文的题记中。《中国房价存不存在泡沫》这篇文章是对当时主流观点“将房价高涨归结为城市化以及学区房等刚需因素”的一个回应。该文由《新帕尔格雷夫货币金融大辞典》中的“泡沫状态”的定义逐层展开，以深圳和北京为例辨析了房价是否存在泡沫，并探讨了导致房价泡沫的成因。

第三篇为《泡沫抑制——房地产市场长效机制建设》，这篇内容本可以和第二篇《泡沫问题》合为一篇，但之所以独立成篇，是因为2016年底中央经济工作会议提出“研究建立房地产市场长效机制”，

2017年底中央经济工作会议在打好防范化解重大风险攻坚战中强调“促进金融和房地产的良性循环”，由此足见抑制泡沫、促进房地产市场健康发展的重要性。然而时至今日，对于“房地产市场长效机制的基本理念和内涵是什么”“主要内容和具体措施包括哪些”“从理念到政策措施的理论逻辑是什么”这些问题，无论是决策层还是学界都没有清晰明确的答案。对此本书从比较金融的视角出发，分析了以英美为代表的“盎格鲁撒克逊模式”存在的弊端，阐明了以德国为代表的“社会型市场模式”发挥稳定市场作用的机理，在此基础上提出了房地产长效机制的理念和主要内容，同时文章也指出了当前与长效机制理念不相容的一些政策。

第四篇为《城市化的规律》，主要从城市化的角度考察房价变动规律以及房地产调控政策。如果说金融和泡沫问题考察的是房地产走势的短期因素，那么城市化则是贯穿房价变动的长周期因素，具有决定性力量。此篇包括四章内容：《从城市化一般规律看房价走势》一文从国际视野考察了发达国家城市化的一般规律，其结论是除极个别国家外大部分国家的城市化都采取“大城市化”战略；文章对中国所处的城市化阶段以及房价长期走势进行了研判。《治理“大城市病”要遵循规律——从城市规划视角看“拆墙门”事件》一文与整本书的主题略有偏离，主要探讨了治理“拆墙打洞”对缓解城市交通压力的效果。《中国高铁或重塑城市化规律——兼论房地产调控与城市化格局的匹配》一文是对城市化规律的进一步探讨。常识告诉我们规律和政策之间前者的力量大于后者，这也是我们在制定政策时要因势利导、顺势而为的原因；然而一旦条件改变规律也可能发生变化。当前中国高铁运营里程数高达2.2万公里，居世界首位；中国高铁形成的巨大网络效应正是改变城市化规律的重要前提条件。该文认为高铁对城市化规律的改变可能表现在城市化发展的第三阶段，即中国可能跨越城市发展的郊区化阶段直接过渡到城市带阶段。然而，高铁的网络效应是一把双刃剑，它既可能将中心城市过大的负载导出，也可能加强中心城市的虹吸效应。基于此，该文提出了房地产调控如何与高铁背景下城市化格局相匹配的对策。《住宅市场的价格特征：以北京为例》是一篇有关方法论应用的文章。从篇章结构来看，前三篇文章探讨的是一国范围内城市化的一般规律，而这篇文章探讨的是一座城市内部房价空间分布的规律。该文通过特征价格的计量方法对房价的各部分进行了分离。用政治经济学的语言来说，方程的截距项部分就是整座城市的绝对地租，其他各部分的关系可概括为“以位置为代表的级差地租Ⅰ对房价的影响” >“以追加投资为代表的级差地租Ⅱ对房价的影响” >“建筑物自身对房价的影响”。

2018 年是中国改革开放 40 周年，也是住房市场化改革 20 周年。中国社会科学院财经战略研究院倪鹏飞研究员与广东经济出版社合作出版《中国房地产与宏观经济研究》系列丛书，以作纪念。倪鹏飞老师是城市和房地产研究领域的领军人物，非常荣幸受到倪老师邀请，于是便有了《房地产金融：中国实践与国际借鉴》这本拙作，在此表示感谢！

当今社会是信息爆炸的社会，读者面临的首要问题是如何处理泛滥的信息；而 20 年的住房市场化改革又非只言片语就能说清，当然这也不符合出版一本书的要求。如何处理这一矛盾？我想在文章选取方面必须精而又精，在框架结构方面应设计合理，这样可以使读者容易把握历史线索和重点。即使这样，阅读一本二十多万字的著作也是很耗费时间和精力的，更何况其中还涉及数学推导和计量检验。受到平时写作报告都会在开头做一题要的启发，我在每一篇文章的开头都做了一个短篇的题记，它大致有这么三个作用：第一，向读者交代相关背景、本人当时对市场的感受、写作中的故事等，这样让人读起来略带历史感，而历史以故事方式展开会更有趣；第二，交代文章的核心观点、主要内容等，也即学术上所言的文章的边际贡献，这符合专业人士的口味，愿意读就继续，不愿意读也可搁置一边；第三，大部分文章尽管已经发表，但再次集结在一起会有一些新的学术思考，题记还发挥了补遗的作用，这算是对自己的交代。

本书是本人以独著身份出版的第一本著作，也是本人近十年对房地产金融研究成果的一个精选。这一成绩的取得离不开中国社会科学院金融研究所前辈的指导和鼓励，这里对李扬、殷剑峰、刘煜辉、胡滨、程炼、彭兴韵、黄国平、汪利娜、尹中立、袁增霆等诸位师长表示诚挚的感谢！本书部分章节的计算和写作还得到了牛新艳（山东财经大学）、栾稀（中国人民银行）、祁逸超（交通银行）的帮助，广东经济出版社的张晶晶、黄炘编辑为本书的出版付出了辛勤的劳动，在此一并致谢！

受时间和本人理论水平所限，书中有疏漏和错误在所难免，恳望同行与广大读者批评指正。

蔡　真

2018 年 4 月 12 日　北京

目 录

第一篇 房地产与金融关系研究

第三篇　泡沫抑制——房地产市场长效机制建设

第四篇　城市化的规律

第一篇

房地产与金融关系研究

第一章　房价与信贷关系研究

2008年是改革开放30周年，中国在盛夏承办了举世瞩目的奥运会，这一年可谓是举国欢庆的一年。然而，决策层以及搞经济研究的学者都知道这一年中国经济面临较大压力，因为次贷危机正迅速向全球蔓延，令大家印象最为深刻的是“4万亿”投资计划。实际上，更多的刺激政策于奥运会之后就立即启动，中小银行法定准备金率在90多天的时间里连续下调4次，大型银行的法定准备金率则由峰值时的17.5%下降至15.5%。政策效果在初期并不明显，各类价格指数处于持续下跌通道，GDP季度同比也放缓，作为局部的房地产市场，其价格在2008年下半年一直下跌。房地产行情的戏剧化反转从2009年开始：这一年我博士研究生毕业，于9月搬入中国社科院在通州的宿舍，刚刚搬入宿舍后不久就听说对面的一个新楼盘由最低点的9000元/米^{2}涨至17000元/米^2，而这就发生在短短不到一年的时间里。这对于刚刚留京工作、月收入只有4000元的我来说，只能“望房兴叹”。工作之余有时会去周边的房产中介转一转，当时听中介说许多人没等房本下来就与原业主签订购买二手房的购房合同；此事之于完全没有购房经验的我来说简直是骇闻，因为我觉得在没见到业主原始房本的情况下付下巨款实在是风险巨大，由此足见当时市场上的投机氛围。此后还陆续有“业主因房价上涨过快而违约”的新闻见诸媒体。2010年元旦刚过，国务院办公厅就发布了《关于促进房地产市场平稳健康发展的通知》，这实际上表明了高层对2009年房价快速上涨行情在态度上的转变，从该通知的标题用语以及具体内容来看，调控是相对温和的。然而，房价飙升的情况并没有得到改观。2010年4月国务院又出台了《国务院关于坚决遏制部分城市房价过快上涨的通知》（即“新国十条”），该通知的标题语气明显强硬起来，具体措施主要表现为数量调控，包括提高首付比例和限购。与此几乎同时货币信贷政策也迅速转向：2009年下半年以来基准利率上浮的贷款比例大幅上升，2010年上半年准备金率连续上调三次。然而房地产市场“高热不退”的现象还在持续。

2010年暑假一过，时任中国社会科学院金融研究所房地产金融中心主任的汪利娜老师接受了某部委委托的《房地产与金融关系》课题，她邀请我参与这个课题。我欣然应允：一方面，希望通过这个课题找到推动房价快速上涨的某些规律，以便在未来找准时点不再“望房兴叹”，也恰恰因为这，我后来对房地产的研究兴趣渐浓，走上了专业研究的道路。另一方面，我的博士论文选题是关于货币政策传导渠道，尤其关注信贷传导渠道的研究，这一点恰好与课题的子部分《房价与信贷关系研究》相契合。早在博士学习阶段，货币政策研究领域的领军人物李扬老师就教导我们，中国的货币政策传导机制不同于西方传统理论，即使信贷传导渠道也可能不同于西方所说的“资产负债表渠道”以及“基于市场的信贷配给（credit rationing）渠道”，在中国带有行政命令的规模管理在实践中可能更有效。站在老师的肩膀上，这篇文章进行了一些探索和检验工作，主要结论就是：针对房价调控的数量政策（尤其是针对购房人的数量政策）有效，而价格政策作用不大。实际上，这篇文章在刊出时还有个副标题——兼论“新国十条”政策的有效性，“新国十条”与以往政策的不同之处在于采取了大幅提高首付比例以及限购的数量管理措施。令人欣慰的是，2011 年论文发表后房价进入平稳运行通道，2012 年上半年还有所下降。

本文的其他贡献（如果算得上的话）还包括：第一，通过提升贷款利率进而遏制房价过快上涨的总需求管理政策并不一定成立。利率的上升提高了借款人资金成本，起到了遏制贷款需求的作用，从而导致对住宅需求下降，房价降低。然而这一结论是在银行信贷外生给定的条件下推导的。如果将银行利润最大化假设内生于方程，那么提升贷款利率对于银行贷款供给来说却起到了促进作用，尤其是在房地产景气周期中，这一现象将加强和持续，因为抵押物价值上涨时是不会造成违约。因此，房地产均衡价格的走势将最终取决于贷款供需双方力量的对比。这也提示我们：在房地产景气周期中，寄希望于提高贷款利率遏制需求的政策需要慎用，因为它在资金供给面产生了负面影响，它会刺激银行放贷冲动，以追逐短期的利润。这部分论述参见正文第二部分“房价与信贷关系理论模型”。第二，紧缩性货币政策之所以没有起到抑制房价的作用，是因为它降低了银行的资金成本，反而增加了银行放贷动力。无论是提高法定准备金率还是发行央票收缩流动性，这实际上都是增加了银行的无风险收益，降低了资金成本。正文第三部分“房价与信贷关系实证研究”详细测算了银行放贷的资金成本，并将资金成本与房贷规模之间进行了格兰杰因果检验，结果表明资金成本降低是导致贷款规模增长的原因。以上两点也就解释了“为什么中国的房地产市场越调控越涨”。

本文最初发表于《金融评论》2011 年第 1 期，同时也被中国社会科学院金融研究所成立十周年的纪念文集《十年回眸》收录。

近年来，部分城市房价上涨过快，中低收入群体住房问题成为全社会关注的焦点。正如“新国十条”（《国务院关于坚决遏制部分城市房价过快上涨的通知》）所指出的，“住房问题关系国计民生，既是经济问题，更是影响社会稳定的重要民生问题”。因此，如何保持房地产市场健康平稳地发展成为房地产调控的重要议题。

本文从房价与信贷的关系角度出发，阐述信贷推动房价上升的内在机理，在当前中国金融运行背景下讨论房价调控的各种信贷政策的有效性。

一、文献回顾及评述

关于房价与银行信贷关系的文献中，较为经典的是 Allen 和 Gale（1998）的论文 *Bubbles and Crises*。在该文中，Allen 和 Gale 建立了房地产市场的局部均衡模型，并通过对比投资者完全用自有资金和完全用银行贷款进行投资时房产收益的均衡解，得出银行信贷起到了推高房价的作用。他们指出房价收益率变高的机理是：银行中介的存在导致了代理投资问题，使得投资者具备了风险转嫁的动机和激励，这导致了房价的泡沫。此外，他们还研究了信贷不确定性对房价收益率的影响，其结论是由信贷不确定性产生的泡沫规模比确定性条件下更大。王胜（2008）对 Allen 他们的模型进行了扩展，考虑了投资者部分使用银行贷款的情形，从而将模型一般化。袁志刚、樊潇彦（2003）将房地产开发商的供给方程单独考虑，然后比较了没有银行信贷条件下和有银行信贷条件下的房价均衡解，得出与 Allen 同样的结论。该文颇有新意之处是考虑了开发商和消费者外生违约概率的情况，进而考虑了房地产泡沫破裂与违约率之间的关系。Stein（1995）提供了一个存在迁移意愿的重复购买者模型，从而考察了住房市场波动的主要因素。Stein 将购房者分成三类：一是不受信贷约束的移动者；二是受信贷约束的移动者；三是受信贷约束的非移动者。第二类购房者受金融约束，并选择卖掉老房买入新房。他们在住房市场上扮演关键的不稳定角色，因为他们对房屋的净需求是房价的增函数（如果房价上涨，这些受约束的移动者将从卖出的老房中实现更多收益从而支付更多首付款获得更大的新房）。根据这一假设，Stein 推出了市场在上升时期比下跌时期具有更强烈交易活动的结论。武康平、皮舜等（2004）建立的模型考虑了二级代理问题，即银行放款人与银行利益不一致的情况。其研究结论认为房地产价格的上涨导致了银行信贷的增加，银行信贷供给增加导致房地产价格的上涨，二者之间存在正反馈的作用机制。

实证研究方面，Lamont 和 Stein（1999）的研究表明，在引入融资效应后，住宅价格对人均收入的变化更为敏感。他们将 LTV（Loan to Value，贷款价值比）超过 80% 的家庭占比作为划分高融资城市（LTV 超过 80% 的比例为 25%）和低融资城市（LTV 超过 80% 的比例仅为 5%）的标准，当人均收入都增长 1% 的情况下，高融资城市的房价增长 0.64%，低融资城市的房价增长为 0.19%，前者是后者的 3 倍多，这体现了房价增长中的融资杠杆作用。Case、Schiller 和 Weiss（1995）对美国 50 个州 1975—1993 年这 18 年间丧失住房抵押赎回权的数据（foreclosure data）进行了实证分析，得出的结论是：当房价总体快速上涨时，按揭贷款的风险可以忽略不计，但是，一旦房价走平（level - off）或者上升趋势中断，那么按揭贷款的风险急剧增大，而当住宅的总体价格开始下跌时，按揭贷款的风险将十分高。Davis、Philip 和 Zhu（2004）利用 17 个国家的面板数据对商业地产价格和银行贷款之间的关系进行了实证分析，其结论是房地产价格的上涨导致了银行信贷的扩张，而不是过度的银行信贷扩张导致了房地产价格的上涨。Chen 和

Wang（2007）使用1991—2001年中国台湾的房产交易数据，研究了资产价格周期波动中抵押物价值和贷款的关系。研究结果发现，可抵押资产的价值对贷款的规模存在正向和显著的影响，同时抵押物的杠杆效应对资产价格波动是顺周期的。国内实证研究方面，李健飞、史晨昱（2005）采用协整分析方法，利用1998年1月至2004年9月之间的季度数据，对我国房地产价格波动和银行信贷之间的关系进行了实证研究，其研究结论是，银行的过度放贷并不是目前房地产价格上涨的根源，而房地产价格上涨对银行信贷扩张的作用却是不可忽略的。张涛、龚六堂、卜永祥（2006）对中国房地产价格与房地产贷款的关系进行了实证分析，结果表明中国房地产价格水平与银行房地产贷款有较强的正相关关系。

就理论文献而言，无论是Allen和Gale（1998）还是袁志刚、樊潇彦（2003）的模型，他们对银行贷款这一变量的假设都是外生给定并且是无弹性的。而事实上，在现代货币经济中，银行信贷在货币创造活动中扮演了重要的角色，应在模型中考虑银行信贷内生的情况。在经验研究方面，现有文献大多集中在房价与信贷的协整关系以及两者谁是因、谁是果的讨论中，就中国现实而言，银行信贷的发放除了取决于市场化的因素外，还受到一些行政管制因素的影响（如半管制的贷款利率，行政性的窗口指导，借款人资格的硬性规定等），因此对房价与银行信贷之间的关系，关于货币政策的影响、传导机制以及中国特色的货币政策工具的探讨都应是题中之义。在下文的理论研究部分，我们将逐一讨论无信贷支持的房价决定、信贷外生和信贷内生情形下的房价信贷关系，并证明若干命题；在实证研究部分，我们将论述现行金融体制下各种价格调控政策的弊端。

二、房价与信贷关系理论模型

（一）无信贷支持的房地产市场均衡价格

1. 房地产消费者的购房决策

消费者将其可支配收入 Y 用于房地产和一般商品消费。设 P_1 为房地产价格，Q 为购买房地产的数量，则房地产消费总额为 P_1Q 。用于其他商品的消费，我们将其简化为一种产品，价格为标准单位 1，消费的数量为 N 。房地产消费者的效用水平主要与消费物品的数量有关，假设房地产需求者的效用函数为柯布－道格拉斯形式 $u(Q,N) = Q^{\rho}N^{1-\rho}$ 。为简便计算，取 $\rho = 1/2$ ，并将原函数由指数形式转换成对数形式，函数转变为 $\ln u(Q,N) = 0.5\ln Q + 0.5\ln N$（由于上述变换在定义域内是单调增变换，故消费者偏好并不因函数形式的改变而发生变化）。房地产消费者面临的约束是各种消费不能超过可支配收入。因此，房地产消费者的购房行为可描述成如下最优化问题：

$$\max \quad \ln u(Q,N) = 0.5\ln Q + 0.5\ln N$$

$$s.t. \quad P_1Q + N = Y$$

求上式一阶条件，可得消费者的最优化行为需满足：

$$P_1Q = Y/2 \tag{1}$$

此式的含义是消费者将一半的可支配收入用于购房消费，这一决策结果是由效用弹性 ρ 决定的，而我们假定 ρ 等于 0.5。

2. 房地产开发商的投资决策

房地产开发商仅依靠自有资金投资开发房地产，其投资额用 I 代表，开发商收入主要为出售房地产产品所得，承担的成本主要有建房成本和自有资金的机会成本。假设开发商自有资金的机会成本为银行存款利率 r（这个假设是恰当的，因为银行存款利率是无风险资产的收益，而若假设成其他形式，则需考虑风险因素，公式将复杂化）。房地产开发商的建造成本随着规模的扩大而增加，并且我们假定边际成本是递增的，函数形式为：$C = c \cdot \frac{Q^2}{2}$，$c$ 表示房地产开发商建房的单位成本。房地产开发商的利润函数为 $\pi = P_1Q - 0.5 \cdot cQ^2 - Ir$。房地产开发商面临的约束为建造成本不能超过自有资金。因此，房地产开发商的住房开发行为可描述成如下最优化问题：

$$\max \quad \pi = P_1Q - 0.5 \cdot cQ^2 - Ir$$

$$s.t. \quad 0.5 \cdot cQ^2 = I$$

求上式一阶条件，可得开发商的最优化行为需满足：

$$P_1 = cQ(1 + r) \tag{2}$$

此式的含义是开发商对房产的定价是房产的开发成本加上使用这笔资金进行开发的机会成本。

联立（1）（2）两式，可得无信贷支持条件下房地产市场的均衡价格。由于两式联立为二次多项式，价格为正，取正根，得

$$P_1 = \sqrt{\frac{c(1 + r)Y}{2}} \tag{3}$$

由式（3）可以看出，在无信贷支持条件下，房地产市场的均衡价格与供给面的开发成本和资金使用成本正相关，与需求面的可支配收入正相关，但并不是线性相关。

（二）银行信贷支持且外生给定情况下的供需抉择

1. 信贷支持条件下房地产消费者的购房决策

与无信贷支持的情况相比，这里引入两个新的变量：一是 φ ，表示房地产消费者购房贷款占房价的比例，显然 $0 < \varphi < 1$ ；二是 r_L ，表示房地产消费贷款的利率。消费者的最优化行为依然是最大化柯布－道格拉斯效用函数。约束条件为：房地产消费者的可支配收入扣除一般商品的消费外用于购房首付款和贷款利息，公式形式为 $N + (1 - \varphi)P_2Q + r_LL = Y$ 。房地产消费者在信贷支持条件下的最优化问题表述如下：

$$\max \quad \ln u(Q,N) = 0.5\ln Q + 0.5\ln N$$

$$s.t. \quad N + (1 - \varphi)P_2Q + r_LL = Y$$

$$L = \varphi \cdot P_2Q$$

求上式一阶条件，可得消费者的最优化行为需满足：

$$P_2Q = Y/[2(1 - \varphi + \varphi \cdot r_L)] \tag{4}$$

2. 信贷支持条件下房地产开发商的投资决策

与无信贷支持的情况相比，对于房地产开发商的投资决策我们同样引入两个新的变量：一是 λ ，表示房地产开发商借贷资金占总投资的比例，显然 $0 < \lambda < 1$ ；二是 r_L ，表示房地产开发贷款的利率，为方便起见，这里假设开发贷款利率与房屋消费贷款利率相等。房地产开发商的目标是利润最大化，利润函数为房屋总售价减去总开发成本、自有资金的机会成本以及贷款总利息。约束条件为房屋的建造成本不能超过自有资金和借贷资金之和。房地产开发商在信贷支持条件下的最优化问题表述如下：

$$\max \quad \pi = P_2Q - 0.5 \cdot cQ^2 - Ir - \frac{\lambda I}{1-\lambda} \cdot r_L$$

$$s.t. \quad 0.5 \cdot cQ^2 = \frac{I}{1-\lambda}$$

求上式一阶条件，开发商的最优化行为需满足：

$$P_2 = cQ[1 + (1-\lambda) \cdot r + \lambda \cdot r_L] \tag{5}$$

联立（4）（5）两式，可得金融信贷支持条件下房地产市场的均衡价格。舍去负根，得：

$$P_2 = \sqrt{\frac{c[1 + (1-\lambda) \cdot r + \lambda \cdot r_L]Y}{2(1 - \varphi + \varphi \cdot r_L)}} \tag{6}$$

3．**若干命题的判断**

命题 1：信贷资金的介入推高了房价。

对于该命题，须比较 P_2 和 P_1 的大小。由于 P_2 和 P_1 有共同的系数 $\sqrt{\frac{cY}{2}}$，则只需比较 $\frac{1 + (1-\lambda) \cdot r + \lambda \cdot r_L}{1 - \varphi + \varphi \cdot r_L}$ 是否大于 $1 + r$。

推导过程如下：

（1）对于分母，$0 < 1 - r_L < 1$ 且 $0 < \varphi < 1 \Rightarrow -1 < -\varphi < -\varphi \cdot (1 - r_L) < 0 \Rightarrow 0 < 1 - \varphi \cdot (1 - r_L) < 1$；

（2）由于分母介于 0 到 1 之间，则 $\frac{1 + (1-\lambda) \cdot r + \lambda \cdot r_L}{1 - \varphi + \varphi \cdot r_L} > 1 + (1-\lambda) \cdot r + \lambda \cdot r_L = 1 + r + \lambda(r_L - r) > 1 + r$，原命题得证。

命题 2：房地产消费信贷占比越大，房价越高。

对于该命题，只需判断 $\frac{\partial P_2}{\partial \varphi}$ 的符号。

$$\frac{\partial P_2}{\partial \varphi} = \sqrt{\frac{cY \cdot [1 + (1-\lambda) \cdot r + \lambda \cdot r_L]}{2}} \cdot \frac{(1 - r_L)}{2 \cdot [1 - \varphi \cdot (1 - r_L)]^{1.5}}$$

$$= \sqrt{\frac{cY \cdot [1 + (1 - \lambda) \cdot r + \lambda \cdot r_L]}{8[1 - \varphi \cdot (1 - r_L)]}} \cdot \frac{(1 - r_L)}{1 - \varphi \cdot (1 - r_L)}$$

由于$0 < (1 - r_L) < 1$，$0 < \varphi < 1$，故$\frac{\partial P_2}{\partial \varphi} > 0$，原命题得证。

命题3：房地产开发贷款占比越大，房价越高。

对于该命题，只需判断$\frac{\partial P_2}{\partial \lambda}$的符号。

$$\frac{\partial P_2}{\partial \lambda} = \sqrt{\frac{cY}{2(1 - \varphi + \varphi r_L)}} \cdot \frac{1}{2} \cdot \frac{r_L - r}{\sqrt{1 + (1 - \lambda) \cdot r + \lambda \cdot r_L}}$$

$$= \sqrt{\frac{cY}{8(1 - \varphi + \varphi r_L) \cdot [1 + (1 - \lambda) \cdot r + \lambda \cdot r_L]}} \cdot (r_L - r)$$

由于$r_L - r$表示银行存贷款利差，所以$r_L - r > 0$。因此，$\frac{\partial P_2}{\partial \lambda} > 0$，原命题得证。

命题4：贷款利率越高，房价越低。

对于该命题，只需判断$\frac{\partial P_2}{\partial r_L}$的符号。

$$\frac{\partial P_2}{\partial r_L} = \sqrt{\frac{cY \cdot (1 - \varphi + \varphi r_L)}{8 \cdot [1 + (1 - \lambda) \cdot r + \lambda \cdot r_L]}} \cdot \frac{\lambda - \lambda\varphi - \varphi - r\varphi + r\lambda\varphi}{(1 - \varphi + \varphi r_L)^2},$$

对于上式我们只需判断$\lambda - \lambda\varphi - \varphi - r\varphi + r\lambda\varphi$的符号，分三种情况讨论：

（1）若$\lambda = \varphi$，则

$\lambda - \lambda\varphi - \varphi - r\varphi + r\lambda\varphi = (r - 1)\lambda^2 - r\lambda < 0$；

（2）若$\lambda > \varphi$，则

$\lambda - \lambda\varphi - \varphi - r\varphi + r\lambda\varphi < \lambda - \lambda^2 - \lambda - r\lambda + r\lambda\varphi = -\lambda^2 - \lambda r(1 - \varphi) < 0$;

（3）若$\varphi > \lambda$，则

$\lambda - \lambda\varphi - \varphi - r\varphi + r\lambda\varphi < \varphi - \lambda\varphi - \varphi - r\varphi + r\lambda\varphi = -\lambda\varphi - r\varphi(1 - \lambda) < 0$。

由上述三种情况可知，无论何种情况，$\frac{\partial P_2}{\partial r_L} < 0$，原命题得证。

4．**政策含义**

由以上四个命题可以看出，在银行信贷外生给定的情况下，信贷资金的介入导致了房价的上升，其主要原因是信贷资金的出现放松了购房者和开发商的资金约束。由命题 2 和命题 3 可以看出，信贷资金介入得越多，房价上涨越快。以上是房价与信贷资金在数量上的关系表现，在价格关系上，由命题 4 可以看出，贷款的资金成本越高，房价越低。

根据以上推导的理论规律，若要遏制过快上涨的房价，就金融层面可以从两个方面着手：一是控制房地产有关贷款的数量，二是提高获取信贷资金的成本。当然，关于房价的调控归根结底起作用的是数量影响，它既可以通过市场化的方式由价格传导完成，也可以通过行政命令的手段直接实现。

（三）银行信贷内生且不考虑违约情形的房地产市场均衡价格

在以上的讨论中，我们假设房地产信贷是无弹性供给的，而在现实中，贷款的供给受到贷款的价格以及贷款资金成本的影响。这里，我们考虑银行的利润最大化行为，将其作为影响房价的一个内生因素。

1．**银行的利润最大化行为**

银行的房地产贷款的最优决策包括如下因素：贷款利率 r_L，资金成本 r（这里使用存款利率代替）；商业银行的单位运营成本 a，我们假定商业银行的运营成本随着规模的扩大而增加，其函数形式为 $A = a \cdot \frac{L^2}{2}$；贷款的违约率 p^e，违约情况下的贷款回收率 ρ，$\rho = \min\left[\frac{M}{L(1+r_L)}, 1\right]$，其中 M 表示房产抵押物的市场价值，当抵押物的市场价值大于贷款价值时，消费者不会违约，因为出售房产并归还贷款本息还有剩余，因此，$0 \leqslant \rho \leqslant 1$ 。商业银行的最大化利润行为可表述如下：

$$\max \quad \pi = (1-p^e)\cdot(1+r_L)\cdot L + p^e\cdot\rho\cdot(1+r_L)\cdot L - (1+r)\cdot L - a\cdot\frac{L^2}{2}$$

下面分两种情况讨论：

（1）$\frac{M}{L(1+r_L)} \geqslant 1$ 时，$\rho = 1$，

商业银行的最大化利润函数简化为：

$$\max \quad \pi = (1+r_L)\cdot L - (1+r)\cdot L - a\cdot\frac{L^2}{2}$$

对上式求一阶条件，得商业银行的最优贷款为：

$$L = \frac{r_L - r}{a} \tag{7}$$

这意味着，当房地产行业处于景气周期中，即抵押物的市场价值高于贷款价值时，很少发生违约情况，即使发生违约，银行的违约损失也几乎可以忽略不计。在这样的条件下，商业银行的最优贷款额由存贷款利差除以商业银行的运营成本决定。

（2）$\frac{M}{L(1+r_L)} < 1$ 时，

商业银行的最大化利润函数简化为：

$$\max \quad \pi = (1-p^e)\cdot(1+r_L)\cdot L + p^e\cdot M - (1+r)\cdot L - a\cdot\frac{L^2}{2}$$

对上式求一阶条件，得商业银行的最优贷款为：

$$L = \frac{r_L - r - p^e(1+r_L)}{a} \tag{8}$$

这意味着，当房地产处于衰退期时，即抵押物的市场价值低于贷款

价值时，商业银行的最优贷款额除了由存贷款利差决定外，还取决于违约产生的净损失。由式（8）可以看出，最优贷款额是贷款违约率的减函数，违约率越高，最优贷款额越低。

比较（1）、（2）两种情况，我们发现：在房价上升期，银行信贷保持平稳增长；而在房价下跌期，信贷以更快的速度收缩，这是因为抵押物市场价值的下降会提高违约率，而违约率的上升会进一步收缩信贷。这一情形类似于前美联储主席伯南克在论述经济景气与衰退中的信贷增长的不对称效应，即金融加速器效应。导致这种非对称效应的重要原因是房地产贷款的抵押特性和债权的有限责任的结合。对于使用贷款的购房者而言，他实际上获得了一个看涨期权，在房价上涨时他选择行权，而行权的方式则是归还贷款；在房价下跌时他选择不行权，这时购房者丧失抵押赎回权。这时银行则承担了房价下跌的损失，而房价下跌会导致违约率上升，这会引起信贷的进一步收缩。

2. 包含银行利润最大化行为的内生模型

在前述关于房地产均衡价格的推导中，银行信贷是外生给定的。这里我们推导银行信贷内生给定情况下的房地产市场均衡价格，为使模型的推导相对容易，这里只考虑房地产景气周期时的情形。对这一情况的探讨有益于从理论规律中发现遏制房价过快上涨的政策建议。此外，同样为了方便起见，我们只考虑购房者存在金融支持的情况，而假设开发商不存在信贷支持。根据以上假设，我们只需联立式（2）、式（4）、式（7），并考虑参数之间的固有关系，即可解得均衡价格。

联立方程组表示成如下形式：
$$\begin{cases} PQ = Y/[2(1-\varphi+\varphi\cdot r_L)] \\ P = cQ(1+r) \\ L = \dfrac{r_L - r}{a} \\ L = \varphi PQ \end{cases}$$

第一式表示购房者的最优需求方程，第二式表示开发商的最优供给方程，第三式表示银行的最优贷款供给方程，第四式表示贷款与房屋总价之间的关系。我们将第四式代入第三式，得到房价与银行贷款各种参数之间的关系；再将结果代入第一式，消去贷款占比 φ；再与第二式联立。我们可以得到房价与其他价格参数之间关系的等式：

$$\frac{P^2}{c(1+r)} - \frac{(r_L - r)\cdot(1-r_L)}{a} - 0.5Y = 0 \tag{9}$$

将上式写成 P^2 的表达式并舍去负根：

$$P^2 = \frac{c(1+r)[aY + 2(r_L - r)\cdot(1-r_L)]}{2a} \tag{10}$$

3. **均衡价格与利率变动的关系**

命题5：在一定条件下，存款利率（资金成本）越低，均衡价格越高。

对于此命题，只需观察均衡价格对存款利率偏导数的符号即可。由于等式（10）是以价格 P 的复合函数形式出现的，因此对隐函数求导：

$$2P\cdot\frac{\partial P}{\partial r} = \frac{c}{2a}[aY + 2(1-r_L)(r_L - 1 - 2r)]$$

由于 $P>0$、$\frac{c}{2a}>0$、$(1-r_L)>0$、$(r_L-1-2r)<0$、$aY>0$，故需对 $aY+2(1-r_L)(r_L-1-2r)$［此式记为（＊）式］的符号进行判定。由于 aY 没有明确的范围限定，需将其转换成含有 r_L 和 r 的表达式。转换过程如下：

① 联立方程组的第三方程和第四方程联立，得 $aPQ = \frac{r_L - r}{\varphi}$；

② 上述等式代入联立方程组的第一方程，得 $aY = 2\left[\frac{r_L - r}{\varphi} - (r_L - r)(1 - r_L)\right]$；

③ 上式代入（＊）式，（＊）式转换为 $\frac{2}{\varphi}[(r_L - r)(1 + \varphi) - \varphi + \varphi r r_L]$。

记 $(r_L - r)(1 + \varphi) - \varphi + \varphi r r_L$ 为（＊＊）式，上式的符号并不能通过解析式解出，对此我们在假设条件下遍历所有可能性，然后观察式（＊＊）的符号。我们假设：

① $r_L < 0.1$，自2000年以来人民币贷款利率从未超过10%，这一假设是合理的；

② $r < r_L$，即存款利率小于贷款利率；

③ $0 < \varphi < 1$，即房款总额并不全部来自自有资金，也不全部来自银行贷款。

从图1-1的计算机模拟的结果可以看出：当 $0.1 < \varphi < 1$ 时，即银行贷款占房款总额大于10%的情况下，$\frac{\partial P}{\partial r} < 0$，提高资金成本会导致价格下降。

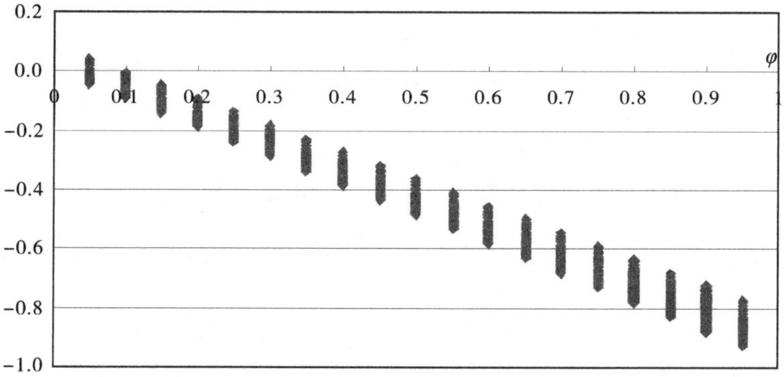

图1-1　房价对存款利率的求导结果

命题6：贷款利率越高，并不意味着均衡价格一定越低。

$$2P \cdot \frac{\partial P}{\partial r_L} = \frac{c}{a}(1+r)(1+r-2r_L)$$

由于 $P>0$、$\frac{c}{a}(1+r)>0$，那么 $\frac{\partial P}{\partial r_L}$ 的符号取决于 $(1+r-2r_L)$ 的符号。当 $(1+r-2r_L)>0$ 时，即 $r_L<\frac{1+r}{2}$ 时，均衡价格随贷款利率的上升而上升；当 $(1+r-2r_L)<0$ 时，即 $r_L>\frac{1+r}{2}$ 时，均衡价格随贷款利率的上升而下降。

比较命题6与命题4，我们发现：将银行的利润最大化行为内生到房价决定中之后，通过提升贷款利率进而遏制房价过快上涨的总需求管理政策并不一定成立。尽管利率的上升起到了遏制借款人贷款需求的作用，但是对于银行贷款供给来说却起到了促进作用，尤其是在房地产景气周期中，这一现象将加强和持续，因为抵押物价值上涨时不会造成违约。因此，房地产均衡价格的走势将最终取决于贷款供需双方力量的对比。这也提示我们：在房地产景气周期中，寄希望于提高贷款利率遏制需求的政策需要慎用，因为它在资金供给面产生了负面影响，它会刺激银行放贷冲动，以追逐短期的利润。

三、房价与信贷关系实证研究

在上文的理论模型中，我们分别从数量和价格角度探讨了银行信贷对房价的影响，其基本结论是：第一，银行信贷起到了推高房价的作用；第二，在银行信贷内生化的条件下，贷款利率的提升并不一定能起到抑制房价的作用；第三，在银行信贷内生化的条件下，资金成本的降低起到了推高房价的作用。

针对以上结论，我们进行实证研究。论证路线图如下：首先，我们从需求面考察决定房价的实体面因素，即在长期中房价是否由居民可支配收入决定；其次，我们考察决定房价的金融面因素，分别从总量和截面两个角度进行数量考察；最后，我们考察货币政策调整对信贷价格的影响，进而对房地产信贷数量的影响，从而对货币政策的操作效果进行客观评价。

（一）房价与可支配收入的关系

1. 计量模型设计及数据说明

在理论模型中，我们论证房价是可支配收入的增函数，在实际运行中，房价和可支配收入都存在某种波动，但我们预期长期趋势上两者应该表现出正相关性。因此我们预设两者存在长期协整关系。

数据来源及处理情况如下：可支配收入来源于2003年至2009年《中国统计年鉴》和中国统计局网站的城镇居民可支配收入，数据频率为季度，样本区间为2002年第一季度至2010年第一季度。由于每一年第一季度可支配收入都明显高于其他季度，因此数据在使用前进行了季节调整并取对数。房价使用单位面积房价，用商品房销售额除以商品房销售面积计算，以上数据来源于中国统计数据应用支持系统。

2. 计量过程、结果及说明

要考察变量之间是否存在协整关系，首先应对变量进行平稳性检验。表1－1给出了数据平稳性检验的结果，由表1－1可以看出，LNINCOME是0阶单整过程，而LNREPRICE是1阶单整过程，由于单整阶数不同，两者之间不能进行协整关系检验。

表 1－1　可支配收入和房价的季度数据平稳性检验

变量	检验形式（C，T，K）	ADF 统计量	临界值	接受原假设的概率
LNINCOME	（C，T，3）	－3.753573	－3.733200**	0.0483
D（LNREPRICE）	（0，0，1）	－2.287309	－2.644302**	0.0237
LNREPRICE	（C，0，0）	1.026489	－3.653730	0.9959
LNREPRICE	（C，T，0）	－1.100970	－4.273277	0.9132
LNREPRICE	（0，0，0）	3.300262	－2.639210	0.9995

注：其中检验形式（C，T，K）中的字母分别表示检验方程包括常数项、时间趋势和滞后项的结束；***、**和*分别表示在1%、5%和10%显著水平下的临界值。LNINCOME 表示可支配收入取对数，LNREPRICE 表示商品房单位面积的价格取对数，D（LNREPRICE）表示商品房单位面积价格的差分。

尽管上述两者不存在协整关系，但我们可以对其进行 HP 滤波，分解出长期趋势，观察两者长期趋势之间的关系。图 1－2 给出了可支配收入与房价 HP 滤波后的长期趋势图，从中可以看出，房价与可支配收入表现出几乎完全一致的上升趋势，此外，可支配收入与房价之间的距离越来越近，这也体现了公式中房价与可支配收入的根号项呈正比的特性。

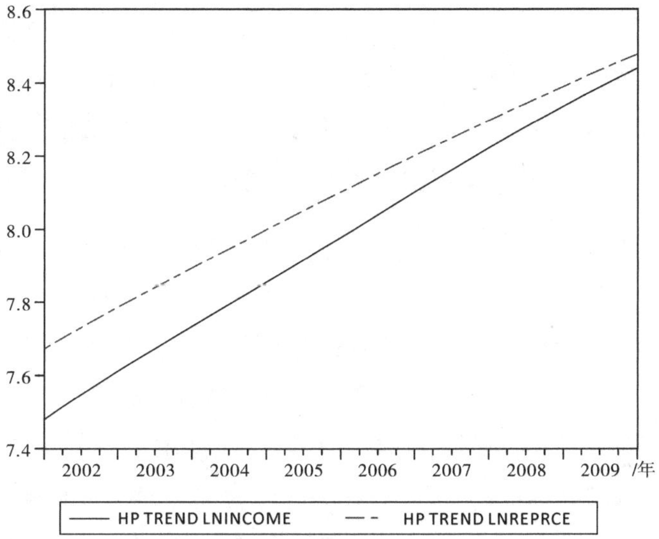

图 1－2　可支配收入与房价的 HP 滤波结果①

（二）房价与信贷数量的关系

1. 总量考察

（1）计量模型设计及数据说明。

在上文的经验研究中，由于房价与可支配收入之间不具有相同的单整阶数，从而不能进行协整检验。在理论研究部分，房价的决定因素除可支配收入外，还包括信贷的支持作用。针对这一特点，我们在总量上考察房价与信贷数量之间是否存在协整关系。即房价和信贷的波动是非平稳的，但两者的线性组合是否是稳定的。如果房价与信贷之间存在协整关系，那么说明房价的波动可由信贷解释。

数据来源及处理情况如下：房价的数据来源和计算方法同上，由于每年 1 月份数据的缺失，本报告采用上一年 12 月与本年 2 月数据的简

① LNINCOME 表示可支配收入取对数，LNREPRICE 表示商品房单位面积的价格取对数。

单平均，然后采取 Tramo/Seats 方法进行季节调整。房地产信贷使用单位面积贷款额，用房地产贷款总额除以商品房销售面积。由于无法得到房地产贷款总额的数据，本报告根据房地产开发资金来源进行估算，数据来源于中国统计数据应用支持系统。房地产开发资金来源的构成情况如下：国内贷款指开发商的银行贷款；利用外资不计入贷款总额；自筹资金大部分是开发商的自有资金，不计入贷款总额；其他资金中部分是购房者的定金及预收款，我们假设 50% 的其他资金是定金和预收款，用商品房销售额减去定金及预收款得消费者购房贷款额，将其与开发商的银行贷款相加得房地产贷款总额的估算值。同样，由于 1 月份数据缺失，采用与计算单位房价同样的方法进行调整。调整后的数据取对数，数据频率为月度，样本区间为 2002 年 1 月至 2010 年 4 月。完成初步处理的数据见图 1-3。

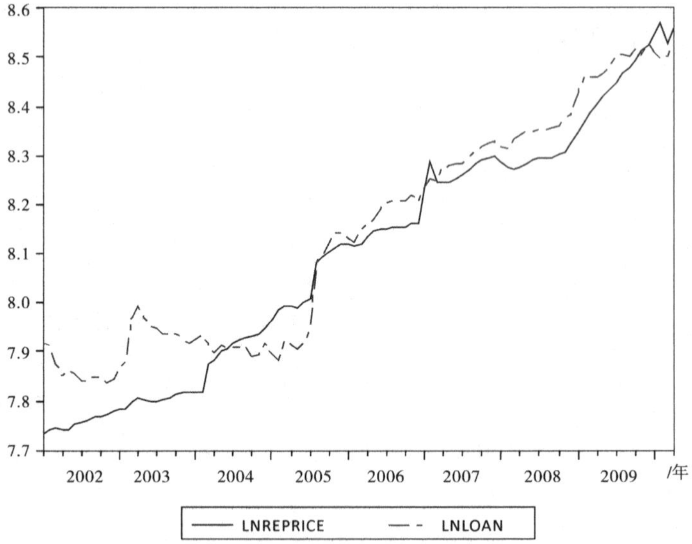

图 1-3　房价及房地产信贷走势图①

① LNREPRICE 表示商品房单位面积的价格取对数，LNLOAN 表示商品房单位面积贷款额取对数。

（2）计量过程、结果及说明。

要考察变量之间是否存在协整关系，首先应对变量进行平稳性检验。

由表1－2给出的检验结果可以看出，房价与房地产信贷都是1阶单整过程，因此可进行协整检验。

表1－2　房价和房地产信贷的月度数据的平稳性检验结果

变量	检验形式（C，T，K）	ADF统计量	临界值	接受原假设的概率
D（LNLOAN）	（0，0，0）	－7.315159	－1.614575***	0.0000
LNLOAN	（C，0，0）	0.530520	－3.497727	0.9870
LNLOAN	（C，T，1）	－2.968117	－4.054393	0.1466
LNLOAN	（0，0，0）	2.845055	－2.588530	0.9989
D（LNREPRICE）	（0，0，1）	－2.287309	－2.644302**	0.0237
LNREPRICE	（C，0，0）	1.026489	－3.653730	0.9959
LNREPRICE	（C，T，0）	－1.100970	－4.273277	0.9132
LNREPRICE	（0，0，0）	3.300262	－2.639210	0.9995

注：其中检验形式（C，T，K）中的字母分别表示检验方程包括常数项、时间趋势和滞后项的结束；***、**和*分别表示在1%、5%和10%显著水平下的临界值。LNLOAN表示商品房单位面积贷款额取对数，D（LNLOAN）表示商品房单位面积贷款额取对数的差分，LNREPRICE表示商品房单位面积的价格取对数，D（LNREPRICE）表示商品房单位面积价格取对数的差分。

第一步，选择协整方程的检验类型，根据协整检验摘要，我们应该选择序列有均值，协整方程有截距项这一类型。

第二步，进行迹检验和最大特征根检验。表1－3和表1－4分别给出了房价和房地产信贷协整关系的迹检验和最大特征根检验的结果。从表1－3的检验结果看，两变量之间存在一个协整方程；表1－4的最大特征根检验结果也显示存在一个协整方程。两者检验结果一致。

表 1－3　房价和房地产信贷协整方程的迹检验

Unrestricted Cointegration Rank Test（Trace）

Hypothesized		Trace	0. 05	
No. of CE（s）	Eigenvalue	Statistic	Critical Value	Prob. * *
None *	0. 165738	21. 80831	20. 26184	0. 0304
At most 1	0. 042683	4. 231199	9. 164546	0. 3788

表 1－4　房价和房地产信贷协整方程的最大特征根检验

Unrestricted Cointegration Rank Test（Maximum Eigenvalue）

Hypothesized		Max－Eigen	0. 05	
No. of CE（s）	Eigenvalue	Statistic	Critical Value	Prob. * *
None *	0. 165738	17. 57711	15. 89210	0. 0270
At most 1	0. 042683	4. 231199	9. 164546	0. 3788

Sample（adjusted）：2002M04 2010M04

Included observations：97 after adjustments

Trend assumption：No deterministic trend（restricted constant）

Series：LNREPRICE LNLOAN

Lags interval（in first differences）：1 to 2

第三步，写出协整方程。表 1－5 给出了正交化后的协整方程结果，根据表 1－5，协整方程可写成如下形式：

$$LNREPRICE = 0.134291 + 0.947694\ LNLOAN$$

此方程的含义是：房价的波动可由信贷解释，长期中两者维持稳定关系，房价等于房地产信贷乘以 0. 9477 的弹性系数，加上 0. 1343 的固定值。

表 1－5　正交化后的协整方程各变量的系数

1 Cointegrating Equation (s):　　Log likelihood　　520.4989

Normalized cointegrating coefficients (standard error in parentheses)		
LNREPRICE	LNLOAN	C
1.000000	-0.947694	-0.134291
	(0.20695)	(1.68027)
Adjustment coefficients (standard error in parentheses)		
D (LNREPRICE)	0.033472	
	(0.00800)	
D (LNLOAN)	0.027456	
	(0.01059)	

2. 面板考察

(1) 计量模型设计及数据说明。

在理论部分，我们论证了无论是房地产开发贷款还是个人购房贷款，它们都起到了推高房价的作用。上文中我们采用协整方法论证房价的波动可由信贷解释。这里我们拟采用面板数据模型方法，考察不同区域房价与信贷的关系。根据中国人民银行房地产金融分析小组历年发布的《中国房地产金融报告》，东部地区占据了个人购房贷款增加额的70%以上，相应地，35个大中城市中住房销售指数同比上涨超过均值的城市也几乎集中在东部地区。因此在面板数据模型中，我们预期东部地区相比中西部地区应该有更高的弹性系数，即东部地区的房价对房地产信贷更为敏感。此外，由于可支配收入也是导致房价变动的重要原因，我们还需在控制可支配收入的前提下分析房价与信贷的关系。因此，我们最后设立的面板模型形式如下：

$$LNPrice_i = Alfha * LnIncome_i + Beta_i * LoanProp_i + U_i$$

其中 $LNPrice_i$ 表示各城市单位面积房价取对数后的结果，$LnIncome_i$ 表示各城市城镇人均可支配收入取对数后的结果，$LoanProp_i$ 表示各城市贷款额占住房销售额的比例。

数据来源及处理情况如下：不同城市的可支配收入来源于中国统计数据应用支持系统，不同城市的房地产信贷和房价数据取自各年中国统计年鉴。在面板数据建模中，为避免对数据平稳性的过高要求，我们使用“短而宽”的面板，即数据频率为年度。样本区间为 2005 年至 2008 年。

（2）计量结果及分析说明。

表 1－6 给出了面板模型的回归结果，从表中可以看出拟合效果很好，调整后的 R^2 达到 0.918304，而 DW 值为 2.411505，在 2 附近，不存在自相关情况。可支配收入通过了 T 检验，其弹性系数为 0.215。在控制了可支配收入这一变量后，不同城市房价与信贷占比之间的弹性系数表现出巨大差异：弹性系数最大的是海口，为 4.925985，这反映出海南有较为浓重的房地产投机气氛；弹性系数最小的是呼和浩特，为－0.885839，这一负值结果可能是由于相对于房价居民的自有资金更为充裕，居民向银行借贷的意愿较低。此外，弹性系数较大的大都在东部地区，而较小的则在中西部地区。对此我们按东、中、西部的方法进行区域划分，然后观察各区域的平均弹性系数（只包括通过 T 检验的城市）。图 1－4 给出了各区域的房价对房地产信贷的弹性系数，从图中可以看出，东、中、西部地区的弹性系数依次呈下降趋势，且东部显著高于中、西部地区，这说明了房地产投资与投机的热点城市集中在东部地区，这一结果与央行历年的《中国房地产金融报告》的分析结果完全一致。

表 1 -6　房价与房地产信贷占比面板模型回归结果

变量		系数		T - 统计量		概率	
LNINCOME（可支配收入）		0.215275		15.64419		0.0000	
LOANPROP（房地产贷款占比）							
变量	系数	T - 统计量	概率	变量	系数	T - 统计量	概率
PROP_ BJ（北京）	1.276476	12.39897	0.0000 * * *	PROP_ JN（济南）	0.742028	7.514897	0.0000 * * *
PROP_ TJ（天津）	0.593238	4.560954	0.0000 * * *	PROP_ QD（青岛）	-0.151414	-1.142399	0.2559
PROP_ HHHT（呼和浩特）	-0.885839	-2.186104	0.0310 * *	PROP_ ZHZH（郑州）	0.469144	2.044789	0.0434 * *
PROP_ SHJZH（石家庄）	-0.097097	-0.894968	0.3729	PROP_ WH（武汉）	0.428396	4.162046	0.0001 * * *
PROP_ TY（太原）	0.499189	2.509670	0.0136 * *	PROP_ CHSH（长沙）	0.007458	0.064842	0.9484
PROP_ SHY（沈阳）	0.508371	1.907027	0.0593 *	PROP_ GZH（广州）	-0.268927	-1.240141	0.2177
PROP_ DL（大连）	0.570173	4.700483	0.0000 * * *	PROP_ SHZH（深圳）	-0.776872	-5.245954	0.0000 * * *
PROP_ CHCH（长春）	0.219228	0.713000	0.4774	PROP_ NN（南宁）	2.138430	13.23132	0.0000 * * *
PROP_ HEB（哈尔滨）	0.378844	1.128741	0.2616	PROP_ HK（海口）	4.925985	23.73998	0.0000 * * *
PROP_ SHH（上海）	1.132584	6.166895	0.0000 * * *	PROP_ CHQ（重庆）	0.193389	1.624161	0.1073
PROP_ NJ（南京）	0.131746	1.360145	0.1767	PROP_ CHD（成都）	-0.287235	-1.759406	0.0814 *
PROP_ SZH（苏州）	0.010020	0.079092	0.9371	PROP_ GY（贵阳）	0.186340	2.090434	0.0390 * *
PROP_ HZH（杭州）	0.136154	1.437188	0.1536	PROP_ KM（昆明）	2.311411	12.98574	0.0000 * * *

（续表）

变量	系数	T－统计量	概率	变量	系数	T－统计量	概率
PROP_ NB（宁波）	1.689636	5.468963	0.0000***	PROP_ XA（西安）	－0.055858	－0.401358	0.6890
PROP_ HF（合肥）	1.650483	8.975541	0.0000***	PROP_ LZH（兰州）	0.652522	5.356143	0.0000***
PROP_ FZH（福州）	0.960814	9.055356	0.0000***	PROP_ XN（西宁）	0.208698	1.351628	0.1794
PROP_ XM（厦门）	－0.222328	－2.437346	0.0165**	PROP_ YCH（银川）	0.480319	1.931579	0.0561*
PROP_ NCH（南昌）	0.618145	5.452088	0.0000***	PROP_ WLMQ（乌鲁木齐）	1.262928	3.406696	0.0009***
方程统计量							
R^2	0.939162	调整后 R^2	0.918304	残差平方和	0.444113	DW 值	2.411505

注：*表示在10%的水平上统计显著，**表示在5%的水平上统计显著，***表示在1%的水平上统计显著。

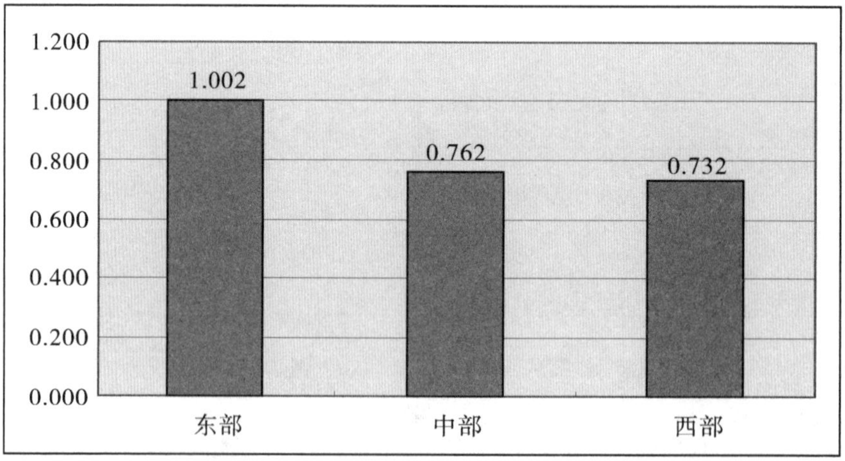

图1－4　各区域房价对房地产信贷的弹性系数

（三）房价与信贷价格的关系

1. 经验观察

在上文中，我们考察了房价与信贷数量之间的关系，得出了信贷推高了房价的结论，并且从区域差异上看，东部地区信贷支持力度大，相应的房价高，这说明东部地区是房地产投资与投机的热点。在这部分，我们考察信贷价格对信贷数量的影响，进而考察信贷价格与房价之间的关系。

图 1-5 给出了房地产信贷取对数后以及贷款利率两者的走势图。根据贷款利率的走势，我们将货币政策的操作分为三个阶段：第一阶段为 2006 年 1 月至 2008 年 8 月，此阶段为紧缩时期；第二阶段为 2008 年 9 月至 2009 年 1 月，此阶段为应对国际金融危机采取了宽松的货币政策；第三阶段为 2009 年 2 月至 2010 年 4 月，此阶段贷款利率维持稳定，可视为适度宽松的货币政策阶段。

根据传统的西方利率理论：在第一阶段紧缩的货币政策应该起到抑制信贷增长的作用；在宽松的第二阶段信贷应该大幅增长；在适度宽松的第三阶段房地产信贷应该维持稳定并略有增长。从图 1-5 显示的两者关系看，现实情况并不如理论预期：在紧缩的第一阶段，2006 年 11 月至 2007 年 5 月出现了信贷的大幅增长；在宽松的第二阶段，贷款利率由 7.47% 下降到 5.31%，降幅达 28.9%，而房地产信贷只上升了 0.1%，如果用滞后 1 期的信贷衡量，这一指标甚至下降了 1.3%；在适度宽松的第三阶段，贷款利率维持稳定，房地产信贷却大幅增长。尽管传统的理论并不能很好地解释，但在上文的理论阐述中，利率与房价的关系并非简单的负相关关系，而是存在利率拐点的抛物线形式。当利率不是很高时，提高利率的政策并不能有效抑制信贷需求，反而起到促进信贷供给的作用，这一特征在房价上涨期尤其明显，因为上涨期几乎不存在违约情形。当利率很高时，提高利率政策的作用才能凸显：一方面，资金需求者面临很高的资金成本，而租金收益和价格上涨的资本利得并不能有效抵补；另一方面，资金供给者在面对很高利率时也会考虑资金需求者存在的极高道德风险问题，从而收缩信贷。

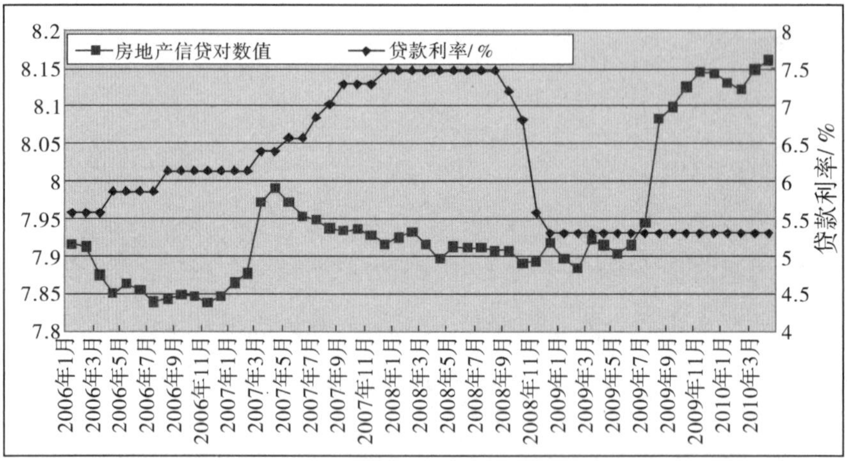

图1－5　2006年1月—2010年3月房地产信贷与贷款利率走势图①

关注信贷供给面的价格除了应关注贷款利率外，还应关注银行的资金成本。在理论部分，我们证明了资金成本越低，房地产的均衡价格越高，其作用机理是较低的资金成本增加了银行放贷动力，从而推高了房价。在这部分，我们测算房地产贷款的资金成本，并考察了资金成本与

① 房地产信贷数据来源于上文计算，贷款利率数据取自中国人民银行的金融机构人民币贷款基准利率的一年期利率。

房地产信贷走势之间的关系①。

图 1 -6 给出了测算后的银行信贷的资金成本以及房地产信贷的走势图。从图 1 -6 中我们可以观察两方面的信息：第一，货币政策与银行信贷资金成本的关系。如果参照上文按贷款利率划分货币政策松紧的方法，在紧缩的货币政策时期，信贷资金成本应该上升，而 2006 年 1 月至 2007 年 5 月，银行信贷资金成本整体呈下降趋势；2009 年 1 月至 2010 年 4 月的适度宽松时期，贷款利率维持平稳，而银行信贷资金成本却也呈下降趋势。这说明银行信贷资金成本的变动并没有与货币政策的意图保持一致。第二，银行信贷资金成本与房地产信贷走势之间的关系。从两者大体的走势看，除 2006 年 1 月至 2006 年 6 月以及 2008 年 12 月至 2009 年 5 月这两个时段两者走势相同外，其余时段两者都呈相反走势，这与理论推导结果相一致。综合以上分析我们可以得出以下结

① 本文根据中国人民银行公布的存款货币银行总资产和总负债测算银行发放房地产贷款保本的最低收益，以此代表房地产贷款的资金成本。具体测算方法如下：首先，通过负债面计算商业银行体系的资金使用成本；其次，计算银行无风险资产的收益；最后，银行信贷资产的保本收益和无风险资产的收益与权重乘积的和应该等于负债面的资金使用成本，通过该方法可以倒算出银行发放房地产贷款的保本收益。关于参数的说明：（1）负债面。企业存款和居民储蓄存款中的活期存款使用活期存款利率，定期存款使用 1 年期存款利率，居民储蓄存款的结构通过金融机构信贷收支表得到；可转让存款使用可转让存单的利率；其他存款和其他负债以活期利率计算，这部分占比很小（2007 年后大都在 2% 以下）；对央行负债使用再贷款利率；对其他存款性公司和其他金融性公司负债以 1 年期存款利率计，尽管对其他存款性公司和其他金融性公司负债占比在 10% 左右，但是对其他存款性公司和其他金融性公司债权占比达到 12% 左右，两者在计算过程中处于公式的两边，两者相抵对整个公式的影响只有 2%，选择 1 年期存款利率计算起来较为方便；国外负债假定 4% 的利率，其标尺是存款利率，只有当储蓄存款存在缺口时才会对国外负债，1999 年后 1 年期存款利率最高为 4.14%；债券发行主要指商业银行发行次级债用于补充二级资本，假定利率为 5%，目前只有城商行达到过该水平；实收资本，假定股东要求的资本收益率为 10%；其他负债假定 4%。在不确定定期存款的结构下，可以认为以上参数设定高估商业银行体系的资金使用成本。（2）资产面。国外资产，假定收益率为 0；准备金使用对应的准备金利率；库存现金收益率为 0；对政府债权使用国债收益率；央行债券使用央票利率；对其他存款性公司和其他金融性公司债权，为与负债面对应也使用 1 年期存款利率；对非金融机构债权和对其他居民债权的收益率为待估参数；其他资产假定收益率为 0。在以上假设下，我们可能还高估了银行发放房地产信贷的资金成本。

论：银行信贷资金成本的高低是货币政策传导机制中较关键的一环，而货币当局似乎并没有意识到这一点，政策意图与银行信贷资金成本实际走势之间的偏离是导致政策效果较差的重要原因。

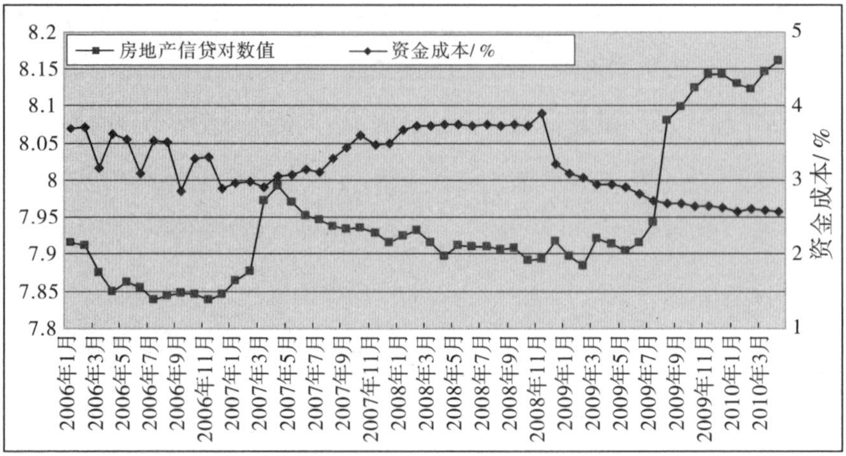

图 1－6　2006 年 1 月—2010 年 3 月房地产信贷与银行信贷资金成本走势图

2．**计量检验**

在经验观察部分我们粗略考察了贷款利率、银行信贷资金成本与房地产信贷之间的关系，在这一部分我们使用格兰杰因果检验进一步考察上述关系。

第一步，对数据来源和处理方法进行简要介绍。贷款利率使用 1 年期的贷款基准利率，数据来源于中国人民银行网站，一月之内出现两次利率调整的情况，此月利率按天数进行加权调整。银行信贷资金成本的测算方法在上文已做说明。房地产信贷的数据来源及处理与上文相同。样本区间为 2006 年 1 月至 2010 年 4 月，数据频率为月度。

第二步，考察数据平稳性。房地产信贷的平稳性在上文已经检验过，这里仅对贷款利率和银行信贷资金成本进行平稳性检验。表 1－7 给出了平稳性检验的结果，我们可以看出贷款利率和银行信贷资金成本经过一阶差分后是平稳序列，而房地产信贷也经一阶差分后平稳。故可对上述三个变量的一阶差分进行格兰杰因果检验。

表 1－7　贷款利率和银行信贷资金成本的月度数据的平稳性检验结果

变量	检验形式（C，T，K）	ADF 统计量	临界值	接受原假设的概率
D（LOANRATE）	（0，0，0）	－4.274661	－2.612033***	0.0001
LOANRATE	（C，0，0）	－1.361119	－2.598551	0.5938
LOANRATE	（C，T，1）	－1.772464	－3.180699	0.7031
LOANRATE	（0，0，0）	－0.285525	－1.612650	0.9989
D（COST）	（0，0，1）	－9.557429	－2.612033***	0.0000
COST	（C，0，0）	－1.787073	－2.597905	0.3826
COST	（C，T，0）	－2.093156	－3.179617	0.5371
COST	（0，0，0）	－0.935360	－1.612725	0.3068

注：其中检验形式（C，T，K）中的字母分别表示检验方程包括常数项、时间趋势和滞后项的结束；***、**和*分别表示在1%、5%和10%显著水平下的临界值。LOANRATE 表示贷款利率，D（LOANRATE）表示贷款利率的差分，COST 表示银行信贷资金成本，D（COST）表示银行信贷资金成本的差分。

第三步，格兰杰因果检验。表 1－8 给出了贷款利率与房地产信贷的格兰杰因果检验结果，我们可以看出：无论是滞后几期，房地产信贷都不是引起贷款利率增长的因；在滞后 4 期、滞后 5 期和滞后 6 期的情况下，贷款利率是引起房地产信贷增长的因。表 1－9 给出了银行信贷资金成本与房地产信贷的格兰杰因果检验结果，我们可以看出：无论是滞后几期，房地产信贷都不是引起银行信贷资金成本下降的因；在滞后 2 期、滞后 3 期和滞后 5 期的情况下，银行信贷资金成本的下降是引起房地产信贷增长的因。从检验结果我们可以预期：在短期中（1 至 3 个月），银行信贷资金成本下降是银行信贷增长的主要动因；在长期中（4至6个月），当银行发现房价上涨而贷款几乎不存在违约风险时，高贷款利率产生的高利润使得银行放贷动力更加强劲。

表1－8　贷款利率与房地产信贷的格兰杰因果检验

Sample：2006M01 2010M04						
	接受原假设的概率					
原假设	Lags：1	Lags：2	Lags：3	Lags：4	Lags：5	Lags：6
D（LOANRATE）不是 D（LNLOAN）的格兰杰因	0.5085	0.1127	0.1177	0.0555	0.0456	0.0909
D（LNLOAN）不是 D（LOANRATE）的格兰杰因	0.2831	0.5275	0.8610	0.6343	0.7319	0.7913

注：LOANRATE表示贷款利率，D（LOANRATE）表示贷款利率的差分，LNLOAN表示商品房单位面积贷款额，D（LNLOAN）表示商品房单位面积贷款额取对数的差分。

表1－9　银行信贷资金成本与房地产信贷的格兰杰因果检验

Sample：2006M01 2010M04						
	接受原假设的概率					
原假设	Lags：1	Lags：2	Lags：3	Lags：4	Lags：5	Lags：6
D（COST）不是 D（LNLOAN）的格兰杰因	0.1244	0.0598	0.0416	0.1962	0.0656	0.1155
D（LNLOAN）不是 D（COST）的格兰杰因	0.9829	0.3025	0.7444	0.4361	0.6692	0.5098

注：COST表示银行信贷资金成本，D（COST）表示银行信贷资金成本的差分，LNLOAN表示商品房单位面积贷款额，D（LNLOAN）表示商品房单位面积贷款额取对数的差分。

3．关于银行信贷资金成本的深入考察

我们通过经验观察和计量检验论证了在短期中银行信贷资金成本的

下降是导致房地产信贷增长的主要动因。以上是货币政策传导机制中商业银行对实体经济的影响部分，关于货币政策作用于银行体系，鲜有文献探讨对银行资金成本的影响，针对此情形，我们对影响银行体系银行信贷资金成本的因素做一个初步探讨。

影响银行信贷资金成本的因素包括两个方面：一是资金的获取和使用成本，这主要体现在银行资产负债表的负债面，自 2007 年以来定期存款占银行总负债的 50%，它的利率调整对资金的使用成本产生较大影响，我们在图 1－7 中绘制了存款利率走势作为参照；二是无风险资产的收益，银行使用吸储的资金进行组合投资，一部分用于购买无风险资产，另一部分投资于风险的信贷资产。当无风险资产的收益越高时，银行信贷资金成本越低，因为前者可以有效抵补后者的风险损失。

中国银行体系的无风险资产包括两个有特色的部分：一是法定存款准备金，二是央行票据。法定准备金制度的安排一方面起到收缩可贷资金的作用，另一方面提高了资金运用的成本，一定意义上是对商业银行“课税”。就第一方面的作用而言，中国央行在提高法定存款准备金率后收取的资金大都用于对冲商业银行的外汇资产，资金又回流到商业银行体系中，并不起到收缩可贷资金的作用。就第二方面的作用而言，中国央行则对法定存款准备金支付利息。这在世界上是比较少见的（李扬，2005）。中国特色准备金制度的存在不仅没有影响可贷资金的供给，还使得商业银行体系获得了“免费的午餐”，这在一定程度上大大削弱了货币政策的效果，甚至起到了相反的作用。央行票据则是以货币当局自身为负债而发行，以此作为调控工具面临着调控成本问题，从图 1－7 可以看出，自 2007 年以来随着央票利率逐渐攀升，法定存款准备金的调整也愈发频繁，这其中我们似乎可以从成本角度找到有力解释（央票利率在 2007 年 3 月后达到 3%，而法定存款准备金利率只有

1.89%）。此外，以央票作为调控工具货币当局还存在调控双重角色[①]以及内外均衡的问题[②]（李扬，2007）。

关于法定存款准备金率以及央票利率变动对银行信贷资金成本的现实影响，我们可以从图1－7中关于银行信贷资金成本的影响因素的走势情况进行观察：2006年1月至2006年11月这段时期银行信贷资金成本整体呈下降趋势（在紧缩的货币政策时期银行信贷资金成本应该呈上升趋势），这其中负债面的贷款利率几乎没有变化，而央票利率显著上升，法定存款准备金率由7.5%上升至9%，资产面无风险资产利率和数量的上升有效降低了银行信贷资金成本。2007年1月至2007年10月银行信贷资金成本呈上升趋势，这与理论预期相符，但银行信贷资金成本的上升速度（资金成本由2.96%上升至3.44%）却低于存款利率的上升速度（存款利率由2.52%上升至3.87%），2007年8月之后存款利率甚至高于银行信贷资金成本，这也是提高法定存款准备金率以及发行央票产生的负面作用。2008年9月至2009年1月为宽松的货币政策时期，这一阶段存款利率大幅下降（存款利率下降了1.89个百分点），而银行信贷资金成本只下降了0.65个百分点，这与央票利率的大幅下降有很大关系。实际上在这段时期，市场受国际金融危机的影响较小，

---

① 货币当局的调控双重角色是指央行大量发行央票来收缩流动性的时候，央行同时也就成为我国货币市场上最大的做市商。作为做市商与作为调控当局这两种矛盾身份的一体化，无疑增加了央行宏观调控的复杂性，并加大了其在货币政策操作的两个主要对象——货币供应量和利率——之间进行协调的难度。在极端的情况下，倘若央行为了降低其操作成本而对央行票据的利率有所追求，就会有操纵利率之嫌——这显然与央行的市场中立地位和市场稳定功能相悖。

② 内外均衡的问题是指央行发行央票对冲外汇占款收缩银根时，目的是追求内部均衡；而这一过程中，央票利率的上升会引起外部失衡的加剧。实际上，央票操作的种种弊端皆因为央行的调控在货币当局资产负债表的负债面进行，如果能转向资产面调控则诸多调控中的不一致现象都可避免。关于货币政策操作方面的有创见的最新文献可参考吴晓灵的《正确理解央行货币政策工具创新》，载于《经济参考报》2010年7月7日。

信贷需求并未大幅萎缩，但由于无风险利率较低从而不能有效抵补银行的预期风险损失，银行缺少放贷动力。货币当局的政策意图在实际操作中因为体制原因未能达到较好效果。2009 年 2 月至 2010 年 4 月为适度宽松的货币政策阶段，这一阶段由于经济复苏的基础还不稳固，政策目标还存在着保增长的诉求；同时通货膨胀有抬头趋势，政策目标还面临着管理通胀预期的要求。整体来讲，货币当局的目标是希望信贷能够稳定增长，因此这一阶段信贷市场存贷款利率都未发生变动（此外，受制于欧洲主权债务危机，货币当局考虑外部均衡问题并没有提高存贷款利率）。然而在这一阶段房地产信贷却出现了大幅增长（见图 1－6），这与货币市场央票利率快速上升进而导致银行信贷资金成本持续下降有密切关系，对此现象我们可以从银行信贷资金成本角度找到合理解释。

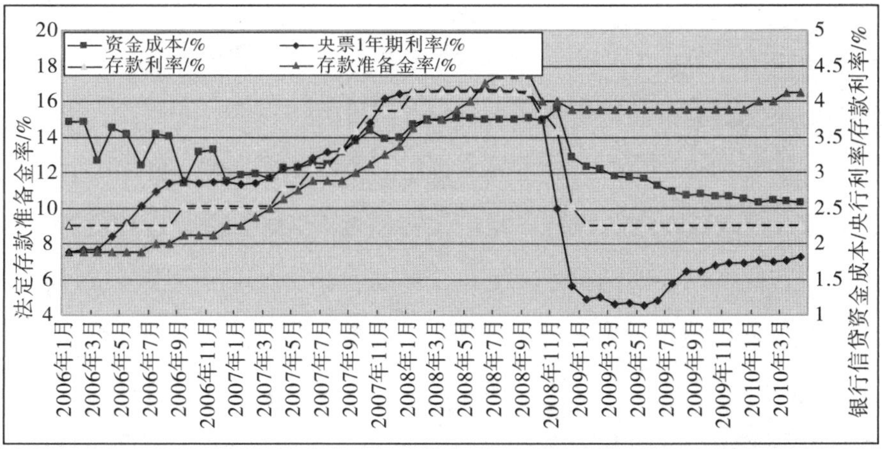

图 1－7　2006 年 1 月—2010 年 3 月银行体系资金成本及其影响因素的走势①

① 资金成本数据来源于上文测算；央票 1 年期利率是每日利率的算术平均，数据来源于 Wind 资讯；存款利率数据取自中国人民银行的金融机构人民币存款基准利率的一年期利率；存款准备金率来源于 Wind 资讯。

四、过往政策的评述及当前政策的有效性

上文从理论和实证角度论证了房价与信贷之间的关系。在理论部分，我们首先构造了包括消费者、开发商以及银行的房价与信贷关系的理论模型，比较了无信贷支持和有信贷支持两种情形下房地产市场的均衡价格，得出了信贷资金的介入推高了房价的结论。此外，无论是消费者按揭贷款还是开发商贷款，其在房屋价值中的占比越高，对房价的推动作用就越大。紧接着，我们考虑了银行信贷为内生且房价处于上升期的房价与信贷关系模型，重点考察了房价与信贷价格之间的关系。模型得出了不同于常规的结论：即并非贷款利率越高，均衡价格越低，只有当贷款利率达到一定水平后，提高利率才能抑制房价，而在之前提高利率可能促进房价上涨。此外，模型还考察了银行信贷资金成本对房价的影响，结论是银行信贷资金成本越低，房价越高。

在实证部分，我们对理论模型进行了检验。首先对房价决定的实体面因素——可支配收入进行了检验，在经过 HP 滤波后，我们发现房价与可支配收入的长期趋势一致。在此基础上，我们对房价与信贷数量的关系进行了检验，结果发现：房价与信贷数量之间存在协整关系，并且系数为正。此外，我们使用面板数据模型考察了不同区域信贷与房价的关系，其结论是：东部地区比中西部地区的房价对贷款的弹性系数高，即东部地区比中西部地区贷款对房价的推动作用更大，前者较之于后者是房地产投资与投机的热点地区。这一实证结果与理论模型的前三个命题的结论是一致的。最后，我们考察了信贷价格与房地产信贷数量之间的关系，进而考察信贷价格与房价之间的关系。我们运用格兰杰因果检验发现：在短期中银行信贷资金成本的下降是导致房地产信贷增长的原

因，在长期中贷款利率的上升是导致房地产信贷增长的原因。针对银行信贷资金成本变动的货币政策因素，我们进行了细致的考察：货币当局意欲收缩（或扩张）的政策意图对银行体系的银行信贷资金成本常常产生相反的效果，即政策意欲紧缩时，银行信贷资金成本应上升，而事实却是下降，反之则反。这一传导机制主要通过银行资产面无风险资产的替代效应而实现的，而无风险资产能够产生替代效应与中国特有的法定准备金付息制度以及以央行自身负债为操作对象的公开市场操作方式有关。我们认为货币政策对银行信贷资金成本的影响是房价传导机制中的重要一环（尤其是在短期），而货币当局似乎并没有关注这一点，仍一味地使用调控利率管理宏观需求的传统方式。

（一）过往政策的评述

在经过理论证明和实证检验后，我们可以对现有抑制房价过快上涨的金融政策进行简要评述。根据上文理论模型和实证检验，我们大体可以把抑制房价过快上涨的政策分为两类：一类被称为价格型政策，另一类被称为数量型政策。

传统的价格型政策主要是公开市场操作，此外在中国还存在对信贷利率的直接管控。在目前中国两种价格型政策是双管齐下的，而这恰恰是实施效果最差的。首先，贷款利率的调控效果南辕北辙。在房价上升时期，信贷投放的决定力量在资金供给面，提高利率增加信贷供给。其次，紧缩的公开市场操作降低了银行信贷的资金成本。这主要由于央票发行以自身负债为基础，越是紧缩，利率越高，银行获得无风险收益越高，放贷动力越强。最后，贷款利率与资金成本两者对信贷的作用是同向的，都起到了推高房价的作用。在西方国家，价格型政策发挥着一定功效，其原因是制度环境与国内存在两个重大区别：第一，不存在双轨制的利率，不同市场之间的利率传导是连续的而不是分割的。第二，公开市场操作的工具是国债，而不是央票。由于不存在直接管控的贷款利率，紧缩的货币政策是由货币市场向信贷市场逐渐传导的。在初始阶段货币当局卖出国债、收缩货币供应量，这时无风险利率上升，由于不同于央票以自身负债进行发行，货币当局无须考虑成本问题，因此可贷资金的收缩效果较好。在资金数量减少的前提下，资金的使用需要更高的溢价，因此银行的信贷资金成本上升，为了抵补潜在的风险，相应地银行会向顾客索要更高的利率（这是主动的市场行为，不是被动的行政管理行为）。因此，尽管贷款利率上升之于供给面产生增加贷款的力量，但银行信贷资金成本之于供给面却是产生减少贷款的力量。

传统的数量型政策工具主要是提高法定准备金率，在中国还包括直接地管制信贷规模（目前是以行政性的窗口指导方式发挥作用的）。就前者而言，它并没有起到收缩可贷资金规模的作用，这主要是由于货币当局提高法定准备金后收回的资金大都用于对冲外汇占款，最后又回流到商业银行体系。此外，法定存款准备金付息制度的存在起到了与央票发行同样的负作用：法定存款准备金率越高，银行无风险收益越高，银行信贷资金成本越低。就后者而言，其实施效果也不尽如人意。在前文的面板数据分析中，我们知道东部地区信贷对房价的推动作用高于中西部地区，那么货币政策的实施应该考虑区域均衡问题，重点针对东部地区。尽管信贷规模管理直接控制了信贷总量，从而抑制了房价上涨的金融支持，但信贷规模的指标却是按法人银行分配的。国内四大国有银行以及股份制银行占据了整个银行体系约 80% 的资产，它们有着极强的跨区域配置资源的能力，可以在总量上确保不超规模指标，同时又将信贷投向热点区域。

（二）“新国十条”政策的有效性

2010 年 4 月 17 日，国务院出台了《国务院关于坚决遏制部分城市房价过快上涨的通知》（简称“新国十条”），随着政策出台，房价过快上涨的趋势被压制，部分重点区域的房价甚至出现下降（北京通州和亦庄地区的房价下跌最为明显）。针对这一政策，我们分析其发挥作用的有效性。

总体来讲，“新国十条”抑制房价过快上涨的政策包括四个方面：

第一，加强保障房供给，这一政策主要体现在“新国十条”的第六条和第七条中。第七条规定：确保完成 2010 年建设保障性住房 300 万套、各类棚户区改造住房 280 万套的工作任务。然而，这一政策并不是成功抑制当前房价过快上涨的主要原因，因为直接增加住房实物供给的方法并不能在短期内快速实现，它需要一至两年的建设周期。

第二，增加税收调节力度，这一政策主要体现在“新国十条”的第四条中。第四条指出：财政部、税务总局要加快研究制定引导个人合理住房消费和调节个人房产收益的税收政策。从这条规定的字面意思看，目前新的调节个人房产收益的税收政策还处于研究制定过程中。此外，如果个人房产收益的税收政策仍然是在交易环节上征收，那么政策依然起不到抑制房价过快上涨的作用。因为在房价快速上涨期，卖家缴纳的税款可以加入房价中，从而很容易转嫁给买家，只要房价仍然存在上涨空间，买家还是会接手。

第三，增加土地供应，这一政策主要体现在“新国十条”的第五条中。增加土地供给与加强保障房建设的政策思路是一致的，即通过增加房屋潜在供给的方式降低房价。然而，从这一政策的出台到效果显现也需经历较长时间，因此也不是当前过快上涨的房价得以抑制的主要原因。

第四，信贷政策，这一政策是当前快速上涨的房价得以遏制的主要原因，其内容主要体现在“新国十条”的第三条和第八条中。第三条是针对个人按揭贷款的政策，“对购买首套自住房且套型建筑面积在90平方米以上的家庭（包括借款人、配偶及未成年子女，下同），贷款首付款比例不得低于30%；对贷款购买第二套住房的家庭，贷款首付款比例不得低于50%，贷款利率不得低于基准利率的1.1倍；对贷款购买第三套及以上住房的，贷款首付款比例和贷款利率应大幅度提高，具体由商业银行根据风险管理原则自主确定”。对这一政策进行分析，我们发现其实质也是一种数量管理型的政策，信贷规模管制是针对供给面进行管理，而这一政策却是针对需求面进行管理。供给面的管理主要针对法人机构，它们跨区域经营的能力削弱了政策效果。而需求面的管理直接针对个人，这实际上设置了信贷获取的准入门槛：只有那些真正有自住需求的人才能获得金融支持，而投资和投机需求的人却很难获取可贷资金。这一政策可谓重点突出，体现了有保有压的思想。此外，第三条还指出，“对不能提供1年以上当地纳税证明或社会保险缴纳证明的非本地居民暂停发放购买住房贷款”。这一政策实际上明确了住房购买中工作地和居住地应匹配的原则，有效遏制了外地资本借助银行体系对当地住房市场进行炒作。第八条则指出，“对存在土地闲置及炒地行为的房地产开发企业，商业银行不得发放新开发项目贷款，证监部门暂停批准其上市、再融资和重大资产重组”。这一政策主要针对开发商贷款，也是一种信贷需求管理的政策。对于那些拿地后履行开发职责的开发商并没有政策限制，而对于那些拿地后捂盘的开发商则不能获得信贷，这种差别化的政策也起到了遏制开发商炒作的作用。

五、政策建议

在上文中，我们借助理论模型和实证检验对过往政策以及当前“新国十条”政策进行了简要评述，在这一部分我们提出进一步的改革建议。

在长期中，我们的政策目标是实现市场化的资源配置方式，就金融层面而言，就是要发挥价格机制在金融资源配置中的主导作用，实现利率市场化改革的目标。目前利率市场化改革的进程可谓过半，只差存贷款市场的利率还未完全放开，但如若改革仍裹足不前，不适当的理论指导在双轨制的利率现实环境中还将继续产生诸多不良后果。中国一直以来采取渐进式的改革，同样地，针对双轨制利率产生的种种弊端，改革也应有循序的渐次。首先，逐渐降低法定存款准备金的利率直至取消，这一措施的目的是使货币政策意图与银行信贷资金成本的变动保持一致。此外，法定存款准备金利率的存在实际上决定了基准利率的底线，因此应尽快恢复整个利率体系的“零底线”。其次，发展短期国债市场。这一政策措施的目的在于形成有效的基准利率，避免央行在货币政策操作中考虑成本因素，摆脱央票在公开市场操作过程中货币供应量目标和利率目标不一致的矛盾。再次，放开存款市场利率。由于房价决定的主导力量在资金供给方，可贷资金的数量是金融机构竞争的首要因素，因此应先放开存款市场利率。最后，放开贷款市场利率。在存款利率放开的过程中，银行在市场竞争中的抗风险能力逐渐增强，放开贷款利率对银行的生存能力也不构成较大威胁。从而利率市场化的进程将最终顺利完成。

在中期中，利率市场化进程还未完成的情况下，如若希望价格调整的政策继续发挥作用，在利率调控中应采取非对称调整的政策。如果政策意图表现为紧缩，那么存款利率的上升幅度应高于贷款利率的上升幅度，从而提高银行体系的资金成本；如果政策意图表现为扩张，那么存款利率的下降幅度应高于贷款利率的下降幅度，有效降低银行的资金成本从而增加放款动力。

在短期中，如若价格调整政策失效，可直接采取对信贷数量的调控。这其中针对供给面的调控并非有效，此外监管层直接管理银行信贷业务也有违市场化的原则，而当前“新国十条”针对需求面的管理是目前最为有效的方法，应予以贯彻。

第二章　地方政府债务可承受水平测度

近年来中国的地方政府债务大幅增长，已成为影响中国经济健康稳健发展的重要障碍。理解地方政府债务扩张的内在机制，追根溯源，其逻辑起点要回到土地财政上。1998 年中国实行住房货币化改革，2001 年开始土地转让方式由“划拨”逐渐向“招拍挂”过渡，这是继住房货币化之后，土地完成资本化的“华丽转身”。土地资本化之后，财政“以收定支”的状态完全反转成“以支定收”，因为土地出让收入构成了弥补财政缺口的重要来源。与此同时，土地资本化过程还导致了货币信用创造活动的盛行：一方面，开发商从银行获得贷款参与土地竞拍；另一方面，地方政府的土地储备中心从事的“五通一平”“七通一平”一级土地开发活动主要来自银行信贷资金的支持。实际上，地方政府很聪明，通过楼价来撬动整体地价估值水平，然后招商引资撬动银根，从而支撑投资的扩张，最终完成 GDP 锦标赛的竞争。金融所的刘煜辉博士将这一过程称为“财政决定货币”，更为准确的说法是“土地财政决定货币”。从这个视角来看，研究中国的房地产金融问题，完全有必要将土地财政以及相关的融资活动囊括其中，这也是本书收录这篇文章的原因。

土地财政不仅关系房地产金融，也涉及整个宏观经济调控的问题，尤其是货币政策和财政政策的搭配问题。2003 年至全球金融危机爆发前的2007年，全国公共财政收支差额一直是增加的，这意味着财政紧缩；另一方面，这一时期无论是法定准备金率还是存贷款基准利率都是上升的，这意味着货币紧缩。政策搭配的结果意味着总需求的紧缩，而这一时期固定资产投资增速却一直保持在较高水平。对于这一矛盾现象，刘煜辉博士进行了一些研究：2003年之后中国实际投资增速（剔除固定资产投资价格指数）与“M2 – E”（广义货币减去高能货币部分）的增速表现出高度的同步性，而基础货币（高能货币）却没有。他认为：“这个时期的中国货币供给极大程度被土地等要素资源所牵引，因为政府是土地唯一的供给者，所以政府投资活动扩张实际上变成了货币创生的主体。”从这个视角出发，传统的IS – LM分析框架在中国的适用性就值得怀疑，由于上述“土地财政决定货币”的原因，土地出让活动不仅对IS曲线产生影响，也对LM曲线发生作用，这就需要我们认真反思宏观政策赖以生存的理论基础。

2008年“4万亿”投资刺激计划出台后，地方政府债务通过融资平台迅速膨胀，审计署于2011年和2013年开展了“见人、见账、见物”的地毯式排查审计工作。决策层逐渐意识到问题的严重性并形成了较为明确的解决思路，即“开前门堵后门”的阳光化解决方案。2014年8月第十二届全国人大常委会正是通过新的《中华人民共和国预算法》，本人认为新的《中华人民共和国预算法》的最大亮点在于地方政府发债的放开以及限额管理的措施。然而打开这扇“前门”并非易事，《中华人民共和国预算法修正案》第二稿关于债务的表述几乎与1994年版的《中华人民共和国预算法》一致，没有进展，有些学者认为这是“立法不作为”的表现。

尽管立法工作一波三折，但无论决策层的研究部门、学界还是实务界都在积极开展研究工作，讨论这扇“前门”怎么开、开多大，以及债务出了问题如何善后。2005 年中国社会科学院金融研究所就开始了金融生态环境研究的工作。地区金融生态环境作为地方政府生存和发展的外部环境，对地方政府融资可获得性、融资成本、未来债务偿还等方面有重大影响。中债资信评估有限公司成立于 2010 年，是中国人民银行探索评级行业营运模式创新的试点单位，该公司自成立以来就把服务地方政府债券市场发展作为一项重点业务。2013 年至 2014 年金融研究所在刘煜辉博士带领下与中债资信评估有限公司先后开展了两次合作，就地方政府债务规模限额、信用评级方法、国有资产以及中央政府隐性担保等中国特有要素对评级影响等问题展开深入研究，取得了丰硕成果。此文即是这些课题研究的部分成果，主要关注地方政府债务的可承受水平，也即测算发债规模上限。从研究方法的科学性以及数据测算的准确性来看，这篇文章都下了一番功夫。记得 2017 年年底，《中国财经报》的一位记者问我“对江苏贵州处罚违规举债相关责任人”的看法，我的第一反馈是“意料之中”，因为我们 2014 年的研究就反映出这两个省份是债务承受能力较差的省份。

这篇论文最初发表于《金融评论》2014 年第 4 期。个人认为这篇文章最重要的贡献包括两点：第一，在应用期权方法测算债务可承受水平时，方程的左边是税收权价值，不应是税收或财政收入。道理很简单，债务是一个存量概念，而税收或财政收入是流量概念。很多学者应用流量进行测算推演，这会大大低估债务可承受水平。然而，以错误的方法计算的论文甚至发表在相当著名的核心期刊上，还被反复引用，导致“以讹传讹”。第二，以往文献关于地方政府的可支配财力都是使用财政收入的一个简单比例进行估算，中国地区经济差异巨大，财政收支亦是如此，这样的方法显得太过粗糙。我们对地方政府可偿债资金进行定义，并对其中的可支配财力和刚性支出部分进行了详尽而细致的估算。这项工作的艰辛值得在此一提：首先，要将财政收支的细分项的数据从《中国财政年鉴》誊抄至电子表格中；其次，由于各省上解中央以及从中央获得转移收入只有笼统的数据，而计算至少需要大的分项数据，这就要根据两税返还的政策、一般转移支付中的缺口数以及转移系数进行估算，如此等等，估算完成后还要将各省数据汇总与全国数据进行核对校验；最后，财政支出数据在2007年还发生了统计口径的改变，这又不得不按原有口径进行估算。这项工作离不开我的硕士生祁逸超的帮助，在此表示感谢！关于这部分的数据处理耗费了我们大量精力，前后持续一个多月。从一位研究者的视角观察，财政数据作为公共产品，在公开透明度、可持续性等方面都还有较大的改进空间。此文中概率分布的拟合工作，得到了牛新艳博士的热心帮助，在此表示感谢！

一、引言

2014年8月，十二届全国人大常委会第十次会议表决通过了关于修改《中华人民共和国预算法》（以下简称“新《预算法》”）的决定，新《预算法》于2015年1月1日正式施行。此次新《预算法》修订除预算全口径、预算全公开、完善转移支付制度、完善国库现金管理等亮点以外，最引人注目的是地方政府发债的有限放开。

地方政府的债务问题由来已久。在1994年版的《预算法》规定下地方政府不能发债，而出于GDP政绩考核和城镇化融资需要，地方政府通过融资平台举借债务的融资模式盛行，2005年就有学者（周天勇，2005）提醒地方政府隐性债务的风险。也有学者（魏加宁等，2006）建议将地方政府的隐性债务显性化。2008年，随着美国次贷危机的爆发及全球传染，中国为应对需求疲软出台了“4 万亿”的刺激计划，地方政府债务急剧膨胀。与此同时，决策层开始了地方政府债务“阳光化”的尝试：2009 年国务院批准发行 2000 亿地方政府债券，但发行和偿还都由中央财政代为执行（也即“中央代发代偿”），这一过程实际上有中央政府的信用进行背书。2011 年 10 月财政部出台了《2011 年地方政府自行发债试点办法》，这次试点尽管赋予地方政府发债权，但偿还依然由财政部代办（即“地方自发、中央代偿”）。尽管存在中央信用担保，但为适应将来地方政府“自发自还”债务的趋势，财政部要求地方政府建立偿债保障机制并进行信息披露。2014 年 5 月财政部印发《2014 年地方政府债券自发自还试点办法》，地方政府发债正式进入“自发自还”阶段。然而在“自发自还”试点之前，地方政府自行发债还经历了一次较大波折。2012 年，预算法修正案草案二审稿否定了一审稿关于地方自行发债的积极表述，完全退回到与 1994 年版的《预算法》一字不差的状态。在此后的征询意见中，不少专家学者表达了反对意见。吴晓灵（2013）认为，对于地方债务“应当根据疏堵结合的原则，允许地方政府依法适度发债，用透明规范、受公众监督且有利于控制风险的地方债务置换替代地方融资平台所带来的隐性债务”。贾康等（2013）认为，“地方债制度建设的发展方向，是走向公开、透明、可约束地促进举债还债全程的科学决策和风险防控。……否认第一稿而退回现行规定的文字表述，是属于‘立法不作为’的下策”。

地方政府发债从实践走向立法确认的过程可谓一波三折，人大常委会最终审议通过表明决策层、学术界以及社会各界已经达成共识。下一步的问题是，地方政府发债如何操作，尤其是风险如何防范和处置？根据新《预算法》第三十五条规定，地方政府发债的风险控制主要从三个方面展开：第一，发债主体限定在省一级，从而保证较高的信用等级；第二，由国务院建立风险评估和预警机制、应急处置机制以及责任追究制度；第三，限额管理，举借债务的规模，由国务院报全国人民代表大会（常委会）批准。

本文的研究着眼于地方政府发债的事前风险控制，即运用期权思想，以地方政府可偿债资金讨论地方政府债务可承受的上限水平。论文的结构安排如下：首先，对地方政府债务风险评估以及债务可承受上限的文献进行评述；其次，阐述本文实证研究的模型方法并讨论模型中可偿债资金的测算方法；最后，论文以上海为例演示债务上限的计算方法，并将计算结果与现实进行比较。

与以往文献相比，本文的创新之处表现在以下几点：第一，纠正“地方政府违约点是财政收入不能偿还债务”这一错误，事实上应为“税收权价值不能抵偿债务”；现实中我们难以用市场方法度量税收权价值，我们将“资不抵债”的存量问题转化为“可偿债资金不能覆盖债务年金”的流量问题。第二，以往文献关于可偿债资金的计算都是在财政收入的基础上假定一定的担保比例，本文测度了刚性支出的数据，从而使可偿债资金的计算更加接近现实。第三，以往文献在实证研究中为保证模拟效果会取较长的时间序列，但带来的问题是模拟中包含了制度转变的因素[①]；本文研究涉及的财政数据只包含 1994 年之后的信息，但对于样本过少的问题我们采取 Bootstrap 方法解决。

二、文献评述

关于政府债务风险，最为直接的预警方法是以某一指标进行度量。

---

① 1994 年我国实行分税制改革，如果模拟包含 1994 年之前的数据，那么实证结果包含的信息就是扭曲的。

如欧盟的《稳定与增长公约》约定政府的债务负担率（即公共债务占GDP的比重）不能超过60%。国际货币基金组织对债务率（即公共债务与当年政府综合财力的比值）控制参考区间为90%～150%，对偿债率（即当年债务还本付息额与政府综合财力的比值）的安全区间建议为15%～20%。单一指标的最大优势是简单明了、应用性强，但由于各政府主体的财政收支结构以及负债期限上的差异，单一指标也存在适用范围不广的缺点。

对单一指标法最直接的改进是采取综合评价法。即列出与债务风险相关的一系列指标，然后进行无量纲处理，再进行加权求和得到综合风险指数。裴育等（2007）对地方政府债务风险评估的指标选取原则给出了相关建议，包括应考虑经济周期因素，借鉴已有文献和经验标准等。徐佳（2008）结合中国财政体制情况，对8个政府负债相关指标的安全区间进行了论述。赵晔（2009）将地方债务风险分为静态风险、动态风险、结构风险三类，然后运用层次分析法对25个省的债务风险水平进行实证分析。风险评估进一步的改进主要集中在方法上。如章志平（2011）应用灰色理论对中国地方政府债务风险进行预警，核心方法是将不同预警区间的值通过白化权函数进行求解，其实质是对既有数据进行一次复合函数的转换。谢征等（2012）采用BP神经网络方法对债务风险评价模型进行了改进，该方法主要是在权重设置上通过样本的训练达到赋权的优化。

综合评价法的一大优势是考虑风险指标的各个方面，但也存在诸多缺陷：第一，权重设置带有一定主观性，尽管在建模过程中进行了一致性检验，但也仅仅是保证专家意见的趋同性。第二，这些方法大都只能揭示出个体之间的相对风险差异[①]，并不能直接与违约水平对应。第三，最为关键的是，这些方法的评价结果并未经过时间的检验，指标选取、权重配置都存在调整的空间。

国际评级机构对地方政府的评级一般也采用综合评价法，但它们所选取的评价要素以及权重设置都需要经过风险迁移矩阵和违约事件的检验，然后还要经过调整，因此具有较大的参考价值。表 2－1 列示了国际三大评级机构对美国以外地方政府评级所包含的要素，从表中可以看出它们的评级要素除了包含评级个体自身信用品质外，还考虑了国家层面的外部支持[②]。此外，对个体信用品质的评价除了考虑直接的债务情况，还考虑了一地的经济发展情况。

表 2－1　国际三大评级机构对美国以外地方政府评级要素的比较

标准普尔	穆迪	惠誉
行政体制	系统性风险	行政体制
经济基础	经济基础	债务和其他长期负债
财政管理	行政体制	财政绩效
预算灵活性	财政和债务情况	经营和管理
预算表现	政府治理与管理	经济
流动性	外部特殊支持	—
负债	—	—
或有负债	—	—
外部支持	—	—

资料来源：根据公开资料整理。

表 2－2 是 2014 年财政部进行地方政府债券自发自还试点以来各地

① 这些方法即使经过改进，也只是改变个体风险之间的相对距离，排序几乎不会变化。
② 惠誉对国家层面外部支持的考虑放在行政体制的子项中。

债券发行的利率以及评级情况。从表 2－2 的评级结果来看，无论经济是否发达、债务负担是否过重，各省的评级结果没有任何差异，都是 AAA 级。体现风险溢价水平的利率甚至出现倒挂的现象。我们认为在评级结果没有经过违约事件检验的前提下，国内评级机构对各地方信用主体还难以形成一个相对一致的评判标准，其评级方法与国际机构之间还存在一定差距。因此，目前综合评价法对地方债务风险的预警作用还很有限。

表 2－2　2014 年自发自还试点省份债券发行情况

地区	发行日期	发行期限（年）	发行利率	评级机构	评级结果
广东省	2014 年 6 月 23 日	5	3.84%	上海新世纪资信评估投资服务有限公司	AAA
		7	3.97%		
		10	4.05%		
山东省	2014 年 7 月 11 日	5	3.75%	上海新世纪资信评估投资服务有限公司	AAA
		7	3.88%		
		10	3.93%		
江苏省	2014 年 7 月 24 日	5	4.06%	中债资信评估有限责任公司	AAA
		7	4.21%		
		10	4.29%		
江西省	2014 年 8 月 5 日	5	4.01%	上海新世纪资信评估投资服务有限公司	AAA
		7	4.18%		
		10	4.27%		
宁夏回族自治区	2014 年 8 月 11 日	5	3.98%	大公国际资信评估有限公司	AAA
		7	4.17%		
		10	4.26%		

（续表）

地区	发行日期	发行期限（年）	发行利率	评级机构	评级结果
青岛市	2014 年 8 月 18 日	5	3.96%	大公国际资信评估有限公司	AAA
		7	4.18%		
		10	4.25%		
浙江省	2014 年 8 月 19 日	5	3.96%	中债资信评估有限责任公司	AAA
		7	4.17%		
		10	4.23%		
北京市	2014 年 8 月 21 日	5	4.00%	中债资信评估有限责任公司	AAA
		7	4.18%		
		10	4.24%		

资料来源：根据公开资料整理。

另一类预警方法着眼于从发债规模上进行事前控制。国内较早开展这类研究的以韩立岩等（2003）为代表，他们借鉴 KMV 模型的思想，认为“如果市政债券到期时，用于担保的财政收入超过债券，发行者将偿还债券，‘赎回’税收权；如果到期时，用于担保的财政收入小于债务，则意味着地方政府违约”。根据该思想，通过计算财政收入增长率、波动率等变量，在假定一定违约概率的条件下可以求解出发债规模上限。KMV 模型最初应用于公司债券的违约评估，其核心思想是公司资产的市场价值小于债券的账面价值时，公司会选择违约；在债券到期前一定时间内，将债券面值看作行权价，通过估算公司价值及波动率，应用实物期权就可计算出公司债券的违约率。我们认为，将这一模型应用到政府评级中，公式的左边应该依然是一个存量概念，即政府税收权价值，而不应该是财政收入这一流量概念。如果以流量来测算地方政府可承受的发债规模，势必会严重低估。在韩立岩等（2003）测算地方政府发债规模的过程中，还有如下细节值得商榷：第一，由于财政收入并不能完全用于还债，很大一部分要用于政府运行的开支和公共服务（即刚性支出），因此需要部分地扣减。该文是以 50% 这一比例简单处理，我们认为应该详细讨论和计算刚性支出的绝对额，然后进行扣减。第二，涉及财政收入数据的时间段为 1971 年至 2000 年，这一时间跨度几乎覆盖了财政体制统收统支、包干和分税制三个阶段，从评估的角度来看，过多反映老体制信息的数据对预测并不利。第三，对地方政府债务既有存量并不讨论，也即假定没有债务，这是脱离现实的。然而作为一篇开创性的论文，它的奠定性作用是明显的，后续论文几乎都沿用了这一思路。郭文英等（2010）在韩立岩等（2003）的模型基础上考虑了不确定性对违约率的影响，并对北京市的发债规模进行了实证研究。郭英等（2012）采用了郭文英等（2010）的方法探讨上海市的发债规模，但他们用 GDP 单一因素预测财政收入并直接用 GDP 波动率代替财政收入波动率，这两点做法还有待商榷。杨胜刚等（2011）对韩立岩等（2003）的模型改进主要表现在担保比例的设定上，他们通过 GA－PSO 混合规划算法计算出地方政府的评级等级，然后再将不同的评级等级与担保比例建立映射关系，从而影响最后发债规模的确定。李腊生等（2013）讨论了中央政府隐性担保对地方政府债务违约率的影响，其具体方法是在原有的违约距离公式中加入转移系数 q 以及中央可承受地方政府债务的最大承受能力 S。他们假定 S 为新增居民储蓄，其背后逻辑是中央政府可以通过增收铸币税的方式消减债务。我们认为考虑中央隐性担保对建模是有益的，但将中央承接地方债务的手段和能力等同于铸币税还有待商榷，至少中央担保地方债务的第一道防线是中央财政的税收权价值。以上文献在讨论地方政府债务违约距离时，都是将财政收入这一流量与政府负债这一存量直接对应，其测算结果必然导致低估地方政府可承受债务水平。沈沛龙等（2012）明确了政府资产负债表的资产应包括财政收入的现值，现值是对应存量概念的。他们根据政府可流动性的资产测算了我国政府债务的整体风险，其结论是我国目前基本不存在直接债务的违约风险。

三、基于期权思想测度债务水平的建模思路

测度地方政府债务可承受水平采用基于期权思想的方法建模，其来源依然是公司信用评级中的 KMV 模型。KMV 模型的核心思想是：股东拥有到期是否偿还公司债的选择权，当企业总资产的期望价值高于公司账面价值的时候，股东会偿还负债；当企业总资产的期望价值小于等于公司账面价值时，权益价值为负，股东会选择违约。企业总资产的期望价值超出负债价值越多，企业按时偿还债务的可能性就越大，因此企业是否违约就转换为一个概率问题。公司预期违约率可用如下公式表示：

$$p_t = \Pr[V_A^t \leqslant X_t \mid V_A^0 = V_A] = \Pr[\ln V_A^t \leqslant \ln X_t \mid V_A^0 = V_A]$$

其中，V_A^t 是 t 时刻公司的资产价值，X_t 是 t 时刻公司债务的账面价值。其中 V_A^t 未知，需利用 t 时刻股票价值 V_E 计算得出。如果利用 Black - Scholes 期权定价公式估计该期权价值，则可得 V_A^t 和 V_E 两者之间的转换公式如下：

$$\begin{cases} V_E = V_A^t \mathrm{N}(d_1) - X_t \mathrm{e}^{-rT} \mathrm{N}(d_2) \\ \sigma_E = \dfrac{V_A^t}{V_E} \mathrm{N}(d_1) \sigma_A \end{cases}$$

其中，$d_1 = \dfrac{\ln(V_A^t / X_t) + (r + \sigma_A{}^2/2) \cdot T}{\sigma_A \sqrt{T}}$，$d_2 = d_1 - \sigma_A \sqrt{T}$，$r$ 为无风险利率，T 为债务剩余期限，σ_A 为企业总资产价值的波动率。通过上

式可以计算得到 V_A^t，再根据概率分布就可以解得违约率。反之，如果确定一个违约概率，再结合概率分布就可以求得债务规模上限。

将预测公司债务风险的 KMV 模型对应到政府债务评级中，政府债务违约的风险就等价于政府税收权价值以及其他资产价值小于到期时债务面值的概率。然而政府评级与公司评级的最大差别是政府的税收权价值难以估计，而公司的资产价值完全可以通过市场估价推导出来，因此基于存量的方法难以在政府信用评级中应用。对此我们采用逆向思维的方法，将存量模型转换为流量模型，因为存量模型中作为违约门槛的债务价值（即行权价格）很容易转换成流量模型中的债务现金流，公式左边的资产则转换成可偿债资金，流量模型中的可偿债资金是相对客观准确的。因此，地方政府债务违约的风险转换为地方政府可偿债资金小于债务年金的概率。用公式表示如下：

$$p = P[R_t < A_t]$$

其中，R_t 表示地方政府可偿债资金，即地方政府的可支配财力减去刚性支出（维持政府运行和必要的公共开支的支出），A_t 表示理论的年金值。由于最终要测得债务水平的上限（存量），我们要假设一定的债务期限和利率水平，将债务年金转换成债务现值。具体的测算步骤如下：

第一，定义地方政府的可偿债资金，并进行计算。

第二，对可偿债资金进行一阶自回归，消除趋势项，用残差项进行 Bootstrap 抽样。为核密度估计和拟合概率分布做准备。

第三，将经过 Bootstrap 抽样的残差加上可偿债资金的最后一期值，构造可偿债资金的真实分布，设定不同的违约率计算出政府可承受的债务年金上限。

第四，假定债务期限和利率水平，根据债务年金推算出债务上限。根据我们对地方融资平台债务期限的调研，确定地方政府债务的平均期限为7年，根据当前地方政府发债自发自还的情况（见表2-2），利率水平确定为4%。

四、地方政府可偿债资金测算

（一）地方政府可偿债资金定义

本文将地方政府的可偿债资金定义为地方政府可支配财力扣减地方政府刚性支出后的部分。我们首先分析地方政府全口径收入，然后确定各部分是否属于地方政府的可支配财力。

地方政府收入中最主要的是一般预算收入，它是指纳入一般预算管理的财政性资金，具体包括两个部分：税收收入和非税收收入。税收收入我们将其划分为五大类：增值税、营业税、企业所得税、个人所得税以及其他税种。其他税种中自分税制改革后筵席税、屠宰税、农业税等先后取消，剩余税种几乎都是与房地产有关的税收，如房产税、城市维护建设税、土地增值税、印花税①等。我们将剩余税收全归为与房地产有关的税收，用于后续推算地方政府的土地出让收入。非税收收入包括行政性收费、罚没收入等由财政部门征收的收入，还包括国有资产经营收益、专项收入等由其他部门征收的收入。各地的国有资产经营收益在各地一般预算收入中的平均占比约为2%，如果再扣除国有企业亏损补贴，该部分几乎可以忽略。

地方政府收入的第二部分是财政转移收入，它是指上级政府通过预

---

① 印花税税收中上海和深圳两地有很大一部分来自股票二级市场的交易，其他地方的印花税都与房地产业存在较大关联。

算安排的对下级政府无偿的资金拨付，其目的在于推动基本公共服务均等化。我国地方政府的转移支付收入包括三个部分：税收返还和体制补助、一般性转移支付、专项转移支付。这三部分收入在《中国财政年鉴》中的各省一般预算收支决算表中全部归为“中央补助收入”，但其中的专项转移支付并不是地方完全可支配的财力。因此，我们需要对这些项目分别计算，以便扣减其中地方不能自由支配的项目。税收返还在1994 年分税制改革时确立了返还规则，我们根据各省数据计算；这其中有些省份还需向中央上解财政收入，这些数据在收支决算表中已列明，需要在地方可支配财力中扣减。一般性转移支付不规定具体用途，可由地方作为财力统筹安排使用。我国一般转移支付包括：均衡性转移支付、民族地区转移支付、国家重点生态功能区转移支付、资源枯竭城市转移支付、调整工资转移支付等各类。在后续的计算中，我们只计算均衡性转移支付、民族地区转移支付和调整工资转移支付三个大项。各省加总后与全国的一般转移支付存在差距，我们再根据转移支付系数以及各省财政困难程度进行调整。专项转移支付是为了实现中央的特定政策目标而进行的专项拨款。尽管它并不属于地方的可支配财力，但其中一部分用于资本性支出，因此这部分也可算作偿债资金，我们假定其比重为 1/3。

地方政府收入的第三部分是政府性基金收入，它是指各级人民政府根据有关规定征收的具有专项用途的财政资金，其目的是支持特定公共事业的发展。根据 1996 年《国务院关于加强预算外资金管理的决定》，养路费、车辆购置附加费、铁路建设基金、电力建设基金、公路建设基金、教育费附加等纳入基金预算管理。这部分资金因专款专用，不计为地方的可支配财力。

地方政府收入的第四部分是预算外收入，即未纳入预算管理的收入。这其中最大一部分就是地方政府的土地出让金收入。当前，土地出让金已经成为地方政府弥补财政赤字、进行公共设施建设费用的主要来源，是地方政府可支配财力的另一重要来源。尽管财政部于 2010 年 6 月出台了《关于将按预算外资金管理的收入纳入预算管理的通知》，将土地出让金纳入政府基金预算管理，但其收入用途依然是资本性支出，因此我们依然将其算作可偿债资金。由于土地出让金很大一部分要用于土地“三通一平”工作，我们假定这一部分的成本约为 1/2。

财政支出按经济性质可分为政府购买支出和政府转移支出。由于本文讨论省一级的地方政府债务问题，对应地将来自中央的转移支出记为省一级政府的“中央补助收入”，其中哪些部分作为可支配财力上文已经说明，而省一级作为一个整体，不再讨论其对下一级政府的转移支出问题。就地方政府的购买支出而言，大体可以分为两部分：一部分是购买各级政府进行日常行政事务活动所需要的商品和劳务支出，另一部分是各级政府用于各种公共投资的支出。前者即地方政府的刚性支出，也是政府的消费支出；后者是地方政府的资本性支出，可作为偿债的资金来源。政府的刚性支出大体上可以分为三类：第一，按照政府职能分类后的国防支出和非国防行政支出、经济管理部门的行政经费等，主要用于维持国防、治安、经济管理等政府的基本职能。第二，教育、科学研究、医疗卫生、文化等部门的事业费，它们之中的一部分具有准公共服务功能，因此政府的支持也是必不可少的。第三，社会保障支出，它是政府维护社会公平、促进社会稳定发展的重要手段，当前财政的社会保障的补助也是对现行社保体系的重要补充。因此社会保障是政府的重要义务之一，社会保障支出是刚性支出的重要部分。此外，地方政府财政支出中的专项支出和其他支出因其专款专用的特点，也需要在可偿债资金中扣减。

根据以上分析，地方政府的可偿债资金可用以下公式表示：

可偿债资金＝地方政府可支配财力－地方政府刚性支出

＝［（各项税收收入＋非税收收入）＋（两税返还＋一般转移支付－上解支出）$+\frac{1}{2}\times$土地出让收入$+\frac{1}{3}\times$专项转移支付］－（社会保障支出＋科教文卫支出＋行政管理和国防支出＋专项支出和其他支出）

（二）地方政府可支配财力部分要素的测算方法

由于《中国财政年鉴》中公布的各省一般预算收支决算表信息不够详细，因此我们还需要对可偿债资金的某些要素进行测算。可支配财力部分我们需要计算两税返还、一般转移支付。由于我们假定专项转移支付中大约1/3是用于资本性支出，因此也需计算出专项转移支付，可用中央补助收入扣减两税返还以及一般转移支付求得。此外，土地出让金由于数据不完整也需要通过估算的方法填补空缺数据。

1．各省两税返还的测算

“两税返还”是1994年中央为减少分税制改革的推进压力，对地方政府的既得利益的补偿。由于各年财政年鉴和统计年鉴都没有分省的两税返还的具体数据，我们根据当时确立的制度框架进行推算。两税返还的具体措施是：以1993年为基期年，按分税后地方净上划中央的收入数额，作为中央对地方的税收返还基数。从1994年开始，税收返还与消费税和增值税（75%）环比挂钩，每年递增返还，返还比例为1∶0.3。由于消费税数据不可得，我们直接以增值税作为替代，这么做可能导致偏差，但我们通过对加总各省数据后是否超出当年两税返还的总数进行校验，即通过加总数与公布的总额相除得到调整系数。由于各省两税返还数据需要经全国数据调整，这里无法单独展示某一省两税返还的计算过程，下文直接给出案例省份的计算结果。

2. 各省一般转移支付的测算

一般转移支付包括的项目众多，包括均衡性转移支付、民族地区转移支付、县级基本财力保障机制奖补资金、调整工资转移支付、农村税费改革转移支付、成品油税费改革转移支付、国家重点生态功能区转移支付等。考虑到计算的可得性和方便程度，我们选取了均衡性转移支付、民族地区转移支付和调整工资转移支付三项进行计算。这三项转移支付的总额大约占一般转移支付额度的一半，一般转移支付也大约占总的转移支付的一半。在具体计算过程中，我们以三项转移支付的两倍是否小于预算决算总表中的“中央补助收入”的55%进行校验。下面分别介绍这三项转移支付的计算方法：

均衡性转移支付最早被称为“过渡期转移支付”，后又被称为“一般性转移支付”，是一般转移支付中规模最大的部分，也是发挥财政均等化功能最重要的部分。均衡性转移支付的测算是根据如下公式：转移支付额＝（标准支出－标准收入）×转移支付系数。标准支出和标准收入的计算一部分根据客观因素计算，一部分根据实际收支计算。在实际计算过程中，我们都是采取实际收支进行计算，因为我们的推算过程和标准收支中的计算公式很大程度上是一致的，比如个人所得税的理论计算公式是基于职工平均工资和职工人数，而我们的推算也是基于各省的职工工资总额。转移支付系数的确定取决于可用于均衡性转移支付的总额以及各地区的财政困难程度。全国的转移支付系数参见图2－1，地区的困难程度则设定在0.8到1.2之间。对于上述计算可能产生的误差，我们加总各省的均衡性转移支付，通过与全国的均衡性转移支付的总额对比的方式进行调整。

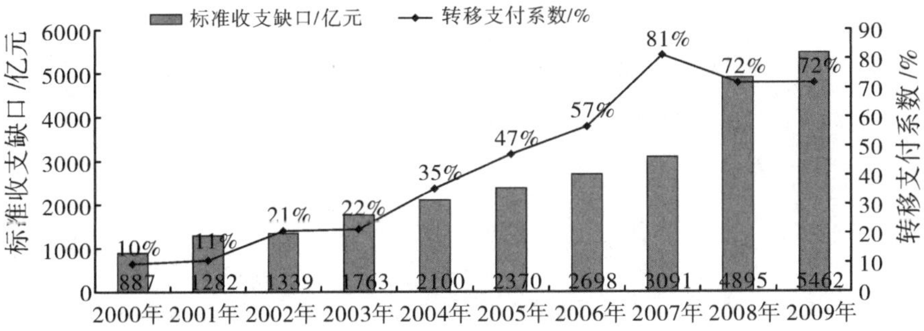

图 2－1　2000—2009 年地方标准收支缺口及均衡性转移支付系数

资料来源：李萍主编《财政体制简明图解》，中国财政经济出版社，2010，第 59 页。

民族地区转移支付的支付对象为五个民族地区以及青海、云南、贵州三个财政体制上视同民族地区对待的省份。2006 年国务院又将全国 53 个非民族自治省区及非民族自治州管辖的民族自治县纳入地区转移支付范围。由于计算只针对省一级，我们仅考虑上述 8 个省区的民族地区转移支付。民族地区转移支付来源于两个部分：一是 2000 年中央安排 10 亿元，此后每年按中央分享的增值税增长率递增。二是民族地区当年上划中央增值税收入是上年增长部分的 80%。对于第二部分来源，其中一半按来源地直接返还，另外的一半连同第一部分资金，按照标准收支差额以及财政困难程度在民族地区间进行分配。由于我们并不知道第一部分的递增率，我们以增值税上划增长作为计算基础，参照均衡性转移支付中的困难系数计算，最后将 8 省区求和后的数据与财政部公布的民族地区转移支付的总额进行校验调整。图 2－2 为 2000—2009 年民族地区转移支付总规模。

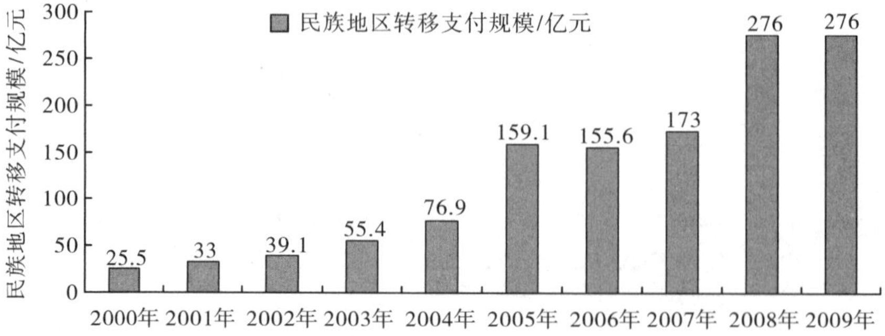

图 2－2　2000—2009 年民族地区转移支付总规模

资料来源：李萍主编《财政体制简明图解》，中国财政经济出版社，2010 年，第 73 页。

调整工资转移支付的计算需要确定以下三个因素：第一，人均增资额，我们以在职、离休和退休三者的简单平均作为替代；第二，确定补助系数，在 1999 年以后的五次增加机关事业单位的职工工资的政策中，除了第一次中央对各省都进行了转移支付外，后续四次则采取了区别对待的方式，沿海发达地区大部分自行解决，中西部地区中央进行了补助，根据政策文件我们可以获取各省明确的补助系数；第三，人数，由于我们并不知道确切的财政供养人数，因此我们以测算刚性支出中的科教文卫的从业人数替代。对于各省计算的误差，我们依然通过加总数与财政部公布的调整工资转移支付的总额的差异进行调整。图 2－3 为 2000—2008 年调整工资转移支付总额。

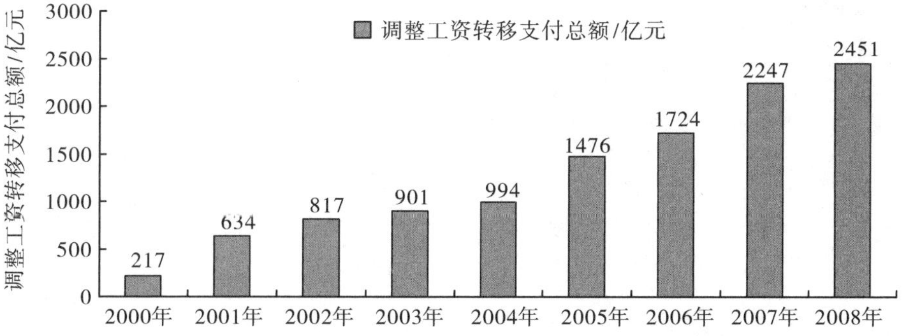

图 2－3　2000—2008 年调整工资转移支付总额

资料来源：李萍主编《财政体制简明图解》，中国财政经济出版社，2010 年，第 77 页。

由于一般转移支付的各分项加总测算后还需要经全国数据调整，此外各省具体的一般转移支付项目并不相同，因此这里并不展示某一省的计算过程，后文直接给出案例省份的一般转移支付的推算结果。

3. **土地出让金收入的推算**

土地出让金收入的统计口径存在差异，且数据存在缺失和不透明的现象。但我们根据已有的数据发现，税收收入中的房产税、城市建设维护税、土地增值税、契税等求和后，与土地出让收入存在较为稳定的线性关系。我们以自然资源部公布的土地成交价款替代土地出让金，对缺失数据用线性回归的方法补足。图 2－4 是以上海为例绘制的房地产相关税收与土地出让金之间的线性关系图。x 表示房地产有关税收，Y 表示土地出让金。方程形式为 $Y=1.8262x-42.556$，拟合优度为 0.8457。

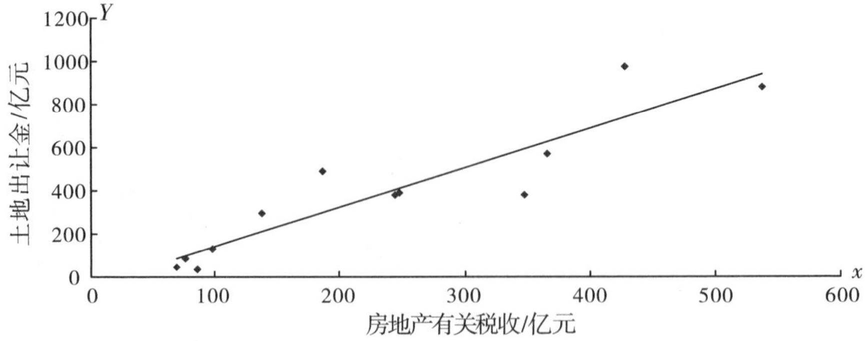

图 2－4　土地出让金估计的方程

（三）地方政府刚性支出部分要素的测算方法

地方财政支出的统计口径在 2007 年发生变化，之前是按部门进行分类，之后转为按财政功能划分。其中较大的一项“一般公共服务”中既包含了刚性支出，又包含了资本性支出。2007 年之前按部门分类的情况下，不同的支出科目相对容易地归入刚性支出，因此我们以 2007 年的数据为基础，推测之后各年的刚性支出数据。

就行政管理支出（包含国防支出）而言，它包含的各省一般预算收支决算中的科目有：地方财政国防支出、地方财政行政管理费支出、地方财政外交外事支出、地方财政武装警察部队支出、地方财政公检法司支出。从测算方法上讲，我们认为预算的编制和执行与政府的人数以及每人的工资和办公费用有密切关系，因此我们考察了人均行政管理费用，发现其时间序列是典型的凸函数。我们以拟合的函数外推政府部门人均费用，再乘以政府部门人数，即可得到行政管理支出的总数。从计算角度而言，使用财政供养人数计算是最为恰当的，但由于公布的数据年份很少，我们使用《中国城市年鉴》的机关和社会团体从业人员（2004 年后改为公共管理和社会组织从业人员）进行替代。图 2－5①是以上海为例拟合的人均行政管理费用，方程为 $Y=570.19x^2+3575.6x+19121$（$R^2=0.9974$），其中 Y 表示行政管理和国防支出的人均费用，x 表示时间序数，1997 年为起始年，计为 1。

就事业单位的各类支出而言，其主要用于科教文卫等各类准公共产品的支出，所包含的各省一般预算收支决算中的科目有：地方财政教育事业费支出、地方财政科学事业费支出、地方财政卫生事业费支出、地方财政文体广播事业费支出、地方财政行政事业单位离退休经费支出。同样地，我们发现人均事业单位费用随时间呈典型的凸函数关系，关于事业单位人数，我们使用国有企事业单位专业技术人员、教师人数和卫生机构人员数的求和进行替代，数据来源于中国应用统计数据库。图 2－5②是以上海为例拟合的事业单位人均管理费用，方程为 $Y=467.39x^2-1920.3x+13558$（$R^2=0.9378$），其中 Y 表示科教文卫的人均费用，x 表示时间序数，1995 年为起始年，计为 1。

就社会保障支出而言，它包含的各省一般预算收支决算中的科目为：地方财政抚恤和社会福利救济费支出、地方财政社会保障补助支出。对于社会保障支出，我们分别用总人口和老龄人口计算了人均社保支出和人均老龄社保支出，我们发现两者随时间表现为简单的线性关系，且拟合效果都很好（拟合优度都达到 0.8 以上），在具体估计各省的社会保障支出时，我们以拟合优度大的为准。图 2－5③是以上海为例拟合的人均社会保障费用，方程为 $Y=95.007x-207.24$（$R^2=0.859$），其中 Y 表示人均社保支出，x 表示时间序数，1997 年为起始年，计为 1。

此外专项支出和其他支出的统计口径也发生变动，但计算可偿债资金依然需要扣减，因此还需要对 2007 年之后的数据进行推算。我们发现这两项的加总数随时间呈二次凸函数形式。图 2－5④是以上海为例拟合的专项和其他支出的情况，具体方程为 $Y = 1.8972x^2 - 1.3956x + 63.175$（$R^2 = 0.947$），其中 Y 表示专项和其他支出的总量，x 表示时间序数，1995 年为起始年，计为 1。

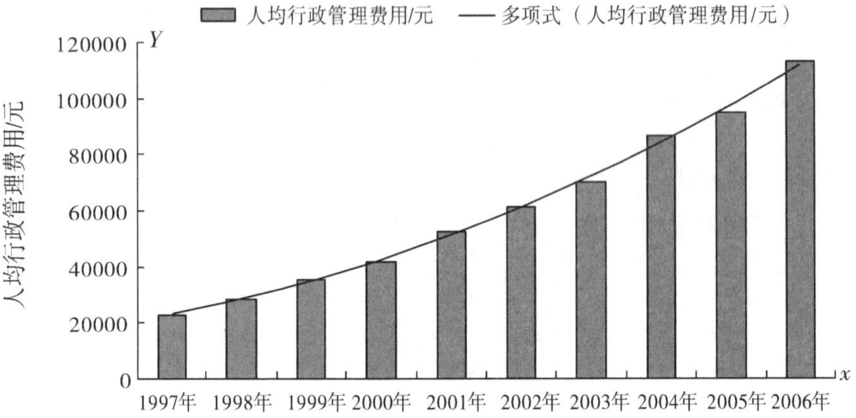

①

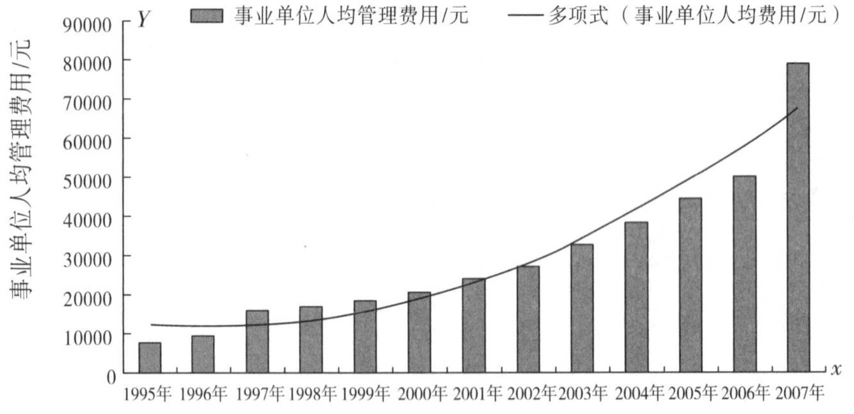

②

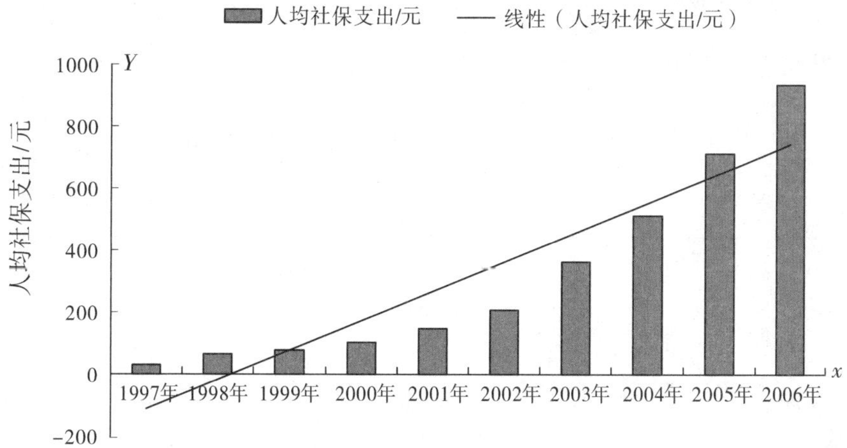

③

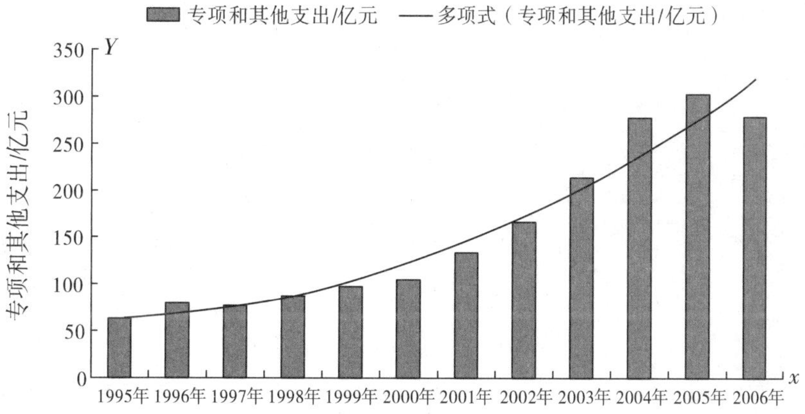

④

图 2－5　各类刚性支出及专项和其他支出的估计

（四）可偿债资金的计算结果

上文说明了可偿债资金的定义以及具体的测算方法，下面以上海为例展示各个分项的计算结果。表 2－3 是上海的一般预算收入数据，其中的非税收收入不包括国有资产经营收益和国有企业亏损补贴。此外，我们的统计数据始于 1997 年，而非分税制改革的 1994 年，这是因为

《中国财政年鉴》在1997年之前并没有细分增值税和营业税，只有笼统的工商税收类统计。

表2-3　1997—2010年上海的一般预算收入数据

单位：亿元

年份	增值税收入	营业税收入	企业所得税收入	个人所得税收入	房地产有关税收收入	非税收收入
1997年	66.80	123.10	83.50	20.65	57.25	9.12
1998年	75.58	138.10	50.88	38.70	61.52	19.92
1999年	83.52	143.18	89.31	49.13	69.14	23.04
2000年	93.55	153.81	103.12	60.24	85.44	21.2
2001年	111.95	191.12	149.82	78.44	76.36	33.74
2002年	136.83	251.85	139.46	67.08	98.09	45.5
2003年	170.20	332.31	146.15	71.81	138.61	58.74
2004年	199.38	442.46	204.99	88.69	186.30	74.63
2005年	226.12	512.93	249.15	111.92	247.68	82.58
2006年	270.21	558.67	271.47	131.07	243.95	101.06
2007年	313.42	714.60	425.63	169.44	347.86	101.18
2008年	334.89	763.38	547.99	204.89	366.53	124.57
2009年	372.47	839.68	481.69	230.44	428.53	174.82
2010年	388.62	933.91	606.05	261.20	537.81	177.46

表2-4是上海的转移支付及土地出让金数据，其中除上解支出为原始数据外，其他都为测算数。土地出让金收入数据来自自然资源部，时间起始为1999年。这主要是因为我国自1999年开始住房货币化改革，这之后才开始有大规模的土地出让。然而，从各省一般预算收支决算表中可以看到1999年之前已经存在与土地出让相关的税收，如城镇土地使用税、土地增值税等，因此我们采取上文所述方法推算了1999

年之前的土地出让金收入。

表 2－4　1997—2010 年上海的转移支付及土地出让金数据

单位：亿元

年份	两税返还	一般转移支付	专项转移支付	上解支出（－）	土地出让金收入
1997 年	138.25	2.91	107.77	－124.52	61.99
1998 年	145.50	2.91	114.32	－120.95	69.79
1999 年	149.20	2.91	121.05	－120.20	42.95
2000 年	149.65	5.78	125.35	－122.03	34.83
2001 年	159.52	16.78	84.47	－122.31	83.31
2002 年	172.58	17.24	118.50	－123.06	128.25
2003 年	189.23	16.78	140.11	－122.89	294.24
2004 年	196.87	16.49	188.72	－122.89	492.18
2005 年	199.42	22.05	122.75	－137.19	389.75
2006 年	210.50	16.31	114.72	－147.63	378.78
2007 年	214.32	15.48	108.02	－154.10	380.47
2008 年	209.05	13.22	121.83	－156.89	570.26
2009 年	233.55	13.22	169.91	－176.45	975.66
2010 年	237.58	13.22	164.56	－169.97	880.09

表 2－5 是上海地方政府的刚性支出以及按上文公式测算的可偿债资金数据。刚性支出 2007 年以前采用原始数据，2007 年之后采用上文的测算方法推算。

表 2－5　1997—2010 年上海的刚性支出以及可偿债资金数据

单位：亿元

年份	行政管理和国防支出	科教文卫支出	社保支出	专项支出和其他支出	可偿债资金
1997 年	42.42	95.21	4.00	76.64	225.71
1998 年	51.66	108.35	8.44	87.55	229.16
1999 年	59.91	121.52	10.24	97.55	261.84
2000 年	67.11	135.67	13.70	104.89	288.59
2001 年	82.60	156.04	19.57	133.95	373.07
2002 年	101.83	170.73	27.64	166.34	442.66
2003 年	120.46	196.11	48.63	213.45	616.11
2004 年	147.55	233.82	69.27	277.62	867.66
2005 年	172.90	277.46	96.92	302.91	900.26
2006 年	200.08	316.13	127.83	278.84	960.36
2007 年	229.78	521.34	115.53	313.06	1194.36
2008 年	254.83	446.33	129.76	415.49	1486.96
2009 年	295.59	562.26	143.97	469.11	1671.49
2010 年	359.52	556.41	157.91	526.53	1880.41

五、地方政府债务可承受水平测度

上文我们已经计算出可偿债资金的时间序列数据，下面测算地方政府债务可承受债务水平的上限，其方法核心是构造出可偿债资金的概率分布，并给定相应的违约概率推算出债务可承受水平。

（一）一阶自回归及 Bootstrap 抽样

由于可偿债资金存在明显的趋势项，我们采用一阶自回归方法外推一期的预测值加上残差项的方法消除趋势项。图 2－6 是可偿债资金取对数后进行一阶自回归的方程。由于可偿债资金的时间序列很短，只有 13 个值，难以进行核密度估计和绘制概率密度图，因此我们采用 Bootstrap 抽样的方法将小样本转换成大样本。图 2－7 是残差项经 Bootstrap 抽样后的结果。

Variable	Coefficient	Std. Error	t-Statistic	Prob.
AR(1)	1.023965	0.007123	143.7631	0.0000

R-squared	0.940189	Mean dependent var	2.959182
Adjusted R-squared	0.940189	S.D. dependent var	0.304856
S.E. of regression	0.074557	Akaike info criterion	-2.280710
Sum squared resid	0.066704	Schwarz criterion	-2.237252
Log likelihood	15.82461	Hannan-Quinn criter.	-2.289642
Durbin-Watson stat	2.394831		

Inverted AR Roots	1.02
	Estimated AR process is nonstationary

图 2－6　可偿债资金取对数一阶自回归结果

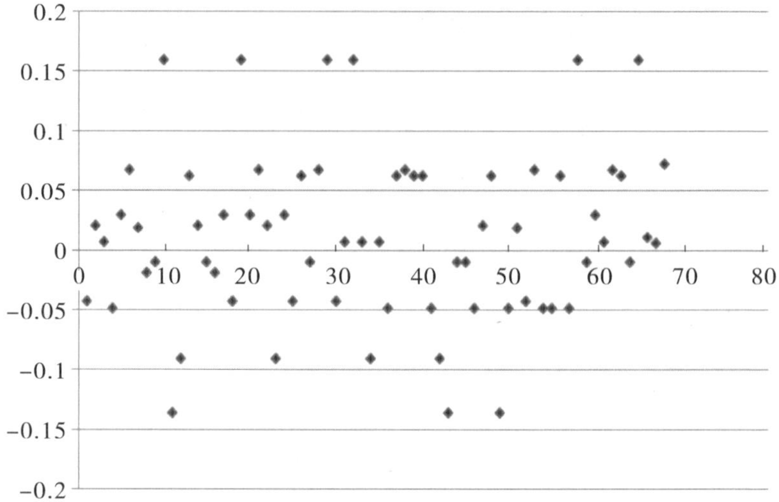

图 2－7　残差项经 Bootstrap 抽样后的结果

（二）核密度估计

核密度估计的目的是根据既有数据以离散形式表示出密度函数。核密度估计的定义如下：

设 $X_1, X_2, \cdots, X_n$ 是从一维总体 X 中抽出的独立同分布样本，X 具有未知的密度函数 $f(x)$，$x \in R$，则 $f(x)$ 的核密度估计为：

$$f_n(x) = \frac{1}{nh_n}\sum_{i=1}^{n} K\left(\frac{x - X_i}{h_n}\right)$$

其中 $K(u)$ 为 $R = (-\infty, +\infty)$ 上的 Borel 可测函数，称为核函数，h_n 是与 n 有关的正数，称为窗宽。

显然 h_n 越小，参加平均的 $f(x)$ 就越少；h_n 越大，参加平均的 $f(x)$ 就越多。$f_n(x)$ 既与样本大小 n 有关，又与核函数及窗宽的选择有关。给定样本后，一个核估计的好坏，取决于核函数和窗宽的选取是否适当。窗宽 h_n 随 n 增大而下降，即随着 $n \to \infty$ 而 h_n 趋于 0。因此，h_n 取值太大时，由于 x 经过压缩变换 $(x - X_i)/h_n$ 之后平均化作用突出了，从而淹没了密度的细节部分；反之若 h_n 取值太小，随机性的影响会增加，使 $f_n(x)$ 呈现很不规则的形状，有可能掩盖 $f(x)$ 的重要特性。所以应该适当选取 h_n 平衡上述两种效应。在实际计算过程中，取 $h_n = h = \frac{R}{m}$，其中 $m = \sqrt{n}$ 的整数部分，n 为样本容量，$R = X_{max} - X_{min}$，即 R 为样本中最大值与最小值的差值。并取核函数 $K(x)$ 为 $[-1, 1]$ 上的均匀概率密度函数，此时核密度估计可以认为是落在 $[X_i - h_n, X_i + h_n]$ 上的 x 对应的 $f_i(x)$ 的平均值，且满足连续性、可积性等光滑性条件。表 2-6 给出了核密度估计结果。

表 2-6　核密度估计结果

x	$f(x)$	x	$f(x)$
-0.1365	1.629191	0.021047	3.146023
-0.12665	1.910086	0.030893	3.483097
-0.11681	2.022444	0.04074	3.483097
-0.10696	2.528054	0.050587	3.258381
-0.09711	2.528054	0.060433	3.258381
-0.08727	2.528054	0.07028	3.258381
-0.07742	2.528054	0.080127	3.258381
-0.06757	3.31456	0.089973	2.808949
-0.05773	3.31456	0.09982	2.528054
-0.04788	3.31456	0.109667	2.528054
-0.03803	3.31456	0.119513	2.415696
-0.02819	3.31456	0.12936	2.022444
-0.01834	3.31456	0.139207	2.022444
-0.00849	3.31456	0.149053	1.741549
0.001353	3.146023	0.1589	1.404475
0.0112	3.146023		

（三）B 样条插值

B 样条函数是一种特殊的样条函数，可以作为基底构成样条函数。由于它具有有限跨度性质，因此局部产生的误差不会传导至全局。采取 B 样条插值的目的是对核密度函数进一步拟合，从而形成相对光滑的多项式曲线。

1 阶 B 样条函数为：$M_1(x) = (x + \frac{1}{2})_+^0 - (x - \frac{1}{2})_+^0$，其中 x_+^n 为截幂单项式。

m 阶 B 样条函数：$M_m(x) = \int_{x-\frac{1}{2}}^{x+\frac{1}{2}} M_{m-1}(t)dt, m \geqslant 2$。

假设给定等距分划 π：$a = x_0 < x_1 < \cdots < x_n = b$，令 $x_i = a + ih$，$i = 0, \pm 1, \pm 2, \cdots$，以 x_i 为峰值点，可以定义 $M_4(\frac{x - x_i}{h}) \in S_3(\pi)$，由于 $M_4(x)$ 具有有限跨度性质，仅当 $i = -1, 0, 1, \cdots, n, n+1$ 时，$M_4(\frac{x - x_i}{h})$ 在 $[a, b]$ 上不恒为零，而它们的总数恰好为 $n + 3 = \dim S_3(\pi)$。此外，函数 $[M_4(\frac{x - x_i}{h})]_{i=-1}^{n+1}$ 在 $[a, b]$ 上线性无关，因此 $[M_4(\frac{x - x_i}{h})]_{i=-1}^{n+1}$ 构成了对应于等距划分 π 的三次样条函数空间 $S_3(\pi)$ 的一组基底，从而对任何的 $s(x) \in S_3(\pi)$ 都可以表示为：

$$s(x) = \sum_{j=-1}^{n+1} C_j M_4(\frac{x - x_j}{h})$$

对不同的插值问题只需求出相应的 $(C_j)_{j=-1}^{n+1}$ 即可。对 I 型插值问题：

$s'(x_0) = y'_0$，$s(x) = y_i(i = 0, 1, \cdots, n), s'(x_n) = y'_n$，得

$$\begin{cases} \dfrac{1}{h}\sum_{j=-1}^{n+1} C_j M'_4(-j) = y'_0, \\ \sum_{j=-1}^{n+1} C_j M_4(i-j) = y_i, \\ \dfrac{1}{h}\sum_{j=-1}^{n+1} C_j M'_4(n-j) = y'_n, \end{cases}$$

由于 $M_4(x)$ 具有有限跨度性质，上述方程组可以简化为矩阵形式：

$$\begin{bmatrix} -1 & 0 & 1 & & & \\ 1 & 4 & 1 & & & \\ & 1 & 4 & 1 & & \\ & \ddots & \ddots & \ddots & & \\ & & 1 & 4 & 1 & \\ & & & -1 & 0 & 1 \end{bmatrix} \begin{bmatrix} C_{-1} \\ C_0 \\ C_1 \\ \vdots \\ C_n \\ C_{n+1} \end{bmatrix} = \begin{bmatrix} 2hy'_0 \\ 6y_0 \\ 6y_1 \\ \vdots \\ 6y_n \\ 2hy'_n \end{bmatrix}$$

对其系数矩阵稍加处理成为如下标准的三对角矩阵：

$$\begin{bmatrix} 4 & 2 & & & \\ 1 & 4 & 1 & & \\ & 1 & 4 & 1 & \\ & \ddots & \ddots & \ddots & \\ & & 1 & 4 & 1 \\ & & & 2 & 4 \end{bmatrix} \begin{bmatrix} C_0 \\ C_1 \\ C_2 \\ \vdots \\ C_{n-1} \\ C_n \end{bmatrix} = \begin{bmatrix} 6y_0 + 2hy'_0 \\ 6y_1 \\ 6y_2 \\ \vdots \\ 6y_{n-1} \\ 6y_n - 2hy'_n \end{bmatrix}$$

由此可以通过追赶法解出系数 $(C_j)_{j=0}^{n}$ ，再进一步解出 C_{n-1}, C_{n+1} 。

对上海的核密度估计函数，给定边界条件，建立 I 型插值问题，通过三对角矩阵得出 B 样条函数的系数 $(C_j)_{j=-1}^{n+1}$ ，表 2 - 7 为计算过程中三次 B 样条函数的系数。

表 2－7　三次 B 样条函数系数表

系数	值	系数	值
C1	－4. 1E＋51	C16	1. 03E＋27
C2	8. 16E＋51	C17	1. 34E＋25
C3	7. 57E＋50	C18	1. 75E＋23
C4	1. 62E＋49	C19	2. 29E＋21
C5	3. 26E＋47	C20	2. 71E＋19
C6	5. 29E＋45	C21	3. 2E＋17
C7	8. 58E＋43	C22	4. 04E＋15
C8	1. 39E＋42	C23	5. 1E＋13
C9	2. 26E＋40	C24	6. 44E＋11
C10	2. 8E＋38	C25	8. 13E＋09
C11	3. 48E＋36	C26	1. 19E＋08
C12	4. 32E＋34	C27	1927720
C13	5. 36E＋32	C28	31256. 72
C14	6. 65E＋30	C29	529. 7784
C15	8. 26E＋28	C30	10. 44929

图 2－8 给出了基于上述模拟的概率密度曲线。韩立岩等（2003）指出基于数据的真实分布与 KMV 模型中假定的对数正态分布存在较大差异，并提示以真实分布推算发债水平更为稳健。图 2－8 也将真实分布和对数正态分布进行了对比，从图 2－8 中可以看出，真实概率分布要比对数正态分布曲线更宽更扁，它具有相对矮的峰部和更长的尾部。在同样的发债规模下，真实分布相应的违约风险也明显增大，从评级的稳健角度出发，我们更偏好于使用真实分布。这一结论与韩立岩等（2003）的研究成果一致。

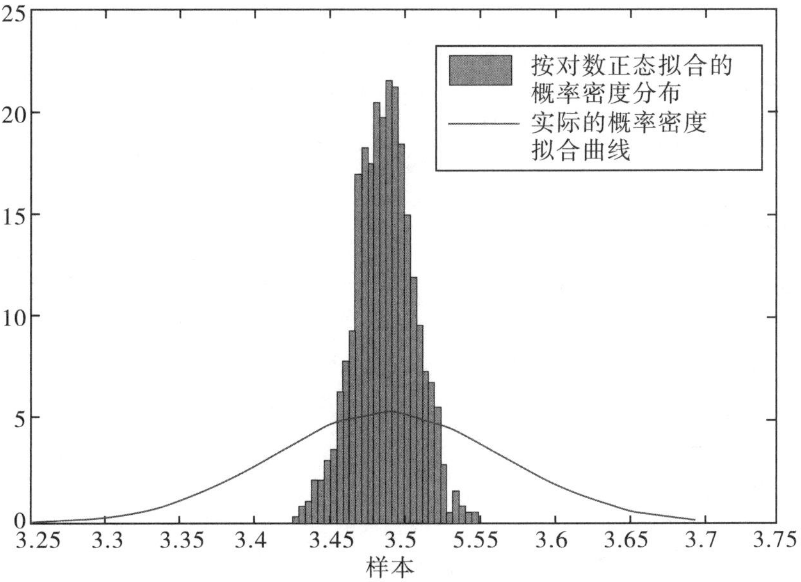

图 2-8　基于真实分布的概率密度曲线及与对数正态的对比

（四）根据概率密度确定理论债务年金

在计算出核密度函数和绘制出概率密度曲线后，我们可以对核密度函数进行积分得出债务年金和违约概率间的函数，从而可以得出某一债务年金下的违约概率。反之，通过对债务年金数据区间逐步进行对分，将节点数据带入计算，依据设定的违约率，最终解出理论债务年金。图 2-9 以上海为例给出了理论债务年金值与违约概率，作为对比，也给出了对数正态分布下两者之间的对应关系。从图 2-9 中可以很明显地看出，在假定同样违约概率的情况下，基于真实分布的可承受的债务年金值小于对数正态分布的情况。

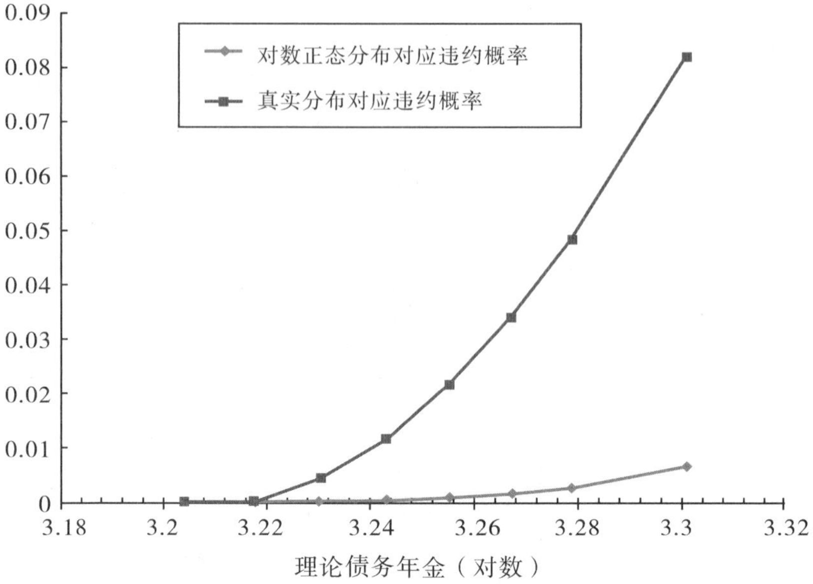

图 2－9　两种分布下债务年金值与违约概率的对应关系

（五）实证结果

上文求得了不同违约概率对应的理论债务年金值，按利率 4%、期限 7 年的假定将债务年金转换成债务现值。表 2－8 给出了四种违约率水平下 30 个省（自治区、直辖市）（除西藏）可承受债务水平的上限值。与韩立岩等（2003）、杨胜刚等（2011）的实证结果相比，本文测度的地方政府可承受债务水平上限要高出一个数量级。导致差异的重要原因是，将违约点考虑成“收不抵债”明显缩短了违约距离。此外，计算口径不包含土地出让金也会导致低估测算结果。

表 2－8　不同预期违约率下各省（自治区、直辖市）（除西藏）可承受债务水平上限

单位：亿元

地区	预期违约率				地区	预期违约率			
	0.02%	0.1%	1%	8%		0.02%	0.1%	1%	8%
北　京	4918.13	4979.66	5312.51	6168.79	河　南	1923.54	1939.10	2068.24	2483.70
天　津	2681.02	2717.06	2863.52	3198.90	湖　北	1825.58	1831.47	1893.21	2141.90
河　北	2753.60	2782.28	2903.36	3190.07	湖　南	2999.16	3035.29	3181.27	3521.28
山　西	922.57	929.61	976.11	1100.78	广　东	9933.44	9997.70	10495.42	11819.52
内蒙古	3491.40	3502.68	3625.76	4186.00	广　西	4204.36	4249.13	4425.88	4839.49
辽　宁	2421.59	2451.32	2604.35	2982.64	海　南	1491.42	1512.17	1600.66	1808.84
吉　林	1100.02	1109.69	1162.52	1295.39	重　庆	4536.28	4577.20	4866.31	5701.64
黑龙江	523.48	529.66	577.03	729.63	四　川	2949.85	2979.89	3156.45	3619.09
上　海	9840.11	9997.70	10612.07	12061.46	贵　州	1806.34	1822.22	1917.35	2168.20
江　苏	10244.72	10372.90	10884.29	12067.02	云　南	1611.39	1626.67	1739.40	2072.53
浙　江	8070.49	8160.19	8515.30	9326.10	陕　西	1877.15	1890.60	1991.59	2295.09
安　徽	3698.28	3738.53	3933.69	4417.74	甘　肃	374.28	380.02	429.04	611.09
福　建	4023.46	4065.37	4310.22	4940.83	青　海	982.24	983.90	1001.38	1091.95
江　西	1653.10	1672.24	1761.17	1974.69	宁　夏	1184.57	1188.31	1223.77	1354.57
山　东	4771.99	4838.38	5188.00	5968.97	新　疆	1513.77	1520.34	1585.25	1853.11

六、研究结论及进一步研究方向

上文测度了不同违约概率下地方政府可承受债务水平的上限值，1%的违约概率大体对应着BBB级的评级等级，我们将这一理论上可承受的债务水平与地方政府的现实债务水平①进行对比，如果前者除以后

① 2014年各省（自治区、直辖市）（除西藏）公布了政府性债务审计结果，政府性债务包括政府负有偿还责任的债务、政府负有担保责任的债务和政府可能承担一定救助责任的债务。上述债务中后两项并不是政府的直接债务，表2－9中的数据对后两者进行折算后再加总，折算率参照审计署公布的《全国政府性债务审计结果》（2013年12月30日）中对全国政府性债务的折算值，分别为19.13%、14.64%。

者小于100%，那么意味着这些地区应该严格控制发债。表2－9给出了理论债务水平与现实债务的对比结果。从表中可以看出，那些比值低于100%的省（自治区、直辖市）（除西藏）既有西部欠发达地区，也有相对发达的中部地区（如湖北）和东部的发达地区（如北京）。这些东中部地区比值过低的原因在于现实债务过高。

表2－9　地方政府债务可承受水平与现实债务的比较

单位：亿元

地区	1%违约概率下理论债务水平（1）	地方政府现实债务水平（2）	（1）/（2）	地区	1%违约概率下理论债务水平（1）	地方政府现实债务水平（2）	（1）/（2）
北京	5312.51	6666.33	92.54%	河南	2068.24	3835.45	64.76%
天津	2863.52	2706.50	118.19%	湖北	1893.21	5556.19	38.55%
河北	2903.36	4525.00	70.50%	湖南	3181.27	4134.40	85.17%
山西	976.11	2014.89	54.63%	广东	10495.42	7450.89	158.63%
内蒙古	3625.76	3599.29	116.30%	广西	4425.88	2456.69	196.99%
辽宁	2604.35	6002.00	49.69%	海南	1600.66	1113.09	162.51%
吉林	1162.52	2868.73	45.16%	重庆	4866.31	4232.50	134.71%
黑龙江	577.03	2315.59	31.51%	四川	3156.45	7000.19	51.70%
上海	10612.07	5695.69	211.76%	贵州	1917.35	4915.04	44.11%
江苏	10884.29	8723.87	138.32%	云南	1739.40	4155.62	49.87%
浙江	8515.30	5372.32	173.60%	陕西	1991.59	3267.20	70.25%
安徽	3933.69	3429.27	128.82%	甘肃	429.04	1494.89	40.88%
福建	4310.22	2746.92	179.87%	青海	1001.38	797.83	136.87%
江西	1761.17	2684.32	73.56%	宁夏	1223.77	552.59	245.13%
山东	5188.00	4935.76	120.93%	新疆	1585.25	1840.21	100.70%

资料来源：2014年各省（自治区、直辖市）（除西藏）政府性债务审计公告结果及本文计算。

本文对地方政府债务可承受水平进行了测度。首先，在定义可偿债资金的基础上对地方政府的可支配财力和刚性支出进行了测度，计算了地方政府的可偿债资金的规模。其次，运用期权思想测度了地方政府在不同的预期违约概率下对应的理论债务年金值。最后，在给定利率水平和债务期限的条件下确定了地方政府债务可承受水平的上限，并将这一值与地方政府现实债务水平进行了对比。我们的实证结果比以往文献反映的地方政府债务可承受水平要高很多，其主要原因包括两点：第一，明确了可偿债资金应与债务年金这一流量对应，而不是与债务存量直接对应；第二，可偿债资金的计算口径包括一部分土地出让金收入。

城镇化是中国未来经济增长的重要动力，政府对城镇化过程中公共基础设施的建设负有不可推卸的责任，因此地方政府债务问题依然是学术界讨论的重点。关于地方政府的债务风险，本文提出进一步的研究方向：

第一，关于国有资产对地方政府债务的影响。中国是社会主义国家，国有经济在经济中占重要地位，土地、矿产等大量资源也归国家所有。此外，政府还控制着大量的经营性资产。本文的研究并没有讨论国有资产对地方政府债务的影响，事实上当地方政府预期违约时，可动用的资源很多，这也意味着地方政府可承受的债务水平比本文测算的还要高。在现实研究中应推动如下两项工作：其一，关于地方政府拥有和控制的国有资产是否可作为偿债资金，要抓紧立法研究工作并推进；其二，完善政府会计制度，加强对国有资产的核算，编制地方政府的资产负债表，尤其要加强经营性国有资产的核算，为后续纳入偿债基金做准备。

第二，关于中央政府的隐性担保问题。中国从政体上讲是单一制国家，尽管《中华人民共和国宪法》规定地方政府的权力来自同一级人民代表大会，但现实中地方政府更多地表现为中央政府在地方的代理机构。因此作为代理人的地方政府如果出现债务违约，中央政府负有援助和支持的责任。作为事前因素，地方政府的债务存在着中央的隐性担保。关于这种隐性担保应该重点考虑两点：其一，中央政府的可偿债资金是多少，以及其他可变现的国有资产是多少；其二，当地方政府发生违约时，中央政府最可能救助哪一个，或者说中央和地方预期的联合违约概率是多少，以及影响这一联合概率的因素是什么。

第三章 美国量化宽松政策对中国房地产市场的影响

事情还是要从奥运年2008年说起。这一年“4万亿”投资刺激计划实施后，房价迅速飙升、地方融资平台急剧膨胀，这是国内的局部环境；国外方面，大洋彼岸的美国于2008年11月由美联储直接购买“两房”、联邦住房贷款银行与房地产有关的直接债务5000亿美元，以及抵押贷款支持证券（Mortgage - Backed Security，简称MBS）1000亿美元，这标志着美国量化宽松（Quantitative Easing，简称QE）的正式实施。一系列非常规操作手段如直接购买有毒资产、扭转操作（Operation Twist）在实践中相继应用，截至2014年10月美国先后实施四轮量化宽松政策，这对稳定美国市场流动性、缓解金融风险、稳定市场预期、促进经济复苏无疑发挥了重要作用。

然而，美国在关注自身利益的同时并没有承担起一个大国应当担负的国际责任，其量化宽松政策的外溢效应对新兴市场国家，尤其是中国，产生了严重的负面影响。从理论视角来看至少有如下渠道：第一，资本流动渠道。由于量化宽松政策导致资本市场充斥流动性，而市场过剩流动性以私人部门投资的方式冲向世界各地。由于经济环境、贸易融资条件与交易利差等方面的优势，全球金融危机之后，新兴市场经济体的高资本收益吸引了大量国际逐利资本涌入，由此也成为美国量化宽松政策释放流动性的泄洪池。第二，利率渠道。由于美国实行的非常规货币政策操作手段，经济几乎在零利率附近运行；新兴市场经济体由于要冲销过剩流动性不得不采取紧缩性货币政策，这就形成了利差，为热钱流入提供了机会。第三，汇率渠道。美联储实施量化宽松政策后，美元面临贬值压力。作为国际贸易与国际金融市场中的硬通货，美元的下跌引发全球范围内汇率变化，由于新兴市场与发达经济体周期不同步等原因其货币被迫升值，汇率变动又增加了国际热钱除利差之外的汇差收益，这进一步增强了国际游资对新兴经济体的投机热情。

美国量化宽松政策产生了明显的溢出效应，那么伴随着它的退出也必然产生收缩效应。2016 年国家开发银行与中国社会科学院金融研究所设立《走出全球量化宽松》的研究课题，旨在研究量化宽松政策退出的影响以及中国的应对。在胡滨副所长的带领下，课题设计内容极为丰富，包括美、日、欧国家或地区量宽政策演进、溢出效应及传导机制、负利率政策专题、中国各产业部门所受影响及其应对等。从课题设立的及时性以及所涵盖的内容来看，不得不说这体现了国家级政策银行和国家级智库的责任担当和远见。在课题研究过程中还发生了一件很有趣的事：2015 年美联储宣布加息后整个 2016 年都没有什么动静，这不但关乎美国经济复苏是否强劲或稳健，更是关乎我们的判断、写作方向及语气是否更加肯定的大问题；2016 年 12 月 15 日早晨 6：41，课题协调人尹振涛博士在微信群里发了一条“美联储宣布加息 25 个基点”的新闻，而美联储议息会议利率决议公布是在北京时间凌晨三点左右，由此足见大家精神紧张的程度；随着“靴子落地”，大家也吃了定心丸，大约两星期大家的一稿修改稿很快完成。

我主要负责“量化宽松政策对房地产市场的影响”这部分的写作，与他人的论述有所不同，我隐约感觉房地产市场存在类似于金融加速器的快速下跌风险，其原因包括两点：第一，城市化、杠杆等诸多因素已经使房价处于高位；第二，外部冲击的影响，前期炒作房地产的游资既获得了汇率升值收益又获得了房价上涨的资本利得，在面临拐点时他们一定会为了流动性不惜损失溢价，这种一拥而上的羊群行为必然导致踩踏。当时国内比较热议的是“房价”和“汇率”到底要保哪一个，我则持完全不同的观点，即如果出现风险，无论是“房价”还是“汇率”都保不住。中国有句古话“千里之堤溃于蚁穴”，很多危机最初都始于一个小事件，但最终溃败于广泛的传染效应。从政策建议的角度，我们可能要在资本项目开放以及汇率制度改革这些长期政策方向上损失一些时间，必须临时性地关闭资本项目的闸门，稳定住预期。事实上，后来的政策取向也有这个意图，包括中国人民银行发布的《金融机构大额交易和可疑交易报告管理办法》以及四部委联合发布的《关于进一步引导和规范境外投资方向的指导意见》。

这篇论文除了从传统的利率、汇率渠道分析了量化宽松政策的溢出效应外，也探讨了基于“巴拉萨－萨缪尔森”效应的传导机制，分析了各种渠道所展现的套利机会，最后还进行了量化实证分析。这篇文章并未公开发表，之所以收录在这本书中，有两个原因：一是因自己的政策建议与后来政策实施相吻合而感到欣慰，有必要“Mark”一下；二是从书稿完整性角度考虑，房地产与金融的关系，从内部讲包括了信贷和土地财政的内容，从外部讲自然要把外部冲击这些因素包括进来。

一、引言

次贷危机爆发后，美联储向市场注入了大量流动性。传统上，美联储只拥有两类流动性工具：公开市场操作和贴现窗口。但是在剧烈的金融动荡形势下，这两类工具显然已无法满足市场的流动性需要。美联储创设了许多新型流动性操作工具，如短期标售工具、商业票据融资便利、定期资产支持证券贷款工具等。这些工具使得美国市场利率维持接近于零的水平，帮助美国经济复苏；但与此同时，由于美元作为国际本位货币的特殊地位，美国的货币政策操作也对新兴市场国家产生了极大的溢出效应；美国的过剩流动性除了产生一定的积极作用外，更多的是导致新兴市场国家的资产价格膨胀。自 2008 年 11 月以来，美联储共实施了四轮量化宽松货币政策，其资产负债表中与量化宽松政策有关的资产购买由 53.7 万亿美元上升至 2014 年 12 月的 423.9 万亿美元，六年时间上升了 6.9 倍。

根据中原二手住宅领先指数的统计，自 2010 年 11 月美国第二轮量化宽松政策至 2016 年底，中国四个一线城市以及天津在六年时间里房价涨幅达到 134%，年均复合增长率为 15.21%，其涨幅超过同期美国 10 个大中城市、英国大伦敦、日本东京都市圈的房价涨幅。从房价绝对水平的角度考察，2016 年全球城市房价 TOP 20 的排名，中国大陆是唯一入围的发展中地区，入围的“深北上”市中心房价分别为 8.6 万元/米^2、8.5 万元/米^2、7.8 万元/米^2（见图 3－1）。从房价收入比的角度看，2014 年北京、上海和深圳的房价收入比分别为 23.1、23.0 和 22.1，其房价承担指数属于极度不能承受的范围。经过 2015—2016 年这一波上涨之后，一线城市的房价收入比甚至可能超过东京的水平。尽管中国房价快速上升有快速城市化的大背景，但不可否认的是，在利差、汇差等各种因素下美国量化宽松政策产生的过剩流动性也助推了中国房价泡沫的形成。下文研究量化宽松政策影响中国房地产的机制，并进行实证研究。

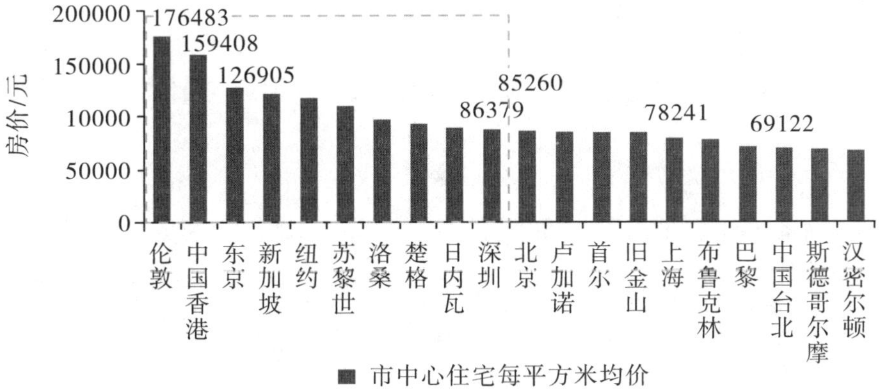

图 3－1　2016 年全球城市房价 TOP20

资料来源：华泰证券研究所，《6 大角度看房价泡沫》，2016 年 3 月。

二、理论分析：美国量化宽松政策影响中国房地产市场的传导机制

（一）传统的利率、汇率渠道

传统的利率、汇率渠道是指发达国家实施量化宽松政策以后面临着利率下行、货币贬值压力，国际利差和汇率波动导致跨境资金流向国内。在资金涌向国内的同时需要进行套保操作，根据利率平价原理，高利率国家面临远期汇率贴水。国内市场在注入大量流动性后面临利率下行压力，利率下行从两个方面影响房地产市场：第一，房地产市场作为大额投资品需要借贷资金的支持，资金成本的下降使得购买力提高，从而促使房地产市场价格上涨；第二，通过财富效应影响房地产市场，大量流动性和利率下行促使股票市场繁荣，股票市场繁荣转换成房产购买力，促使房地产市场价格上涨。2015 年6 月至7 月深圳房价的快速上涨

即是典型的财富效应的结果。

（二）基于“巴拉萨－萨缪尔森”效应的传导机制

与上述传统的利率、汇率传导渠道不同，“巴拉萨－萨缪尔森”效应主要是基于贸易品部门和非贸易品部门的劳动生产率的差异而造成的。首先我们假定：（1）处于开放经济中的小国存在两个部门，制造业部门为可贸易部门（记为 T），房地产部门为不可贸易部门（记为 E）。（2）制造业部门的购买力平价成立，其价格由国际市场决定，而房地产价格由国内市场决定。（3）制造业部门和房地产部门的结构是完全竞争的，资本可以在国内、国际流动，但劳动力只能在国内部门间流动。劳动力的流动使得制造业部门和房地产部门的工资相等，即 $W_T = W = W_E$。（4）劳动力市场充分就业，劳动力总供给 $L = L_T + L_E$，其中 L_T 和 L_E 分别代表制造业部门和房地产部门的劳动力投入。

设制造业部门和房地产部门的生产函数均为规模报酬不变的柯布－道格拉斯形式，即：

$$Y_T(K_T, L_T) = A_T L_T^{\alpha} K_T^{1-\alpha}$$

$$Y_E(K_E, L_E) = A_E L_E^{\beta} K_E^{1-\beta}$$

其中，A_T 和 A_E 分别代表制造业部门和房地产部门的技术水平，K_T 和 K_E 分别代表制造业部门和房地产部门的资本投入，α 和 β 分别表示制造业部门和房地产部门的劳动力弹性系数。

制造业部门的利润最大化目标为 $\mathrm{Max}\ \pi_T = P_T \cdot A_T L_T^{\alpha} K_T^{1-\alpha} - W_T \cdot L_T - r \cdot K_T$。

其一阶条件为：

$$\frac{\partial \pi_T}{\partial L_T} = \alpha P_T \cdot A_T L_T^{\alpha-1} K_T^{1-\alpha} - W_T = 0$$

$$\frac{\partial \pi_T}{\partial K_T} = (1-\alpha)P_T \cdot A_T L_T^{\alpha} K_T^{-\alpha} - r = 0$$

房地产部门的利润最大化目标为 $\text{Max}\,\pi_E = P_E \cdot A_E L_E^{\beta} K_E^{1-\beta} - W_E \cdot L_E - r \cdot K_E$。

其一阶条件为：

$$\frac{\partial \pi_E}{\partial L_E} = \beta P_E \cdot A_E L_E^{\beta-1} K_E^{1-\beta} - W_E = 0$$

$$\frac{\partial \pi_E}{\partial K_E} = (1-\beta)P_E \cdot A_E L_E^{\beta} K_E^{-\beta} - r = 0$$

其中，P_T和 P_E分别代表制造业部门和房地产部门的产品价格，r 为利率（外生给定）。由于劳动力自由流动导致 $W_T = W = W_E$，可得：

$$\frac{P_E}{P_T} = \frac{\alpha}{\beta} \cdot \frac{A_T L_T^{\alpha-1} K_T^{1-\alpha}}{A_E L_E^{\beta-1} K_E^{1-\beta}} = \frac{\alpha}{\beta} \cdot \frac{Y_T(K_T, L_T)/L_T}{Y_E(K_E, L_E)/L_E}$$

记 $\lambda_T = Y_T(K_T, L_T)/L_T$，$\lambda_E = Y_E(K_E, L_E)/L_E$，分别表示制造业部门和房地产部门的单位劳动生产产出，即两个部门的劳动生产率。此外，我们令 $p = \frac{P_E}{P_T}$ 表示房地产相对于工业品的相对价格。这样，上式可简化为 $p = \frac{\alpha}{\beta} \cdot \frac{\lambda_T}{\lambda_E}$；进一步地，两边取对数，并对时间 t 求导得：

$$\frac{\bar{p}}{p} = \frac{\bar{\lambda}_T}{\lambda_T} - \frac{\bar{\lambda}_E}{\lambda_E}$$

上式中 $\frac{\bar{\lambda}_T}{\lambda_T}$ 和 $\frac{\bar{\lambda}_E}{\lambda_E}$ 分别表示制造业部门和房地产部门劳动生产率的增长率，$\frac{\bar{p}}{p}$ 表示房地产相对价格的变动率。随着经济开放水平的提高，制造业部门受益于更大的市场规模、干中学效应等，其劳动生产率提高得更快，即 $\frac{\bar{\lambda}_T}{\lambda_T} > \frac{\bar{\lambda}_E}{\lambda_E}$，由上式可知 $\frac{\bar{p}}{p} > 0$，这意味着房地产的相对价格将上涨。伴随着非贸易部门的商品价格上涨，汇率呈升值趋势。

文献方面，Bardhan 等（2004）选取了世界不同国家主要城市的数据分析了经济开放度对城市租金的影响，证明了城市开放度的增加会提升非贸易品的相对价格，在房地产领域验证了“巴拉萨－萨缪尔森”效应的存在性。从传导途径看，量化宽松政策导致房地产价格上升的途径有两个：其一，量化宽松政策导致全球贸易品价格上升，从而导致贸易品部门利润上升；由于劳动力可以跨部门流动，社会工资具有平均化的趋势；经过劳动力流动的传导，房地产部门的工资也会上升，从而导致房地产价格水平上升。其二，资源要素受利润最大化原则支配，劳动力和资本会在两个部门之间流动；当贸易品部门机会增加时，资源会流向贸易品部门；房地产部门要竞争稀缺的资源就会提高价格，从而导致房地产市场的价格上升。

三、背景环境分析：两种渠道展现的机会窗口

（一）套利套汇空间的存在

在利率、汇率传统传导渠道中，货币的跨境资产回报率与本国的资产回报率应该相等，也即遵循利率平价理论，否则就会出现跨境套利套汇活动。我们假设 A 国（本国）一年期存款利率为 i，B 国（外国）一年期存款利率为 i^*，即期汇率为 e（直接标价法），远期汇率为 f。

那么，存款 1 单位本国货币，1 年后可得（$1+i$）的 A 国货币；存款 1 单位外国货币，1 年后可得（$1/e + 1/e \cdot i^*$）＝（$1+i^*$）$/e$ 的 B

国货币，也即 $[(1+i^*)/e]\cdot f$ 的 A 国货币。

两国存款收益应该相同，即 $(1+i)=[(1+i^*)\cdot f]/e$。

解得 $i-i^*=(f-e)/e+(f-e)/e\cdot i^*\approx(f-e)/e$。这一公式的含义是：两国之间的利率差需要通过远期贴水（贬值）进行抵补。

我们将上式改写为 $R=(i-i^*)+(e-f)/e$。用中国的国债收益率代表 i，美国的国债收益率代表 i^*，美元即期汇率代表 e，无本金交割远期汇率 NDF 代表 f；将实际数据代入上述公式，如果满足利率平价条件，则不存在超额收益，即 $R=0$；如果 $R>0$，说明在中国境内存在套利套汇空间。

图 3－2①给出了中美两国国债收益率的利差，从中可以看出这一利差一直大于零（图中虚线），在 2010—2014 年间这一利差水平保持在 1.5%～3%之间，这说明从利差角度（方程右边第一项）为跨境资金提供了套利空间。图 3－2②给出了远期汇率的升贴水情况，在 2009—2011 年这一时间段，远期汇率处于升水状态，即方程右边第二项也为正，那么从套汇角度也为跨境资金提供了套利空间。自 2011 年后远期汇率转为贴水状态，但似乎程度不大。

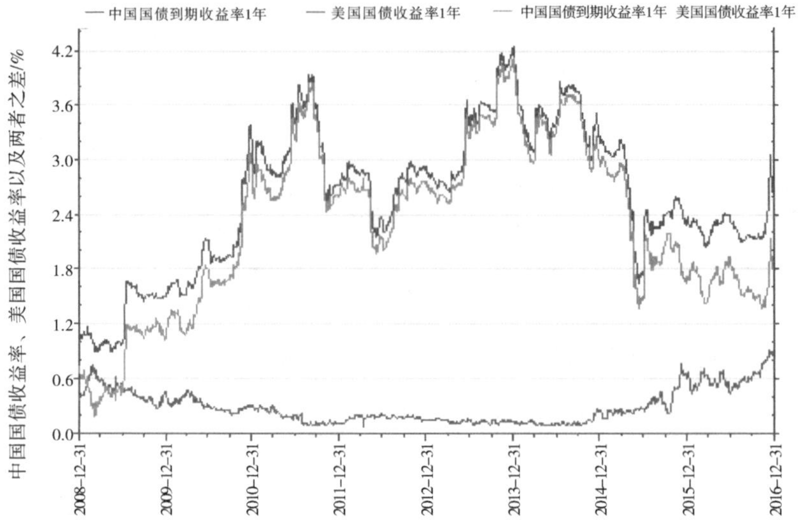

①

②

图 3－2　中美利差及汇率升贴水状况

数据来源：Wind 资讯。

根据上述公式我们计算了自美国实施第一轮量化宽松政策以来抛补条件下中国相对于美国国债的超额收益（见图 3－3）。2009—2011 年，中美之间较大的利差为套利提供了较大空间，另一方面国内主推的人民币国际化战略使得汇率面临升值压力，套利套汇两方面的条件都提供了资金流入的正向激励。2011 年至 2015 年“8·11”汇改前，远期汇率已转变为贴水状态，但利率方面在经历 2014 年“6·10”钱荒事件后无风险利率难以下行，在 2013 年中至 2014 年中超额收益又形成了一次上涨态势。2015 年“8·11”汇改后，恐慌性的资金外流导致汇率贴水大幅上升，另一方面 QE 逐渐退出、国内利率下行导致两者利差收窄，最终导致超额收益为负。

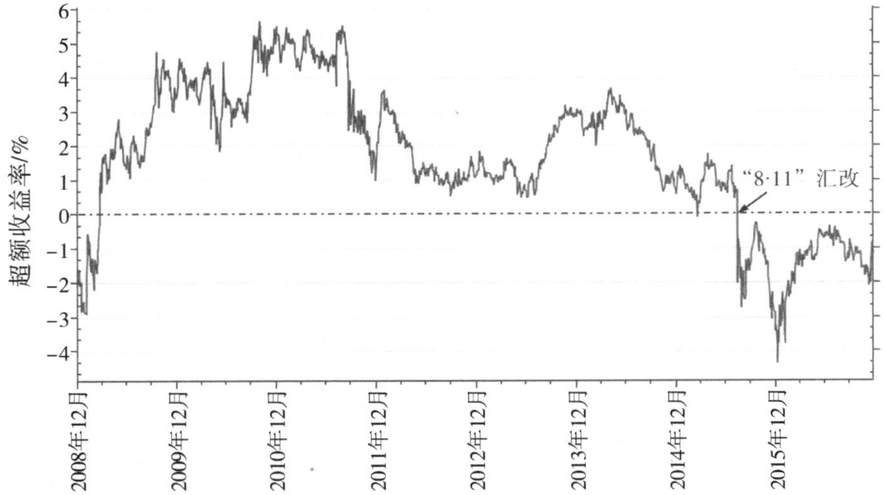

图 3-3　美国实施量宽政策以来抛补条件下中国相对于美国国债的超额收益

数据来源：作者根据 Wind 数据计算。

总体来讲，美国的量化宽松政策导致中美利差长期保持在高位，而人民币国际化战略使得人民币在相当长一段时间内面临升值压力，这几乎导致了跨境无风险套利套汇活动。国债收益率对应的是无风险收益，在无风险水平上超额收益就能达到 3% ~4%，这为跨境房地产投资打开了机会窗口。从状态条件看，房地产投资面临的风险相对较小。一方面，利差空间大为无风险套利套汇活动提供较长的时间保障；另一方面，中国正处于城镇化过程中，美国已经完成城镇化，即以房地产为投资标的，两国的套利空间也是明显的。此外，房价处于上涨期，交易的流动性不是问题。

（二）可贸易品与非可贸易品的价差

从基于“巴拉萨－萨缪尔森”效应的传导机制来看，中国融入全球化使得可贸易品的劳动生产率大大提升，其价格竞争优势明显，以衣着和家用器具为例，两者的年均复合增长率分别为0.03%和－0.01%，即多年几乎不涨价，CPI（居民消费价格指数）的非食品类涨幅也极低（见表3－1）。由于贸易品部门的劳动生产率提高导致工资上升，而非贸易品部门的工资要求与可贸易品部门的工资拉平，进而导致非贸易品价格的相对上升。从表3－1中反映的居住类和房租的CPI指数来看，“巴拉萨－萨缪尔森”效应在中国是存在的，而这种效应的存在为房价上升提供了明显的机会窗口。

表3－1　2001年以来中国CPI、可贸易品和非可贸易品涨幅

项目	2001—2016年累计涨幅/%	2011—2016年累计涨幅/%	年均复合增长率/%
CPI	48.59	—	2.51
CPI：非食品	16.41	—	0.96
CPI：衣着	0.44	—	0.03
CPI：家用器具	—	－0.11	－0.01
CPI：居住	52.76	—	2.68
CPI：租赁房房租	—	20.97	3.19
百城住宅价格指数	—	40.33	5.81

数据来源：作者根据Wind数据计算。

四、实证研究：美国量化宽松政策对中国房价冲击的影响

上文回顾了中国房地产泡沫的典型事实以及两种渠道展现的投机窗口，这里使用向量自回归模型（VAR）考察美国量化宽松政策对中国房地产市场的影响。

（一）代理变量的选取

关于 QE 政策的代理变量，我们认为价格型变量（联邦基金利率）在建模中不具代表性，因为在量宽时期联邦基金利率已经接近下限，下降空间非常有限，因而其变动方向不能很好地反映量化宽松意图（见图 3 –4①）；而美联储的量化宽松以数量型政策为主，包括直接购买联邦机构（government – sponsored enterprises）债券，购买抵押贷款支持证券（Mortgage – Backed Security，MBS），购买定期资产抵押证券贷款工具（Term Asset – Backed Securities Loan Facility，TALF）以及针对国债的扭转操作（Operation Twist）等，对此我们以美联储资产负债表中这类特定资产之和作为量化宽松政策的代理变量。从图 3 –4②可以看出，自 2008 年经济危机之后这类资产呈明显增长态势，可以较好地反映量化宽松意图。

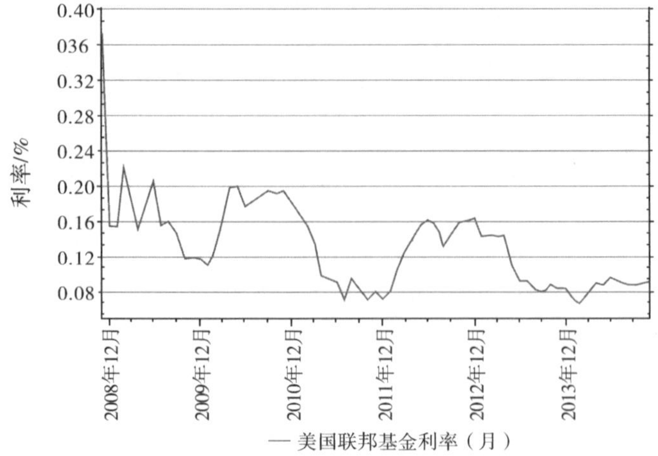

①

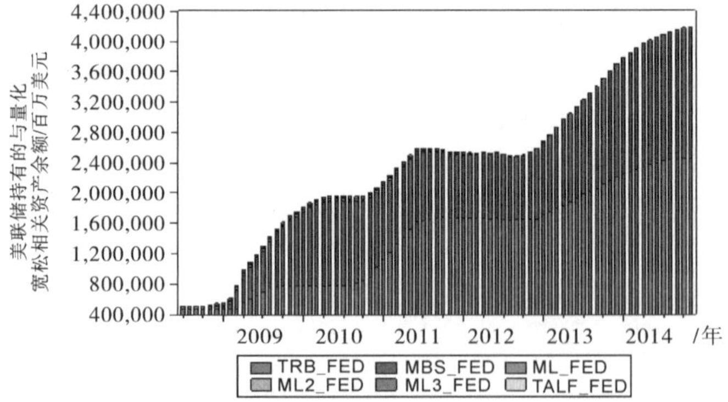

②

图 3－4　美国量化宽松政策代理变量的选取数据

数据来源：Wind 资讯。

我们以百城房价指数中的全部样本城市均价作为房地产泡沫的代理变量，由于该指数起始于 2010 年 6 月，在此之前的数据我们用中国社科院房地产金融中心的监测数据补足①。图 3－5 较为真实地反映了中国

① 中国社科院房地产金融中心的监测数据起始于 2008 年 7 月，包括 119 个城市样本。经核对，该监测数据与百城房价指数的差异在后续时段最多不超过 1000 元。

房价的走势，尤其是刻画了 2008 年下半年以及 2011 年下半年至 2012 年上半年的下跌行情。其他变量方面，我们考虑了汇率以及外汇占款的变动，未考虑利率变量。其理由是：我国实行的是有管理的浮动汇率制度，针对外部均衡，一方面通过汇率调节资本流动，另一方面通过央行的冲销操作调节流动性；利率变量从长期实践来看主要是针对内部均衡。

整个模型的样本区间为 2008 年 7 月至 2014 年 11 月，即金融危机爆发后至美联储宣布退出第四轮量化宽松，时间频率为月度。

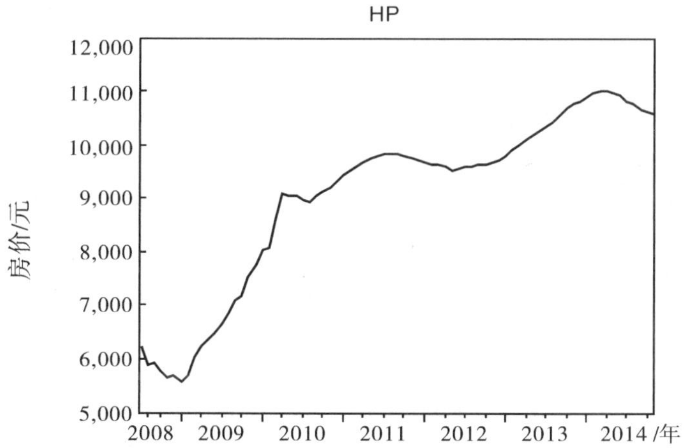

图 3 –5　2008—2014 年中国房地产价格走势

数据来源：百城房价指数及中国社科院房地产金融中心监测数据。

（二）平稳性检验

各变量须满足平稳性条件才能建模。我们首先对除汇率以外的变量取对数，然后进行单位根检验，表 3 –2 的结果表明百城房价、美联储资产和中国外汇占款三个变量都满足平稳性条件。尽管汇率不满足平稳性条件，但经过一阶差分后满足平稳性条件。

表 3－2 美国量化宽松政策对中国房地产价格冲击模型的变量单位根检验

变量	检验形式（C，T，K）	ADF 统计量	临界值
Ln_ hp	（C，0，1）	－2. 873246	－2. 587691 *
Ln_ asset_ fed	（C，0，1）	－3. 288119	－2. 900670 * *
D （exrate）	（0，0，0）	－4. 862441	－2. 596160 * * *
Ln_ po_ forex_ buy	（C，0，1）	－3. 070162	－2. 900670 * *

注：其中检验形式（C，T，K）中的字母分别表示检验方程包括常数项、时间趋势和滞后项的阶数；* * * 、* * 和 * 分别表示在 1% 、5% 和 10% 显著水平下的临界值。

下面建立针对上述四个变量的向量自回归模型。首先，要确定向量自回归方程的滞后阶数，AIC（赤池信息准则）提示的滞后阶数为 2，SC（施瓦茨准则）提示的滞后阶数也为 2，因此方程的滞后阶数为 2。其次，需验证模型的稳定性，Eviews 计算结果显示，方程的特征多项式的逆根都在单位圆内（见图 3－6），所以 VAR 模型都是稳定的。

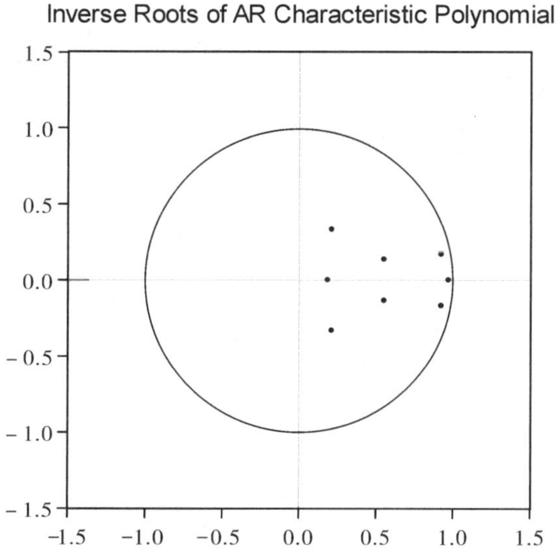

图3-6　美国量化宽松政策对中国房地产价格冲击模型稳健性检验

（三）脉冲响应及方差分解分析

在建模完成后，我们使用脉冲响应函数观察各变量对美国量化宽松冲击的影响。图3-7①反映了房价对各变量冲击的影响，美联储的资产购买政策对房价产生持续正向影响，且影响程度最大；外汇占款对房价的影响在初期是负向的，直到第9期才转为正，这可能与外汇占款和量化宽松的外溢效应正相关有关；汇率差分对房价的冲击是负向的，由于汇率采取的是直接标价法，这意味着汇率的加速升值导致房价快速上升，直到第8期才趋于平稳。美国QE对汇率的影响是负向的，即美联储的资产购买政策导致市场流动性充裕并且流向新兴市场国家，导致其汇率加速升值，就中国而言这种冲击的影响是短暂的，到第4期后影响近乎零（见图3-7④）。美国量化宽松政策对中国外汇占款的影响起初为负，在第4期后转为正；这可能是由于美元的外溢流动性最初由汇率承担，然后再由冲销操作完成；从外汇占款对汇率冲击的反应来看，也验证了汇率加速升值将导致相应冲销操作（见图3－7③）。

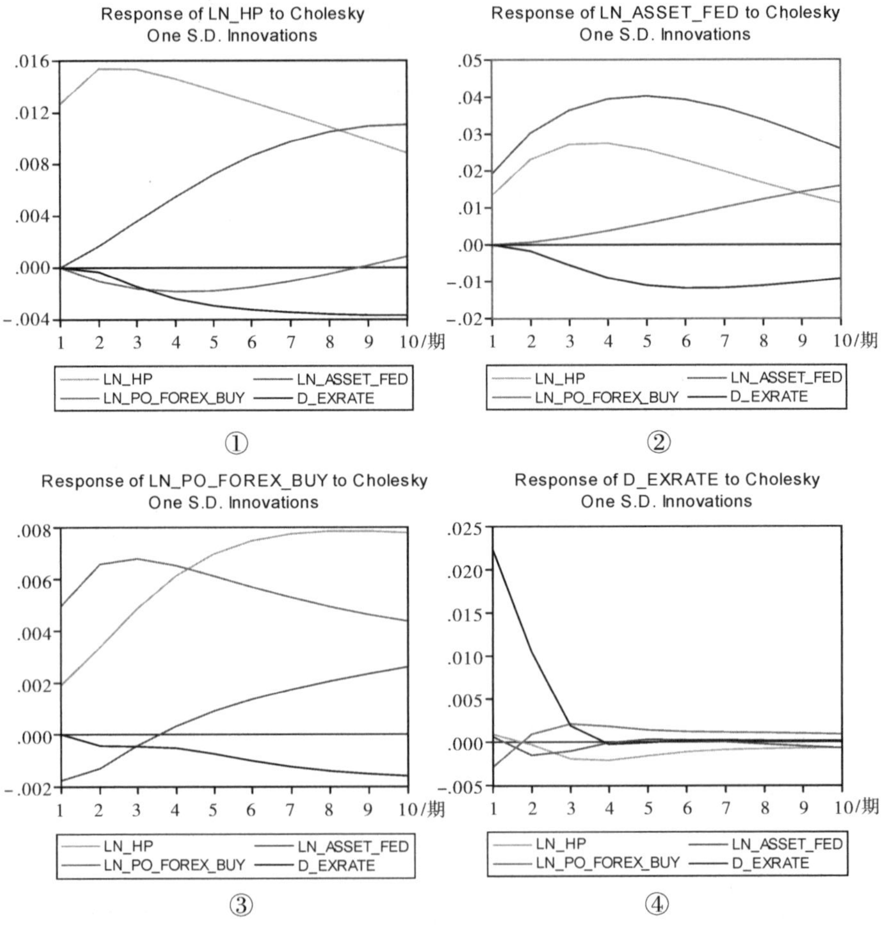

图3－7　各种变量对美国QE冲击的脉冲响应

总体而言，美国量化宽松政策导致流动性外溢，对中国汇率形成了升值压力；在有管理的浮动汇率制度下，部分升值压力由冲销操作承担；但无论是价格渠道还是数量渠道，充裕的流动性都导致了房价快速上升，形成了巨大的泡沫。方差分解反映了各指标变动对变量影响的相对重要性，从房价的方差分解结果来看，除其自身外美联储的资产购买政策对房价增长贡献最大，在第10期时达到26.37%，而外汇占款和汇率这两个变量的贡献微乎其微（见图3－8）。

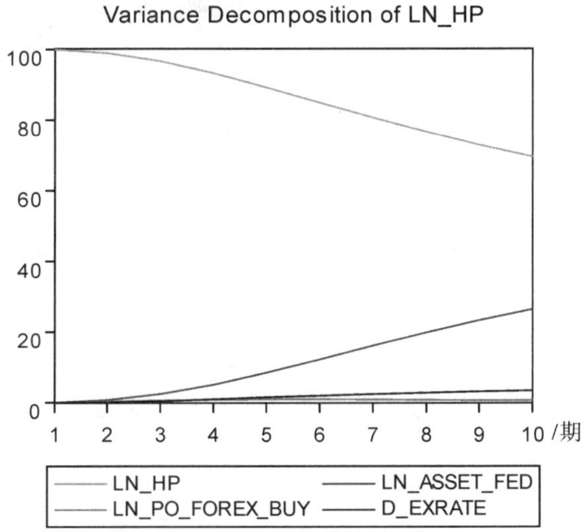

图3－8　房价的方差分解图

五、美国量化宽松政策的退出与风险防范

2014年9月，美联储宣布退出量化宽松货币政策的步骤和时间，引导市场合理预期，并于2014年10月终止资产购买计划。2015年12月16日，美联储宣布将联邦基金利率上调25个基点，截至2017年3月联邦基金目标利率已上调三次。随着美国量化宽松政策的退出，新兴市场的投资、投机性资金必将回流；中国房地产市场面临巨大风险，必须要有一定的风险防范措施。

从外部均衡的视角看，中国面临较大的资金外流压力。一方面，实体经济的资本回报率处于下降通道；另一方面，汇率由升值转为贬值，加之中美利差收窄，这些因素都导致资金外流。从外管局公布的国际收支数据来看，直接投资项自2015年以来呈趋势性下降，2016年转为净流出；证券投资项可能受到短期积极因素的影响，但2015年也存在大规模净流出（见图3－9）；整个金融项下的资金变动几乎与美国量化宽松政策退出相一致。作为资金外流的一个综合表现，我国外汇储备由2014年6月接近4万亿美元的峰值下降至2016年12月的3万亿美元。

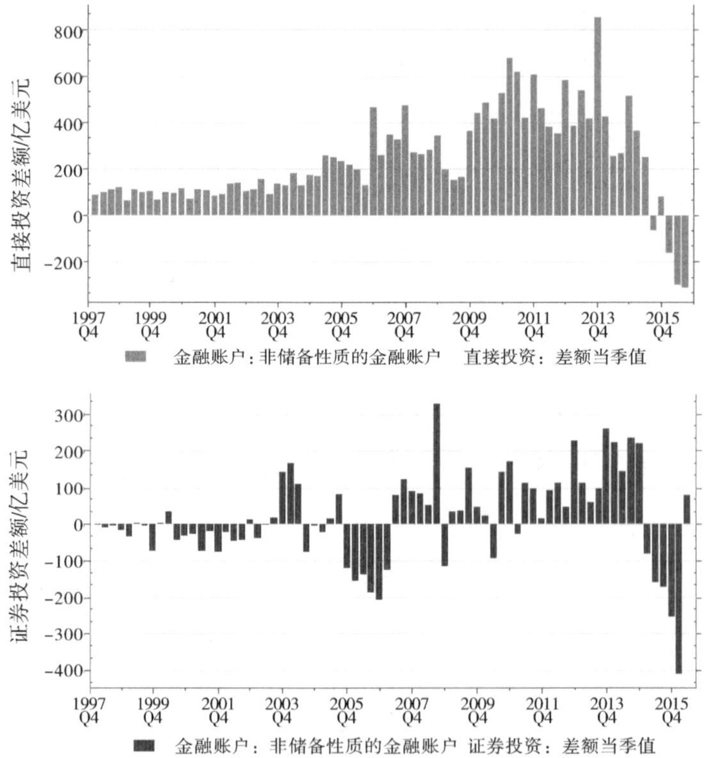

图3－9　1997—2015年国际收支金融账户的资金变动情况

面对如此快速的外汇流失，我们不能采取牺牲外储保汇率的方式，也不应采取加息吸引资金回流的方式；因为问题的根源在于实体层面已经面临严重的“脱实向虚”，因而我们建议在不可能三角中选择一定程度的资本管制措施。这绝不是为了保房价，而是为了防风险，因为快速、大规模的资本外流可能导致房价、汇率双杀；筑起防止资本外流高墙的最终目的是为了将“向虚”的资金重新导向实体经济，通过金融支持供给侧结构性改革使得经济的潜在回报重新提升。

房地产市场方面，我们应该坚决贯彻中央经济工作会议提出的“房子是用来住的、不是用来炒的”精神，在住房政策上坚决抑制投资、投机性需求：对于热点城市应严格落实限购措施，清理各类形式的首付贷以及为购房进行场外配资的行为。与此同时，在供给侧大力推行保障房建设，通过推广“租售并举”和积极发展保障房二级市场等措施有效满足困难居民的居住需求。

第四章　房地产已成系统性风险重要源头

2017年可谓防风险之年。这一年7月召开的第五次全国金融工作会议与前四次完全不同，其主题不再是改革、发展，而是防范金融风险、服务实体经济。10月18日在北京召开了举世瞩目的中国共产党第十九次全国代表大会，会议主题是“不忘初心，牢记使命，高举中国特色社会主义伟大旗帜，决胜全面建成小康社会，夺取新时代中国特色社会主义伟大胜利，为实现中华民族伟大复兴的中国梦不懈奋斗”，在十九大报告全文中共有九处提及“风险”，由此足见其重要性。涉及“风险”的九处内容直接与经济金融相关的有两处，其中一处位于报告第四部分“决胜全面建成小康社会”之中，其表述为：“从现在到2020年，是全面建成小康社会决胜期……突出抓重点、补短板、强弱项，特别是要坚决打好防范化解重大风险、精准脱贫、污染防治的攻坚战”。年底召开的中央经济工作会议再一次强调“三大攻坚战”，防范化解重大风险位于“三大攻坚战”之首。

“防范金融风险”与“全面建成小康社会”有何联系？为何前者是后者实现的重要条件和保障？如果不能很好地回答上述问题，就不能理解当前防风险工作的重要性，更不可能看到“诗和远方”。宏观经济运行的规律一般遵循平稳化过程，除非在遇见危机的时候GDP增长率才会跳出原来的波动范围；而危机发生之前往往伴随着经济的结构性减速，比如日本土地神话破灭前 GDP 增长率由二十世纪六七十年代的 10% 以上降低至八十年代的 4% ~8% 的区间。回顾中国改革开放的历程，中国经济的持续增长来自三方面的动力：一是制度层面的动力，包括家庭联产承包责任制、国企改革、乡镇企业、引进外资等，这些制度变革使得生产可能性曲线外扩具备了可能性，与此同时劳动力转移过程保障了要素的充足供给，这一阶段大约持续到东南亚金融风暴之前。二是受益于全球化红利，1998 年之后中国轻工业产品基本处于过剩状态，然而 2001 年中国成功加入世贸组织，为外需拉动经济敞开了大门，为稳住外需，这一时期配套的汇率政策是钉住汇率制度。三是受益于加速城镇化的进程，这方面基础设施建设投资为经济增长做出了巨大贡献。然而诸多迹象表明经济增长引擎的动力越来越不足：人口红利窗口的关闭，意味着在潜在产出面临天花板，逆全球化冲击阻塞外需引擎的发动，城市化进程面临地方政府债务风险。换句更理学一点的说法，我们的经济正逼近增长路径的稳态。如果未能意识到这一点，在宏观管理中采取了激进的总需求刺激措施，那么在未来就会收到等量或更甚的负反馈。如果理解了这一点也就理解了防风险的要义所在：我们要在增长的拐点之处做出一个连续可导的形态，防止经济落入万劫不复的奇点；一旦进入这个奇点，我们未来的增长平台就低了，甚至有可能出现类似日本“失去的三十年”的现象。从这个角度讲，习近平总书记在 2014 年做出“三期叠加”和“新常态”的判断，不仅准确，更为关键的是及时。

2016 年底我承担了国家金融与发展实验室《防范和化解经济转型阶段的金融风险》课题，2017 年初我又承担了实验室下属陆家嘴研究基地《构建与国际金融中心建设相适应的金融风险防范体系》的课题，国家金融与发展实验室是国家首批智库，从上述课题选题来看是极具前瞻性的。第一个课题我主要围绕企业高杠杆、地方政府债务等方面展开；第二个课题主要围绕金融市场、跨境资本流动进行讨论，因为这两者是国际金融中心的核心要素。在课题研究过程中，我发现诸多风险要素与房地产市场有关。作为一名房地产领域的研究者，我始终觉得房地产与其他市场的关系不止如此简单，应该上升到“系统重要性”的位置。在课题完成后，我带着某种偏执狂的冲动试图论证“房地产已成系统性风险重要源头”，其间又恰遇财经院倪鹏飞老师和广东经济出版社张晶晶编辑约稿《房地产金融：中国实践与国际借鉴》一书，这又进一步增添了我的写作动力。所幸，论述过程顺利，最初的冲动并非枉然。此为本文的“诞生记”吧。至于此文为何出现在这里，因为本书前文先后论述了房地产与信贷及土地财政的关系，此为房地产市场的内部因素，美国的量化宽松政策可视为房地产市场的外部冲击；这里将房地产上升至系统重要性的地位，考虑了方方面面的因素，从篇章布局来说算是收官部分，这样就形成了完整的结构。

房地产市场为什么是系统性风险源头呢？概括起来包括如下几点：第一，居民家庭资产中房产占比高达54%，这甚至高于发生次贷危机的美国，如果真的发生危机其产生的冲击可能比美国更甚。第二，企业部门也被深深卷入房地产市场之中，国家金融与发展实验室理事长李扬在“A股上市公司盈利与预测（2016）”发布会上表示，一半以上上市公司因房地产盈利好转，这个好转让人很不安。此间还发生了沸沸扬扬的“*ST宁通B卖房保壳”事件。第三，银行部门对房地产的信贷支持处于极高水平，截至2017年上半年，房地产各项贷款余额占金融机构各项贷款余额的比例为28.53%，这一比例已经超过日本房地产泡沫破灭前的水平，而这还没算上影子银行部分。第四，地方政府债务风险与房地产市场挂钩，而目前债务膨胀趋势并未得到遏制。第五，房价上涨受外部丰裕流动性的影响，目前的高房价似乎已到了收割的最佳时机，有关研究表明中国面临巨大的资本流出压力。以上种种将在正文进行详尽分析，读者看到数据后可能会大跌眼镜，但事实终究是事实。此外，文章还对系统性风险的传染途径进行了简要分析，算是一种沙盘推演，其结果也令人担忧。

此文另一个值得称道的地方在于对策建议部分。通常而言，对策研究我一般都会先针对主要矛盾写，因为这是治本；然而房地产市场可谓病入膏肓，因此对策采取了由表及里的方式展开，即先稳住房价并建立防火墙，再进行清创操作，最后治疗病根。

文中“地方政府债务与房地产部门的关联性分析”内容部分取材于《中国地区金融生态环境评价（2013～2014）》中的《地方政府债务的结构性风险及衍生风险》一文，亦为本人所作，特此说明。

一、系统性风险及金融危机

（一）系统性风险

风险就是未来的不确定性。大体上风险可以分为两类，即系统性风险和非系统性风险。威廉·夏普首先使用“系统性风险”这一名词来描述一项投资总风险的一个部分，具体思想来自证券组合理论和资本资产定价模型（CAPM）。投资者能够持有多样化的证券组合投资而减少他们的风险，但是每项投资的风险存在不能由多样化避免的部分，即投资的预期回报与市场证券组合预期回报的协方差之比。按照夏普的意见，这一不能避免的成分被称为系统性风险，其余部分即非系统性风险，可以由多样化消除[①]。将系统性风险和非系统性风险的概念从证券市场扩展开：非系统性风险可以理解为持有单个资产的特有风险或单个金融机构面临的风险，如某一只股票的大幅下跌、某一新产品的开发失败、某个金融机构的破产等；系统性风险是一个经济体系中所有资产和所有机构面临的风险，如货币贬值、金融危机、政局动荡等都会引发系统性风险。

之所以要区分系统性风险和非系统性风险，是因为这对风险管理具有重要意义。对于非系统性风险而言，它应该是由个人和机构自身承担的风险。根据莫顿的金融功能观，金融体系存在的功能之一是管理风险或者说为风险转移提供渠道，例如股票市场为投资者提供了投资的渠道，在获取收益的同时也面临股价下跌风险，银行机构在获取存贷利差的同时也面临着借短贷长的期限错配风险。非系统性风险是金融体系运行过程中时时存在的，个体或机构在应对这些风险的过程中可能成功也可能失败，正是这种优胜劣汰的机制促使了金融体系效率的提高。系统性风险是个体难以化解的，它内生于经济和金融系统，主要依靠政策、制度、法律法规予以防范。尽管一些市场派人士认为系统性风险是无论如何都不可避免的，但危机之后各种监管措施的改进乃是应对系统性风险的重要尝试和努力，如宏观审慎政策中的逆周期资本要求，降低系统性重要机构道德风险的各种措施等。

（二）金融危机

系统性风险如果充分暴露就可能引发金融危机。《新帕尔格雷夫货币金融大辞典》将金融危机定义为一个国家或几个国家与地区的全部或

① 参见《新帕尔格雷夫货币金融大辞典》第三卷中“系统风险”词条。

大部分金融指标［如：短期利率、货币资产、证券、房地产、土地（价格）、商业破产数和金融机构倒闭数］的急剧、短暂和超周期的恶化，金融市场出现剧烈动荡和混乱的局面[①]。通常而言，金融危机是系统性风险的全面暴露。

国际货币基金组织（IMF）（1998）将金融危机归为四种类型：货币危机、银行危机、外债危机、系统性金融危机。实际上，金融危机除了这四种危机外还包括资本市场危机。

资本市场危机是指人们丧失了对资本市场的信心，争先恐后地抛售所持有的股票，从而使股票市场价格急剧下跌的现象。导致股票下跌的原因包括两个方面：一是股票价格在早期极不现实的乐观主义氛围中不断上升，最终以暴跌形式收场；二是基本面因素的恶化，如严重的经济衰退导致的股票下跌。股市暴跌的危害在于暴跌会夺走居民的净财富，并使公众不敢购买大量的耐用消费品和投资品，从而导致经济衰退。

银行危机是指由于某些原因导致人们对银行丧失信心，从而大量挤兑存款，导致银行大量倒闭的现象。银行危机产生原因包括两个：一是部分准备金制度的内在不稳定性易导致挤兑，这可以由戴蒙德和迪布维格的 DD 模型（1983）解释；二是银行的资产价值不足以偿付债务。前一种情况导致的仅仅是流动性危机，可通过最后贷款人制度应对；后一种情况如果是单个银行的资不抵债则不应该救助，如果该银行是系统重要性机构则须慎重考虑。银行危机产生的危害在某种意义上要胜过资本市场危机：除了恐慌氛围导致的消费者消费意愿和公司投资支出意愿的大幅下降外，银行危机还会产生金融加速器效应（Bernanke & Gertler，1979），导致信用崩塌（Credit Crunch），更为严重的是，银行危机能导

① 参见《新帕尔格雷夫货币金融大辞典》第二卷中“金融危机”词条。

致金融秩序的破坏和金融体系的坍塌。

货币危机是指人们丧失了对一国货币的信心，大量抛售该国货币，从而导致该国货币的汇率在短时间内急剧贬值的情形。第一代和第二代货币危机理论认为，货币危机的产生源于扩张性经济政策与维护固定汇率目标之间存在着根本性冲突。无论是扩张性财政政策还是货币政策都将导致货币发行失控，一国货币增长率持续高于国际水平，该国货币面临贬值压力。如果动用外汇储备干预并试图维护固定汇率，外汇储备有被耗尽的风险。1997 年的东南亚金融危机并不能由这一理论很好地解释，因为当时东南亚国家在危机前失业并不严重，通胀压力也不大，没有必要实施扩张政策；但金融机构过度负债导致的货币错配是导致危机的重要原因，这一次的货币危机还伴随着债务危机。

债务危机是指一国政府不能按照预先约定的承诺偿付其国外债务，从而导致购买该国债务的金融机构遭受巨大的损失。20 世纪 80 年代拉美国家爆发了债务危机，导致债台高筑的原因是石油出口收入大大增强了这些国家借债的信心，1972—1980 年拉美国家新欠国际银行债务占出口收入的比例由 85% 上升至 248%；随着美国反通胀政策的实施，原油价格下跌，出口收入难以偿付到期债务；墨西哥于 1982 年首先宣布违约，紧接着是阿根廷、巴西以及其他的一些国家宣布违约，由此爆发了一场国际债务危机。债务危机的短期危害是资本外逃，长期危害是经济停滞。

系统性危机是指由多种因素造成的综合性危机，并对整个金融系统乃至整个经济产生破坏影响。2008 年的全球金融危机即为系统性危机。最初的起因是消费者过度负债以及房地产市场的下跌；由于次级贷款被打包成担保债务凭证（CDO）并在债券市场上出售，因而危机波及金融市场，并导致多家投资银行和商业银行的破产重组；再加之 CDO 的跨境持有以及全球股票市场的联动效应，最初的次贷危机演变成一场深度的全球金融危机。

二、房地产为什么应成为系统性风险监测的重要领域

影响严重的金融危机几乎都与房地产市场相关，例如：20世纪80年代的日本土地神话的破灭，房地产是直接诱因；1997年东南亚金融风暴中，房地产部门是金融领域过度借债后主要投向的领域；2008年的全球金融危机，最初有房价下跌的诱因，与房地产抵押贷款证券化产品的违约直接相关，也与美国政府支持机构“两房”被接管导致的市场恐慌有密切联系。

从理论视角来看，房地产部门应成为系统性风险监测的重要领域，原因至少包括以下三点：第一，从时间维度和集中度看，房地产部门具有极强的顺周期性，在经济繁荣期房地产部门成为过剩资金的栖息地，而伴随着资金集中度、客户集中度越来越高，越来越容易受到宏观经济波动的冲击。第二，从流动性视角看，无论是个人还是机构，房地产投资的规模大，一旦房价下跌，之前过剩的流动性很快会转换成流动性枯竭状态；此外，金融体系中的资产负债货币错配。期限错配也会加速流动性状态转变的过程，更快地触发系统性风险。第三，从跨部门的维度，也即系统重要性机构的视角看，房地产部门的地位极为重要。次贷危机中美国政府接管“两房”主要是因为其财务危机，然而美国政府没有意识到“两房”的系统重要性地位，尤其是在债券市场的核心地位。“两房”被国有化，使得机构以及整个债券市场出现恐慌，价格大幅下挫，这使得美林、雷曼兄弟等投行的资产负债表急剧恶化；而美林和雷曼兄弟是美国金融体系中极其重要的机构，也是重要的影子银行，其中雷曼兄弟是短期融资市场最大的做市商；美林的被收购和雷曼兄弟

的破产导致市场流动性丧失，从而冲击了整个市场。

就中国现实情况而言，房地产市场成为重点关注的风险领域的原因包括以下几点：第一，从宏观经济角度看，房地产业的关联产业众多，例如建筑业、相关制造业、电力煤气自来水供应业等，因而房价下跌会波及较多产业；根据2012年投入产出表，房地产对各行业后向拉动效应为2.1083，前向推动效应为10.2261，总效应达到12.3344，是表4－1中各产业对经济作用最大的行业。第二，从居民角度看，房地产是中国居民资产中占比最高的部分，2014年占比达到53.81%，美国居民房地产在全部资产中的份额仅为24.41%（见图4－1）；迈恩和苏非（2015）在《房债》一书中详细阐述了房价下跌带来的消费驱动式衰退过程，尽管我国消费对经济的贡献不如美国高，但居民持有房产作为投资首选具有普遍性，房价下跌对居民消费继而对整个经济的影响恐怕不亚于美国。第三，从银行角度看，房地产投资额度较大，因而离不开金融杠杆的支持，而房价下跌可能造成违约并传导至银行体系；2016年我国人民币房地产贷款增量约占各项贷款增量的44.8%，其中个人购房贷款增量就占各项贷款增量的39.21%。第四，从地方政府角度看，我国特有的土地拍卖制度使得房价涨跌与土地出让收入高低紧密联系，而土地出让收入又关系到地方政府的债务偿还能力。以下我们将从银行体系与房地产、地方政府债务与房地产等多个角度详细分析房地产部门的系统重要性风险。

表4－1　2012年不同行业的推动、拉动效应比较

行业	后向拉动效应	前向推动效应	总效应
房地产	2.1083	10.2261	12.3344
服务业	1.6709	9.5888	11.2597
化学化工	2.6954	8.3178	11.0132
黑色金属冶炼加工业	2.5437	8.3623	10.9060

（续表）

行业	后向拉动效应	前向推动效应	总效应
通信设备、计算机等	3.1918	5.9388	9.1306
电气机械及器材制造业	2.9282	5.1611	8.0893
有色金属冶炼加工业	2.5677	5.0950	7.6627
汽车	2.9864	4.2654	7.2518
通用设备制造	2.6533	4.3325	6.9858
电力、热力生产业	2.2243	4.2112	6.4355

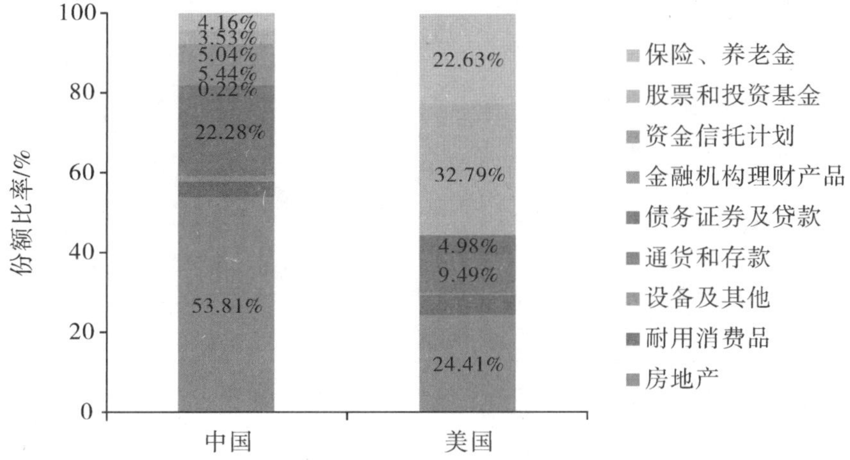

图4-1　中美两国居民资产构成

数据来源：原始数据来源于国家统计局，作者根据投入产出表数据计算。注：数据来源于Wind，部分指标进行了合并，中国为2014年数据，美国为2016年数据。

三、银行体系与房地产部门的关联性分析

（一）传统信贷中的房地产贷款

房价的上涨离不开金融信贷的杠杆作用。2012年以来房价又开始了新一轮的上涨，与之同一时期，不仅房地产信贷余额绝对量快速上

升，而且其在金融机构各项贷款余额中的比例也迅速升高。这其中固然有一些合理因素，比如经济结构优化导致总需求中消费贡献更大，以及城市化过程中基础投资增加后人民改善居住环境诉求增加；然而，正如费雪的债务通缩理论以及明斯基的金融不稳定假说所言，繁荣时期的过度借贷为危机播下了种子。回顾20世纪日本土地神话破灭的过程，在泡沫破灭前5年日本银行业投向房地产业和个人贷款占比达到25%，而同期制造业占比仅为18%；次贷危机爆发前，美国仅不动产抵押贷款在银行信贷总余额的比例高达42%（2006年达到这一峰值）。从目前房地产信贷敞口情况来看，截至2017年上半年，房地产贷款余额为32.69万亿元，其中个人购房贷款余额20.1万亿元，保障性住房开发贷款余额2.97万亿元，房地产各项贷款余额占金融机构各项贷款余额的比例为28.53%（见图4－2）。这一比例已经超过日本房地产泡沫破灭前的水平，值得警惕。

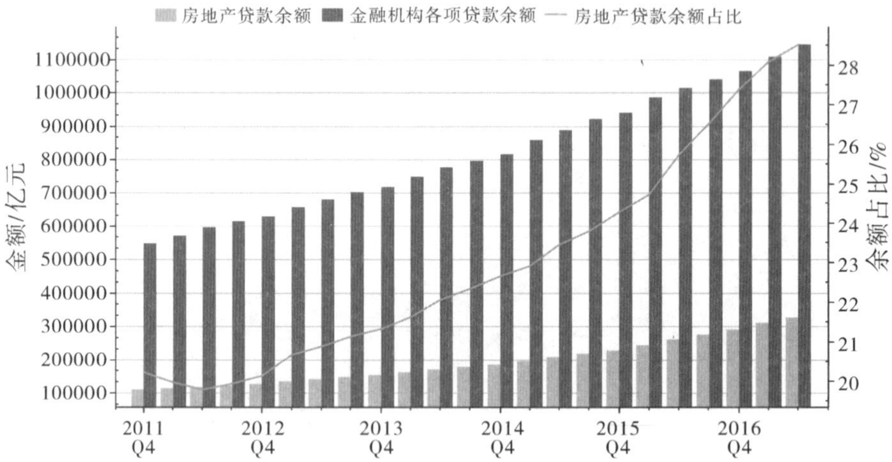

图4－2　2011—2016年房地产贷款余额及其占比情况

注：数据来源于Wind，房地产贷款余额数据为中国人民银行公布的房地产贷款余额与保障性住房开发贷款之和。

伴随着房地产信贷余额的快速上升，其风险也逐渐显现：自 2013 年开始，个人住房按揭贷款不良率轻微上升，反映出偿付能力的下降；房地产开发贷款的不良率则从 2014 年开始显著上升，这一方面与信贷收紧的政策有关，另一方面也与库存高企有关。截至 2016 年底，房地产业和住房按揭贷款不良率分别为 1.04% 和 0.36%（见图 4－3），其总和占不良贷款余额的比例达到 7.8%。

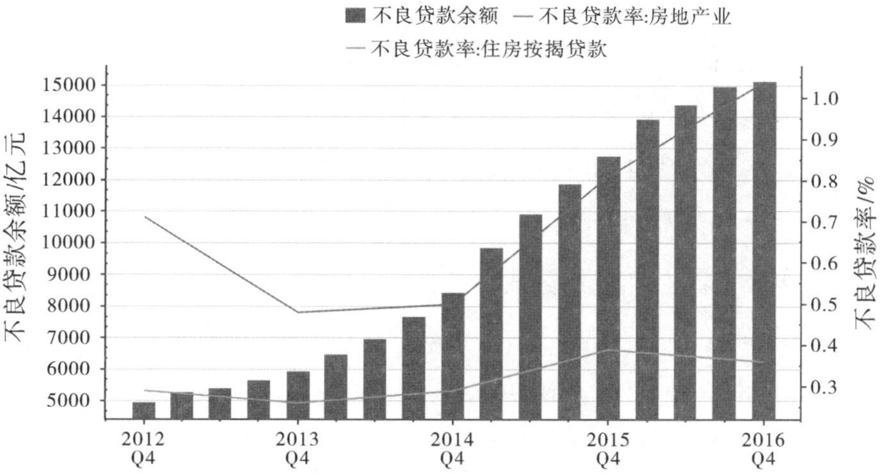

图 4－3　2012—2016 年房地产业及个人住房按揭贷款不良率

数据来源：Wind。

除了因开发贷款和个人按揭贷款违约导致的信用风险，银行还面临资产价格下跌的风险。近年来，由于银行经营模式逐渐由“发起并持有（Originate－to－hold）”模式转向“发起并分销（Originate－to－distribute）”的经营模式，这导致同业和投资业务逐渐兴起；这类业务大都以非标债权的形式存在，其投向大部分都为房地产、基础设施等项目，因此房地产市场的波动也会影响银行的表外业务。此外，信用风险和资产价格风险还会与流动性风险相互交织影响。比如，流动性风险可能是由自身的信用风险和资产价格风险导致的，也有可能是由银行体系内其他银行的资产端出现亏损后导致对流动性需求上升所导致的，还有可能是监管从严直接或间接提高了对银行体系流动性要求所导致的。

（二）影子银行与房地产部门

中国对影子银行的界定与发达国家有所不同。与美国影子银行高度证券化、衍生化的业务模式不同，中国影子银行由银行主导，实质是变相放贷和银行的影子，是金融机构创新、逐利与规避监管交错共生的产物。周小川（2010）指出，中国影子银行主要依附于传统银行业。中国人民银行调查统计司（2012）曾在《影子银行体系的内涵及外延》一文中对中国的影子银行做出初步定义："从事金融中介活动，具有与传统银行类似的信用、期限或流动性转换功能，但未受《巴塞尔协议III》或等同监管程度的实体或准实体。"国内外研究者对于影子银行尚未形成全面清晰的定义，但是就关键特征已达成共识：即影子银行是金融机构创新、逐利与规避监管交错共生的产物；影子银行不受传统银行业监管框架限制，具有与传统银行类似的信用、期限或流动性转换功能。

近年来影子银行的快速扩张，是整个金融体系信用膨胀的重要力量。根据有关统计测算，2016 年底影子银行规模达到 74 万亿元人民币。这里我们并不讨论影子银行的信用创造机制以及对监管产生的影响，我们重点关注影子银行的资金投向问题。

根据殷剑峰等（2017）的统计，非银行金融机构在获得包括银行资金在内的融资之后，其资金运用有相当一部分进入地方政府的基建和房地产项目。以资金信托为例，在 2016 年底 17 万亿元的规模中，投给地方基础产业的规模是 2.7 万亿元，占比 16%；投给房地产的是 1.4 万亿元，占比 8%；不考虑投给工商企业、购买债券等资金运用项目中与地方政府、房地产相关的融资，资金信托中至少有 24% 是投向了地方政府基建和房地产项目。至于其他非银行金融机构的资金运用，如保险债权投资计划，几乎尽归于此。粗略估算，在目前非银行金融机构给实体部门提供的 25 万亿元资金中，至少有 30%，即 8 万亿元左右与地方政府基建和房地产项目相关。

传统信贷中与房地产相关的建筑、电力、交通运输以及其他公共基础设施贷款余额为 22.1 万亿元，加上全口径的房地产贷款余额 32.7 万亿元，传统信贷中与基建房地产有关信贷总额约 55 万亿元。这部分信贷加上银行持有的地方政府债券（约 10 万亿元）、城投债（约 1.2 万亿元）以及银行通过非银行金融机构融资间接投向地方基建和房地产的资金（约 8 万亿元），总的敞口超过 70 万亿元，占银行资产规模的 35%。

影子银行的变化形式多、融资链条长、交易结构复杂，并且资金多流向了基建、房地产等重资产、顺周期的传统部门。影子银行与房地产部门相关联存在两大风险：

第一，影子银行的主要问题在于资产端的高风险与负债端的“刚性兑付”不匹配。总体来看，资产端的基建、房地产项目面临的大都是市场风险，具有高波动、周期长以及流动性差的特点；负债端严格意义上应执行“买者自负”的原则，项目的风险与银行或其他非银行金融机构是没有多大关系的，然而在现行金融体制下多数银行理财、券商资管计划等产品大都执行“刚性兑付”原则，这使得产品具有流动性高、期限短的特点。

第二，银行及影子银行不是风险的起源，但加速了风险积累。中国式的影子银行顺信贷周期和资产价格周期加速膨胀，推高了杠杆率；同时其融资链条较长，使得金融机构间的同业网络变得复杂，不但增加了金融体系的脆弱性，让本来只会波及个别金融机构的风险波及整个融资链条上的金融机构，而且风险一旦爆发，风险传染网络复杂难估计，切断风险传染链条、阻止风险进一步蔓延的难度加大。

此外，影子银行受监管的影响较大，2018 年 4 月多部委发布的《关于规范金融机构资产管理业务的指导意见》对公募产品投资非标债权进行了限制，对“刚性兑付”也提出了限制。尽管该指导意见设置了过渡期，但对房地产非标债权的融资产生了明显的收缩效应，这也可能导致因处置风险而产生的风险。

四、地方政府债务与房地产部门的关联性分析

2008 年“4 万亿”刺激计划投放后地方政府债务快速增长，由 2008 年初的约 1 万亿元上升至 2013 年 6 月的 17.9 万亿元，这期间中国人民银行和银监会出台多份文件规范地方政府融资平台举债，但金融创新屡屡突破监管限制，2012 年银行同业和银信合作为地方政府提供 4.5 万亿元融资，约占平台贷款的 50%。2013 年审计署对地方政府债务进行了摸底清查，2014 年《国务院关于加强地方政府性债务管理的意见》明确了政府和企业责任，划清了地方政府债务界限，这为地方政府债务“开前门、堵后门”做好了准备；2015 年新《中华人民共和国预算法》的实施和财政部 225 号文件的出台为存量债务处理提供了思路。2015 年后地方政府债务水平基本保持稳定（见图 4 – 4）。

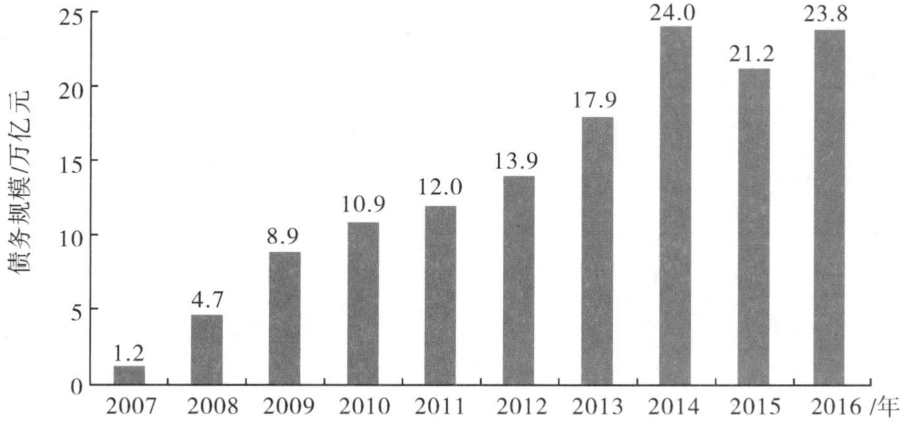

图 4－4　2007—2016 年地方政府债务规模

资料来源：2007—2013 年数据来自中国金融生态调查；2014 年及以后数据来自财政部《地方政府一般债务余额表》和《地方政府债务专项债务余额表》，在此基础上又考虑了城投债规模。

从风险水平看，地方政府债务整体负债率为 31.9%，低于《马斯特里赫特条约》约定的 60% 的上限标准，即使考虑中央政府债务，负债率为 48.0%。然而这一指标在债务风险水平方面的参考价值并不大，因为分母 GDP 并不是债务直接的还款来源。债务率指标，即地方政府债务余额/地方政府可支配财力更具参考价值，因为分母可支配财力是债务还款的直接支撑。我们以审计署和各地审计厅公布的 2013 年 6 月债务存量作为计算基础①。分母的可支配财力分两种情况计算，一种是地方可支配财力只包括地方公共财政收入，另一种是在地方公共财政收入的基础上加上土地出让金收入。图 4－5 绘制了两个债务率指标：债

① 各省债务存量余额统计涉及三个部分：政府负有偿还责任的债务、政府负有担保责任的债务和政府可能承担一定救助责任的债务。上述债务中后两项并不是政府的直接债务，统计的最后余额结果需要对后两者进行折算后再加总，折算率参照审计署公布的《全国政府性债务审计结果》（2013 年 12 月 30 日）中对全国政府性债务的折算值，分别为 19.13%、14.64%。

务率 1 的分母部分为地方公共财政收入，债务率 2 的分母为地方公共财政收入加上土地出让金收入。债务率 1 的各省（市、自治区）均值为 217.91%，高于全国总债务率水平 113.41%，也高于国际货币基金组织确定的参考值上限 150%；债务率 2 的各省（市、自治区）均值为 148.93%，即在考虑土地出让金收入的条件下也高于全国总债务率水平，也接近参照值上限。

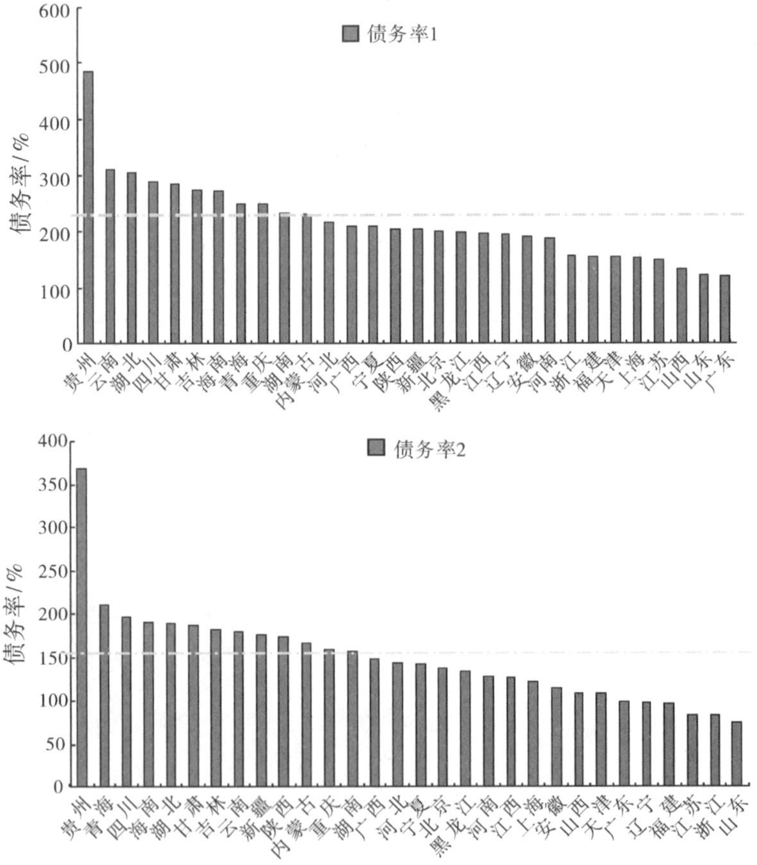

图 4－5　各省（市、自治区）债务率情况

数据来源：作者计算。

地方的负债率指标衡量的风险水平低于全国的，地方的债务率指标衡量的风险水平却高于全国的，导致这一现象的直接原因在于地方可支配财力低，根本原因在于扭曲的财政体制，即地方的财权、财力与事权不匹配。这里我们并不探讨导致这一现象的原因以及后果，我们重点探讨地方政府债务累积与房地产部门的关系以及可能带来的风险。

（一）地方政府债务风险与房地产市场挂钩

地方政府债务的首要风险是支撑其债务偿还的可支配财力与房地产市场密切联系。图4－6是住宅销售与土地开发情况的对比图，图4－7则是土地出让收入与住宅销售的关系图，两者共同构成了住宅市场与土地市场互动关系的全景图。图4－6中的住宅销售率指标用住宅销售面积除以住宅竣工面积得到。如果该指标大于100%，说明市场处于供不应求的状态；如果小于100%，说明市场供过于求。开发完成率用完成开发面积除以待开发面积得到，这一指标反映了开发商的开发进度或行为。如果该指标大于100%，说明开发进度较快；如果小于100%，说

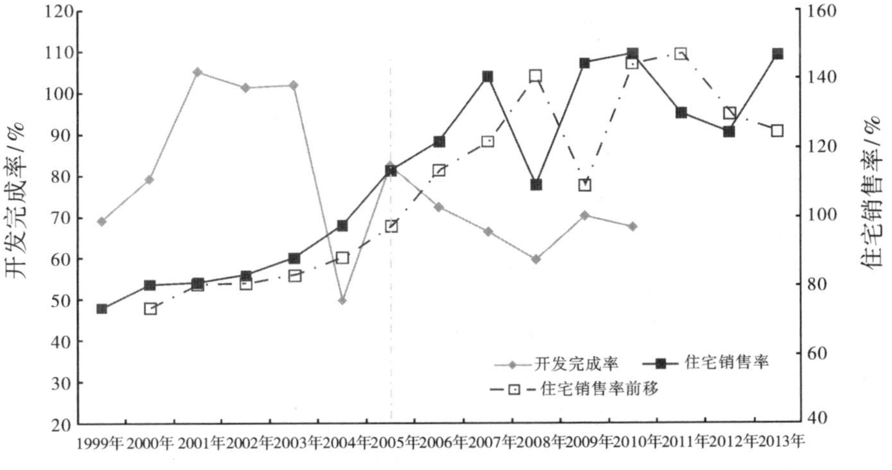

图4－6　土地开发对住宅供需失衡的反映

数据来源：Wind。

明开发进度较慢。图中这两条线反映出土地开发与住宅销售几乎是反周期的，前者在滞后一期的情况下与后者的相关系数为 -0.5338。这意味着住宅销售好的时候土地开发会减少，说明开发商会通过降低开发速度的方式进一步抬高价格。

图 4-7②表明了土地出让收入增速与住宅销售率之间的关系。我们以住宅销售率反映住宅市场的供需关系，这一指标与土地出让收入增速表现出高度一致，两者的相关系数高达 0.801。将图 4-7②反映的关系与图 4-6 反映出的关系联系起来，我们可以得出开发商应对市场变化的逻辑：即当住宅销售行情好的时候，开发商会在同期加大土地购买的力度，并在下一期降低开发速度甚至捂盘惜售，这样就完成了住宅销售向土地出让的价格传导机制。地方政府则乐见房地产市场的火爆局面，因为土地出让收入增加后，可形成债务-投资扩张的循环，从而实现 GDP 竞争排位的有利局面。图 4-7①显示了各地土地出让收入占地方可支配财力的比重，全国平均水平达到 31.74%。土地出让收入在地方可支配财力中占据三分之一左右的份额，由于可支配财力是债务还款的主要来源，这就意味着地方债务风险与房地产市场高度相关。

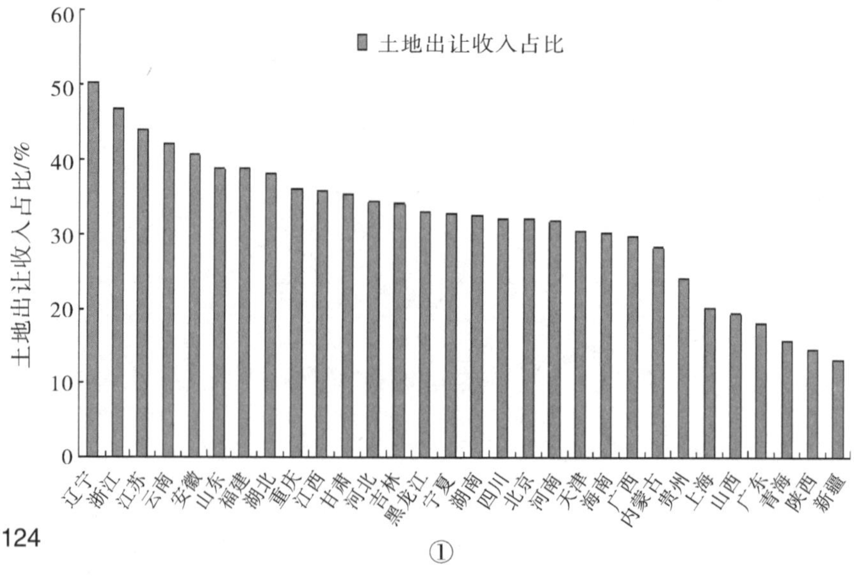

①

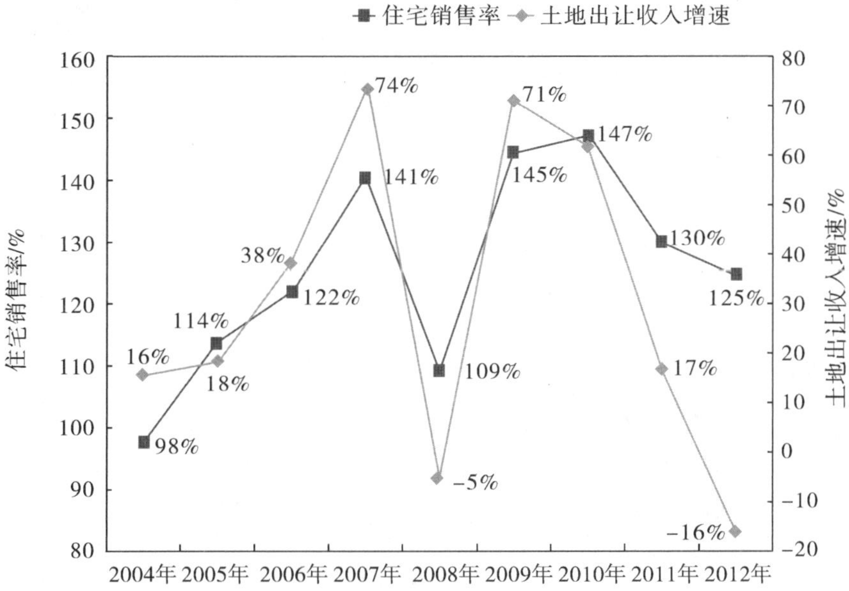

②

图 4-7　地方政府土地出让收入与房地产市场的关联

数据来源：Wind。

任何市场都不可能像永动机一样持续繁荣下去。关于未来房价走势，我们认为市场将呈现出分化的走势。图 4-8 绘制了两条曲线：一条是一线城市相对于其他城市的房价比值；另一条是将所有城市按人口加权平均得到的房价与简单平均得到的房价的比值，这条曲线更多地反映了人口聚集城市的信息。两条曲线共同的特点是先下降后上升，谷底在 2011 年 12 月。这意味着 2011 年 12 月以后人口聚集的城市（尤其是一线城市）的房价上涨速度更快；而其他城市不仅上涨速度减慢，甚至还会出现绝对值的下跌。导致这一分化结果的原因很简单：城市化过程首先意味着人口向大都市迁移，只有当集聚的收益小于城市生活的拥挤成本时才会出现反向的扩散；与之对应的是小城市的人口则是迁出的。房价上的对应关系是：大城市因为需求的扩大，房价还将继续上升；小城市则因需求萎缩，房价将上涨放缓，甚至下跌。整个房地产市场中能起到集聚作用的只有一线城市和小部分二线城市，那么另一部分的二线城市和三四线城市的房价将形成下行趋势，这一趋势将传导至土地出让市场，最终形成债务违约的风险。

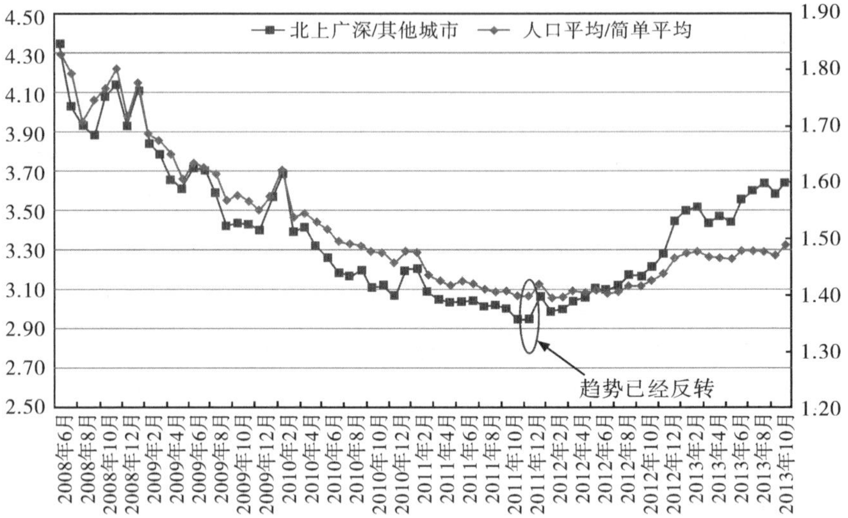

图 4－8　一线城市与其他城市的房价对比

资料来源：中国社科院金融研究所监测数据。

（二）系统重要性风险：地方政府债务集中在国有银行

系统重要性风险在金融危机之后越来越受到理论界和决策层的重视。它的含义是单个金融机构的破产产生的负面影响看似不大，但由于其较大的规模以及与整个金融体系的关联渗透性，可能产生系统性的风险。具有这样特征的机构被称为系统重要性机构。中国的国有银行显然是系统重要性机构，其资产份额占整个机构的比重大约在 60%；而且它们也与其他金融机构存在广泛的联系，单就银行间市场而言，国有银行一直处于资金融出的地位。因此如果国有银行产生风险，其对整个金融体系的负面影响是巨大的。

地方政府债务的融资手段主要以融资平台为主，而融资平台的债务主要集中在国有银行上。因为融资平台的债务规模都较大，只有规模大的国有银行才能提供。根据 Lu 和 Sun（2013）的估算，2011 年四大国有银行加上国开行总的融资平台贷款额达到 5.25 万亿元，占地方政府债务当年存量的 43%。显然，如此之巨的地方政府债务集中在五家重要机构，其风险是巨大的。Lu 和 Sun（2013）还进行了情境分析，假定 35% 的平台贷款转变为不良，整体不良率将由原来的 1.32% 上升至 7.62%，上升 4.8 倍（见表 4－2）。

表 4－2　银行对融资平台的风险暴露以及不良率的潜在增量（2011 年）

银行	分析					
	不良率/%	总贷款/亿元	平台贷款/亿元	平台贷款份额/%	假设 35% 平台贷款变为不良，不良率的增量/%	潜在的不良率/%
中国工商银行	1.3	79434.6	5100.0	6.4	2.2	3.5
中国建设银行	1.4	64964.1	2840.0	4.4	1.5	2.9
中国银行	1.3	63428.1	3800.0	6.0	2.1	3.4
中国农业银行	2.2	56287.1	3900.0	6.9	2.4	4.6
国家开发银行	0.4	55258.7	36839.2	66.7	23.3	23.7

资料来源：Yinqiu Lu，Tao Sun：Local Government Financing Platforms in China：A Fortune or Misfortune? IMF Working Paper，2013.

（三）系统重要性风险：中心城市的高负债率

系统重要性风险的另一个表现是中心城市的高负债率。图 4－9 展示了 30 个省市自治区中心城市和非中心城市的负债率情况。从图中可以看出，大部分省份中心城市的负债率都远远大于非中心城市的负债率，其中 19 个省份中心城市的负债率超过 60% 的国际警戒线标准。

中心城市在政治、经济、文化等方面在一省中都具有不可替代的作用，上文的分析又表明地方政府的债务风险与房地产市场紧密联系。如果中心城市的房价出现下跌，那么在全省会产生示范效应。几乎所有西部省份以及中部安徽的中心城市，它们不仅负债率高，而且也属于上文分析的房价下行趋势的范围。

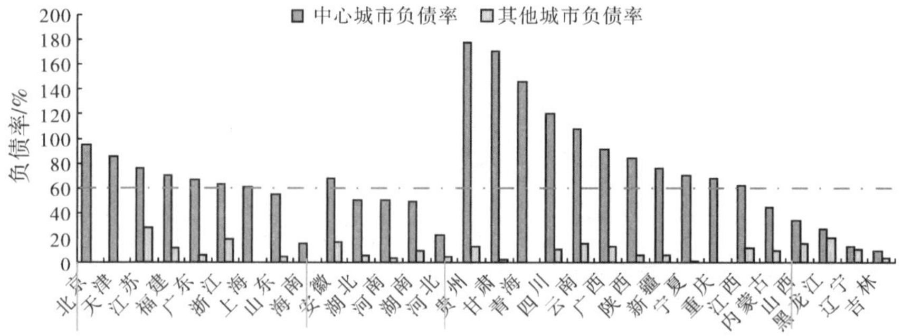

图 4－9　各省市自治区中心城市相对于其他城市的负债率

数据来源：作者根据金融生态调查数据计算。

五、高房价已形成资本外逃压力

从理论上来讲，人民币长期的升值压力以及中美利差导致资本大量流入，同时由于房地产是典型的非可贸易品，在“巴拉萨－萨缪尔森”效应作用下，房价处于持续上升通道；上一章的实证研究结果已经表明房价上涨存在外部冲击的因素，当房价足够高（也即租金回报率足够低）的时候，炒作房地产的资本就会卖出以取得资本利得收入；并且伴随着人民币贬值的压力，资金有外逃的动机。

柯廷顿（1980）最早用“误差与遗漏+短期资本流出”作为衡量资本外逃规模的标准，中国学者亦发表了大量根据“误差与遗漏”分析中国资本外逃（或“热钱”流入）的学术论文。将“误差与遗漏”作为衡量外逃的标准，其原因是统计意义上的，即误差与遗漏应该表现为白噪声。根据国际惯例，“误差与遗漏”额的绝对值占货物进出口额的比重不应该超过5%。从图4－10中、美、日三国“误差与遗漏项占进出口比例”显示的结果来看，美国和日本的这一指标围绕着零附近上下波动，而中国却在2014年第三季度出现了趋势性的下降，这意味着中国可能存在资本外逃现象。此外，误差与遗漏项同人民币汇率贬值预期之间存在明显的正相关关系，这暗示了资本外逃的动因：贬值预期越强，误差与遗漏项数额越大。统计结果表明两者相关系数高达0.674（见图4－11）。

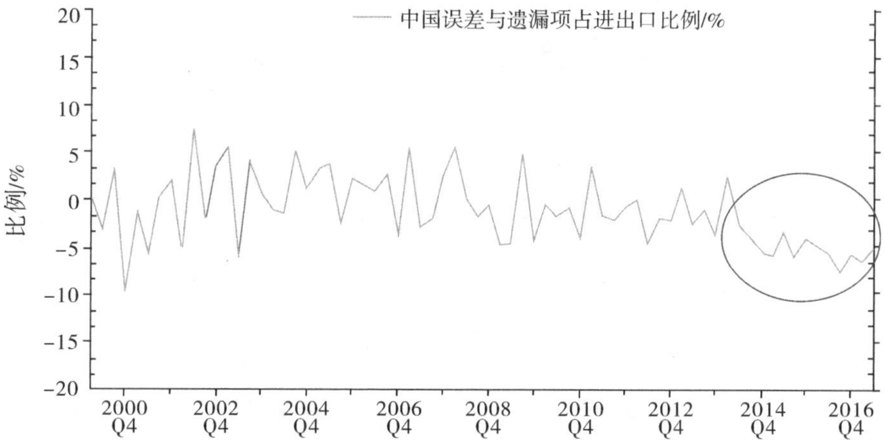

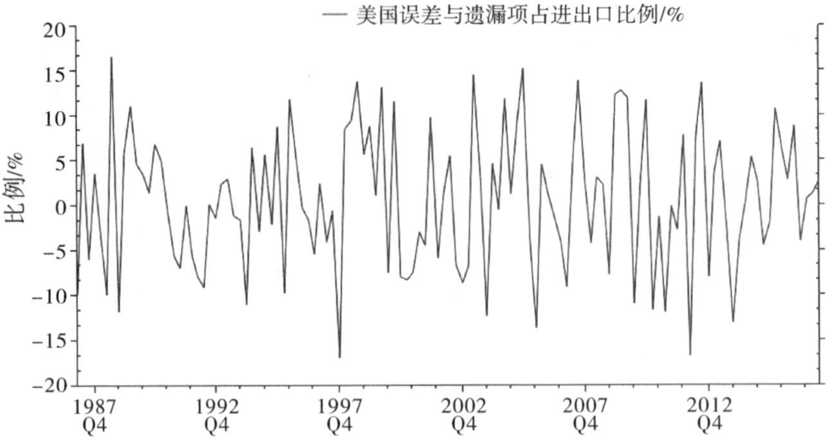

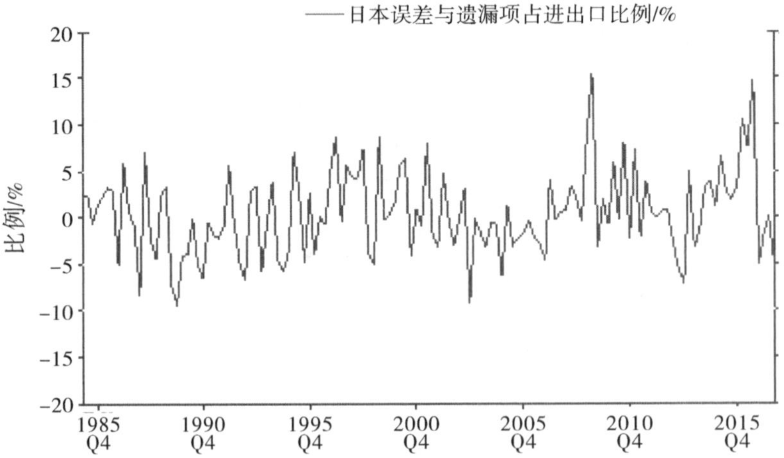

图 4－10　中、美、日三国误差与遗漏项占进出口比例

数据来源：Wind。

余永定等（2017）认为，除了“误差与遗漏”项可能反映出的资本外逃外，还有一部分是在国际收支平衡表中以合法渠道流出的，他们通过国际投资头寸表（IIP）与国际收支平衡表（BOP）测度了中国资本外逃的规模。其结果表明：自 2011 年以来，中国资本外逃的规模高达 1.3 万亿美元，其中 2014 年和 2015 年最为显著。

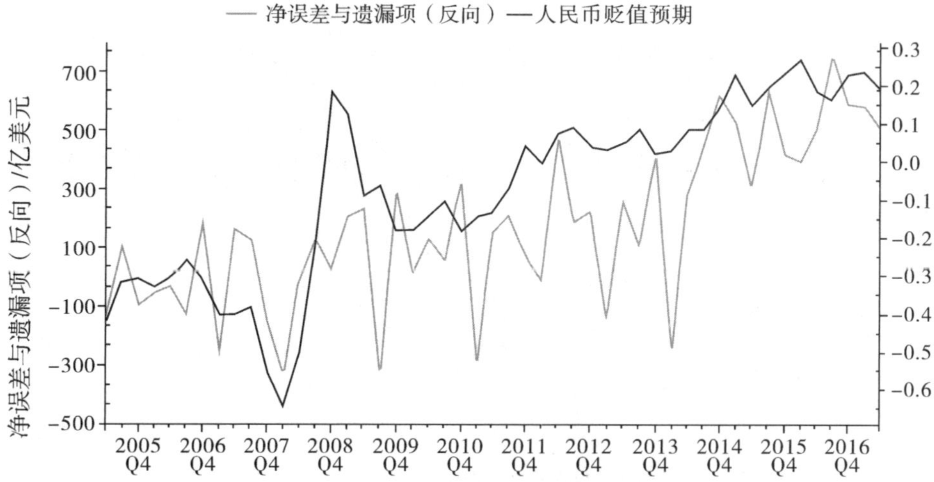

图 4－11　误差与遗漏项同汇率预期的关系

注：人民币贬值预期以（NDF－即期汇率）表示，净误差与遗漏项采取反向表示。数据来源于 Wind。

自 2016 年 1 月 1 日，个人外汇监测系统上线以及“个人外汇业务‘关注名单’”制度实施以来，资本外逃现象得到了有效遏制，汇率贬值预期也相应得到改善。我们认为采取这样的措施是非常明智的。因为高房价“堰塞湖”已经形成了巨大的资本外逃压力，而一旦闸门没有守住，房价和汇率都将遭受剧烈的冲击。2016 年底中国人民银行发布的《金融机构大额交易和可疑交易报告管理办法》以及 2017 年 8 月四部委发布的《关于进一步引导和规范境外投资方向的指导意见》都是对这些措施的进一步强化，以该指导意见为例，限制性的五类行业，即房地产、酒店、影城、娱乐业、体育俱乐部都是容易虚报收购价格，转移资产的。

六、系统性风险传染途径分析

上文对房地产部门与其他部门的风险关联性进行了分析，并讨论了潜在风险。这一节主要探讨系统性风险的传染途径，具体来讲从以下三个方面进行沙盘推演：第一，房价下跌后风险如何传染；第二，房企贷款违约后风险如何演进；第三，如果影子银行信用链条断裂会产生什么后果。

（一）房价下跌后的风险传染途径

房地产行业从开工时的开发商贷款到销售时的住房按揭贷款都贯穿着金融杠杆，一般企业用房产作为抵押物进行融资。房地产价格与金融体系联系紧密，房地产价格过度波动将直接影响房地产各个环节的融资情况。

房价脱离经济基本面过快上涨的过程就是金融风险累积的过程，假设这一过程在内外生因素的共同作用下出现逆转，将通过房地产开发贷款、居民住房按揭贷款、一般企业房地产抵押贷款三个渠道影响金融稳定和实体经济。一旦房价下跌幅度较大，易产生风险的是房地产开发商和利用房地产抵押融资的企业。

房地产价格下跌叠加房地产融资收紧会对开发商的现金流造成影响，部分房地产企业不得不降低新房出售价格以维持企业的流动性。对于部分中小房地产商来说，如果降价刺激的居民购房需求也难以弥补开发商的流动性缺口，那么会面临资金链断裂，导致破产；对于规模较大的房地产开发商来说，房价下跌和融资收紧将直接影响其当期利润，影响资产负债率、资产收益率等核心指标，如其在境内外上市，可能会面临股价压力，进一步恶化财务指标；对通过按揭贷款已购住房的居民，由于我国房地产交易完成时间较长、资产流动性不高，住房资产证券化程度不高，房地产价格很难快速螺旋式下跌，因此风险从住房按揭贷款处爆发较难；对于一般企业而言，多数企业均用房地产作为抵押物进行银行信贷或者商业借贷，如果房价过度波动，将直接影响抵押物价值，影响其融资规模，长期融资受限影响其生产意愿，短期融资受阻可能直接导致企业破产（见图4－12）。

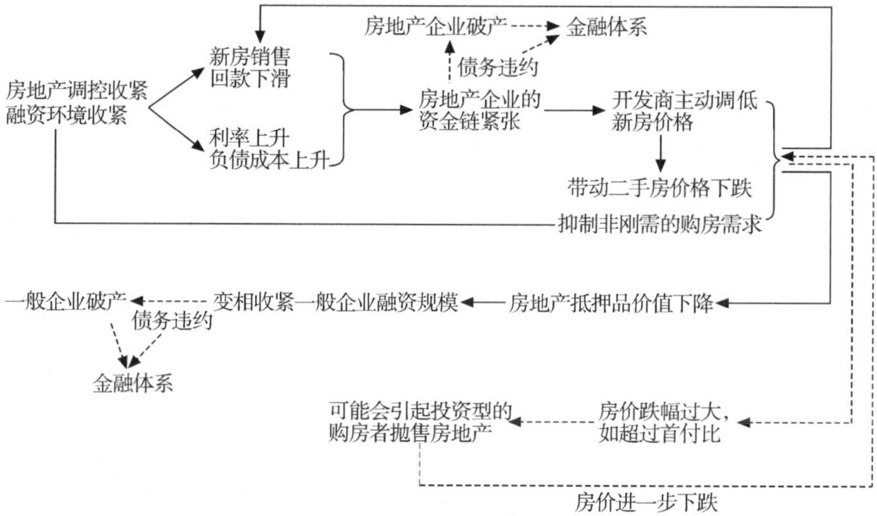

图4－12　房地产价格波动与金融体系的关系

房地产价格下跌的风险如果传导至金融体系，资产价格下跌、信贷违约的风险就会循环、放大。由于房地产涉及居民、企业、政府等多个部门，与住房相关的贷款（按揭贷款和开发贷款）的规模大，且一旦风险爆发，不可能仅控制在区域性金融风险层面，风险传染链条太多，且可以通过信息快速蔓延，因此当前房地产价格风险是我国金融体系中最大也最难防范的风险。

（二）房企贷款违约后的风险传染途径

受宏观经济环境、信贷紧缩政策的影响，房企很可能出现贷款违约事件；对银行而言，信用事件爆发后银行的风险偏好下降，对流动性和安全性的需求上升。

一方面，流动性需求上升，利率上升，企业借债成本上升、偿债能力下降，信用风险上升；另一方面，由于不良资产对资本的损耗，银行的资本充足率也可能面临监管红线，银行为满足监管的资本充足率要求，会依次折价卖出流动性资产、非流动性资产，相关底层资产价值面临下跌风险，而底层资产价值下跌会导致债券质押、股票质押等质押品价值下跌，又进一步加剧流动性风险（见图4－13）。

如果央行在以上风险蔓延过程中不注入新增流动性，信用风险将迅速演变成流动性风险、资产价格风险，流动性紧张、资产价格下跌、信用风险上升之间形成恶性循环的闭环。如果央行在引发流动性紧张的风险事件发生后向市场注入流动性，可缓释金融机构的流动性压力，打破“流动性紧张→信用违约/资产价格下跌”的循环，但由于存在道德风险，机构在经营风险解除后，又将继续扩张资产规模、追求高收益，信用风险和资产价格风险继续积累。

在2013—2017年之间我们不止一次地看到市场和央行的博弈过程：房地产市场、金融同业中的债券、非标债权不断加杠杆，监管加强后导致资产价格下跌，同时广义信贷的收紧也影响到实体经济；迫于经济下行压力以及信用链条断裂产生的严重负面影响，监管被迫再次放松；然而，在实体经济未现起色的情况下，流动性只能又去推高下一次杠杆和资产价格。实际上，导致风险不断累积的根源是实体经济回报的下行以及经济泡沫的现象，而资产端高风险与负债端的“刚性兑付”使得债务两端的信用链条极度紧绷。进一步推演，如果信用风险导致银行破产会产生什么影响呢?

如果某银行破产，第一条风险传染途径便是挤兑风波，即某银行破产后储户对银行失去信心，不受存款保险制度保护的储户将提取存款，导致银行体系面临流动性压力。如果央行未能及时救助，可能导致其他银行相继破产 。总体而言，信用风险集中爆发引发破产的银行，更可能是地方性的小银行，因为其授信结构比较集中。第二条风险传染途径是资产负债表渠道。如果A银行受不良贷款拖累破产之后，无法兑付B银行的同业资产，若B银行的损失超过资本，B银行也会破产。若B银行资产损失小于资本，尽管银行仍可以继续经营，但会面临资产价格下跌、流动性压力上升的局面。无论是以上哪个传导渠道，银行破产都将导致金融恐慌，进一步地，消费萎缩、信贷收紧都将导致实体经济进入严重衰退（见图4－13）。

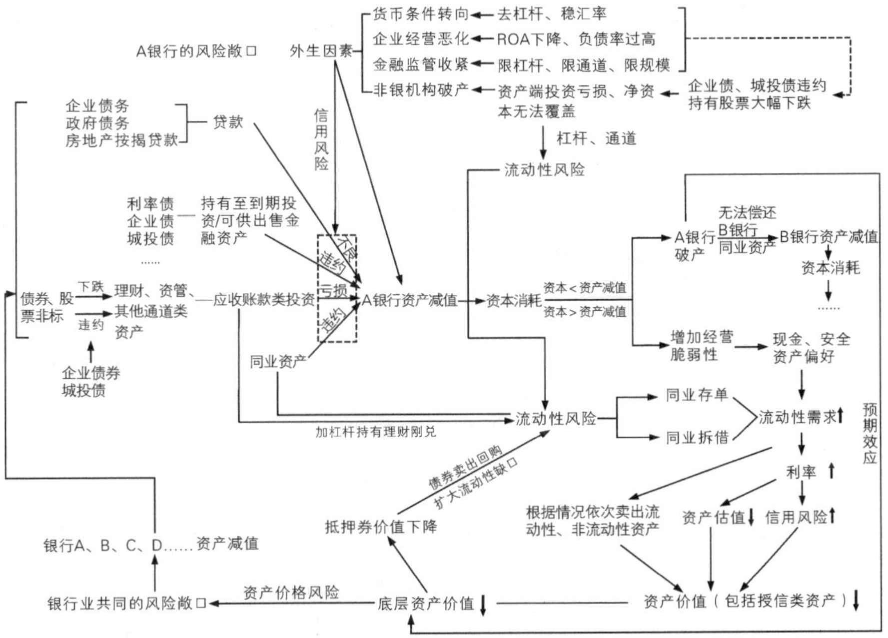

央行可在危机爆发前的任何阶段向市场注入流动性，打破流动性紧张、资产价格下跌、信用风险上升的恶性循环，但如果基本面未逆转，央行维稳的流动性将产生新的道德风险，金融风险未化解反而深化

图4－13　银行间风险传染途径

（三）影子银行信用链条断裂后的风险传染途径

上文我们探讨了影子银行与房地产部门的关联性，也分析了作为风险源头的房价下跌和房企违约产生的影响，这里我们进行情景模拟，分析影子银行信用链条断裂后产生的影响。假设某银行的应收账款类投资亏损，由于同业传导链条的存在，该银行可能无法偿付对手行的同业资产；此外，该类投资多数为加杠杆持有，负债端还面临理财的刚兑；即便亏损不足以引发该银行破产，风险也将在银行间传染，造成流动性紧张和资产价格下跌。

假设 A 银行将 10 亿元理财资金委托 B 基金管理，该基金产品浮亏 10%，A 银行决定止损赎回，同时满足客户 5% 的刚兑收益，此时 A 银行面临（15% ×10 亿元）的流动性缺口；同时由于 A 银行对 B 基金的赎回，B 基金要么抛售所购买资产，要么从市场上进行短期融资，将产生 9 亿元的流动性需求，这将进一步造成银行间资金面突然紧张和对应资产价格下跌。

银行为避免浮亏转为实亏，也可以选择续做委外理财等资管类产品，而成功续做的前提是保证前期理财的刚兑，这样同样会面临流动性缺口。按照上文所述情形，如果 A 银行在续做委外理财前已经向公众完成资金募集，那么缺口仅为 1.5 亿元人民币，而如果并未进行募集，缺口将为 10.5 亿元人民币。

与银行机构类似，如果某小券商或保险公司利用自营资金加杠杆持有的债券违约，这将导致自营亏损，若亏损额度超过资本净额（假设股东不救助），该券商的同业对手机构将面临同业违约，市场流动性收紧，股东及时救助或央行此时注入流动性可避免风险蔓延、危机发生。

如果该机构用客户资金加杠杆购买债券发生违约，假设其对接的是银行理财资金，则这部分亏损的压力将传导至银行（接下来的传染途径如上文所述）。假设其直接负债方就是客户本身，该产品若为简单的净值型产品，则客户承担损失；如该产品为结构化产品，某类客户为优先级，并承诺该类客户一定的预期收益，可能会面临该类客户的赎回风险，该非银机构将面临一定的流动性压力，这种流动性压力也将传导至其他金融机构。

因此，如果非银机构发行的资管产品对客户隐含刚兑，或者自营亏损后股东不救助，那么其资产损失造成的流动性缺口也将通过同业杠杆、通道传染给其他金融机构。

七、应对系统性风险的对策建议

当前房地产部门已构成系统性风险的重要源头，其高度关联性的特征以及房价快速下跌都可能产生巨大的负面影响。面对这样的局面，我们应向对待重症监护患者一样考虑一揽子方案，由表及里采取措施。

当务之急是稳住病情并防止恶疾向外扩散，即遏制住房价快速上涨的势头，并构筑隔离风险的“防火墙”，防止房价下跌时风险向其他部门扩散：

第一，严格执行相关限贷、限购措施，当前房地产市场过热的局面是发展不平衡不充分的矛盾的重要表现，掌握大量资金的少数富人推动了房价上涨，必须将导致泡沫的这部分需求以及金融助推力量遏制住；此外，一些城市限购并不针对有大量一级土地的新城，这实际上是为土地财政收入留出政策口子，在实践中政策执行应堵住这些漏洞，与中央防风险的精神保持一致。

第二，“防火墙”隔离机制应从以下三个方面展开。其一，首先要防范资金外逃风险，因为快速大规模的资本外流可能导致房价、汇率双杀，房价、汇率一个都保不住，这时在“不可能三角”的选择上我们必须临时性地关闭资本项目的闸门，稳定住市场预期；在实践操作中，严格执行中国人民银行发布的《金融机构大额交易和可疑交易报告管理办法》以及四部委联合发布的《关于进一步引导和规范境外投资方向的指导意见》。其二，在清理完外部雷区后政策应关注内部，重点是防止其对银行系统的冲击。个人抵押贷款方面，通过进一步提高首付比例加厚房价向个贷传导的防护垫，通过提高贷款利率改变市场预期，减少个贷需求。房企贷款方面，对房地产信贷客户实行分类管理，加强房地产抵押品信用风险敞口管理，全面提高商业银行房地产抵押贷款质量。其三，遏制地方政府债务膨胀，改变市场认为房价有地方政府托底的预期。通过建立健全包括表内表外负债在内的全口径地方政府债务管理模式，夯实地方政府财政风险防范的制度基础；完善市场化的地方政府投融资机制，建立以财政引导、市场主导、债股结合、资债匹配的地方投融资体系，地方政府不能将还款希望寄托在政府的隐形担保和土地的预期收入上。

第三，做好房价下跌的应急预案机制，中央和地方两级政府可以土地出让收入和房地产交易税作为基础，建立房地产风险处置及风险承担基金。金融机构应该审时度势建立房地产风险处置机制，强化对房地产部门的风险应对。此外，应完善相关配套措施尤其是建立风险预警机制。通过整合各部门金融信息统计机构及信息系统，防止信息的不完全、不匹配甚至失真，建立覆盖房地产、货币、银行、信托、保险、证券等领域的国家统一金融数据库以弥补相关信息缺口，基于统一信息系统，建立健全房地产部门及金融体系的风险预警机制。

在稳住病情之后需要进行清创工作，这时应允许房地产部门风险适度暴露。非理性繁荣最后的结果基本都是不同程度的金融危机，过度隐匿金融风险，最后可能引发更大的金融风险。在做好上述风险防范措施的基础上可以对部分高房价地区“先放一把火”，即允许部分地区的房地产市场出现市场化风险暴露，甚至是主动刺破部分地区的房地产泡沫。对于一些住宅滞销地区，应通过去库存方式稳住房价，防止大幅下跌造成负面影响。在实践过程中应注意区分住宅购买中必需品和投资品的区别：对于必需品需求，应注重储蓄、收入和偿付的匹配；对于投资品尤其是投机品需求，应坚决遏制，因为即使通过扩大需求稳住了房价，未来也可能产生更大风险。

在相关症状得到控制，即泡沫风险得以释放之后，应针对病根进行医治：

第一，金融部门空转、房地产市场过度繁荣，其根源之一是实体部门资本回报率下降，其收入现金流难以覆盖借贷成本，因此要从根本上推进供给侧改革。加快发展先进制造业，推动互联网、大数据、人工智能和实体经济的深度融合，在中高端消费、创新引领、绿色低碳、共享经济现代供应链、人力资本服务等领域培育新增长点，形成新动能。在金融层面要进一步深化体制改革，增强金融服务实体经济能力，大力发展股权经济，建设完善多层次资本市场，提高直接融资比重，为创新提供有效激励机制。

第二，加强房地产市场的长效机制建设，将长效机制的着力点定位于解决不平衡不充分的矛盾。通过鼓励社会化租赁、农村集体土地入市等多种方式扩大租赁市场，鼓励租售同权，采取广泛的租客保护措施；对于购买住房后既不自住又不出租的可征收空置税，对于购房三年内就出售的可设置惩罚性税率，这些措施旨在达到“住房不炒”的目的。

第三，破解土地财政的难题。当前地方政府债务结构性风险的根源在于：地方政府的财源上收以及土地招拍挂制度。前者在一定程度上构成了地方政府举债的理由，后者则为举债实现提供了担保条件。目前，新《中华人民共和国预算法》已经明确了省一级地方政府发债并纳入预算管理。我们认为这种“开前门”的显性方式明显好于“开后门”的隐性方式，至少市场具有“用脚投票”的机制强化债务约束。然而，如果地方政府没有稳定的偿债来源，那么债务违约也就不可避免。从国家整体来看，债务风险很小，如果中央的“父爱主义”依然存在，在没有偿债来源的前提下道德风险就不可避免，进而我们也谈不上债务治理。因此，问题的关键还是在于调结构，改变目前财权上收的财政体制结构。遵循既往的增量改革容易推进的改革思路，可在不改变现有税制的条件下，开增新的地方税种，尤其是不动产税。不动产税的开征有两个充分的理由：其一，从理论上讲，房价的上涨有很大一部分是因为周边基础设施投资产生的受益，因此对不动产征税是对外部效应的修正，是一种庇古税，征收后有利于城市基础设施的建设和运营。其二，从实践上来看，2012 年营改增之后，地方已没有稳定的地方税种，开征不动产税有利于增加偿债来源，而且资金来源与用途完全对应，此外还有利于解决“财政土地依赖症”。

第二篇
泡沫问题

第五章　典型国家房地产泡沫形成、发展、破灭过程分析

这篇文章是2017年中国社会科学院金融研究所房地产金融中心的工作论文，也是应“防风险”要求所作。文章的目的在于通过分析典型国家房地产泡沫发展过程，从而对当前房地产市场的防风险工作起到警示作用。总结起来，房地产泡沫的形成具有以下共同背景：经济前期的高增长、货币政策处于低利率宽松环境、金融创新活跃等，将中国情况与之对标大体都符合，第四章以“房地产已成系统性风险重要源头”为题进行了深入分析。然而，作为一篇对策性的工作论文应尽可能客观全面，从这个视角看中国还有两个因素使得我们还有一定的应对空间：一是我们的城市化进程还未结束，二是我们应对危机可以采取一些临时性的管控手段。

关于第二点的思考逐渐形成于这篇文章完成之后，写在这里作为一个补遗。日本和美国为应对泡沫采取的都是紧缩性货币政策，而单纯用货币政策应对泡沫从而维持金融稳定，往往会付出巨大的经济成本或代价：日本付出了增长的代价，即失去的二十年甚至是三十年；美国尽管走出危机的时间较短，但也造成了大量机构的倒闭。更为生动的例子是：格林斯潘执掌美联储时期，为应对股市下跌，美联储采取了降息措施，这种被市场预期的行动被称为“格林斯潘看跌期权（Greenspan´s

Put)”，这一例子生动地说明了干预金融市场的货币政策可能被市场投机者玩弄于股掌之间。危机之后，无论是国际机构还是中国的决策层都意识到：货币政策在担当金融稳定方面难堪重任，宏观审慎政策可减少货币政策对金融稳定的负面作用。“双支柱调控框架”形成的现实依据即基于此，而宏观审慎政策则成为金融学研究的前沿领域。关于宏观审慎，个人的看法是：除了需要市场化、制度化的工具（如逆周期资本缓冲、系统重要性资本附加等）之外，必要时可采取临时性的管控措施；因为大量的卖出压力会导致资产价格的剧烈波动，通俗地讲，临时性管控措施的目的在于为风险释放过程做一个很厚的“缓冲垫”。上一篇的“应对系统性风险的对策建议”中提出的由表及里的应对方式即源于此。国际机构在危机后关于资本流动管理的反思也是支持这一看法的：IMF认为临时性的资本管制可以成为资本流动政策“工具箱”中的有用部分，并明确建议各国管理资本流动应依次构筑“宏观经济政策调整——宏观审慎管理——临时性资本管制”三道防线。

这里再做更深一点的思考：为什么货币政策维护金融稳定不灵？可能源于传统的菲利普斯框架失效：即我们希望通过通胀的代价换取增长，而现实中两者之间的关系越来越不稳定；超发的货币并没有转化成一般价格水平的上涨，而是形成了金融窖藏，在这一步宏观政策就面临传导阻滞的问题，金融成了“自娱自乐”的部门。

当今社会人类已经迎来第四次工业革命，物质产品极大丰富，与此同时货币内生创造的能力越来越强。那么超发货币带来的后果必然是两个：一是服务价格的昂贵，二是金融资产价格的高涨。在这样的背景下，可以预计金融泡沫发生的频率比历史上任何时期都要频繁，金融危机的间隔也将比历史上任何时期都要短。宏观审慎管理工作任重道远。

一、日本房地产泡沫形成、发展和破灭过程

（一）日本房地产泡沫形成

日本房地产泡沫的形成最初与战后日本的快速城市化进程有关：1947 年到 1970 年，日本城市化率由 33.1% 提高到 72.2%，年均提高 1.7 个百分点（见图 5－1①），年均新增城市人口约 228 万人。城市化的快速发展使基础设施以及住房建设难以跟上人们的需求，供需关系失衡导致房价快速上涨。1960 年至 1969 年，日本地价指数由 6.1 上升至 44.4，上升 6 倍多（见图 5－1②）。20 世纪 70 年代日本房价上涨的原因是，战后婴儿潮陆续进入婚育年龄，这部分人群形成了对城市住房的刚性需求。这期间地价指数由 53.1 上升至 113.6。

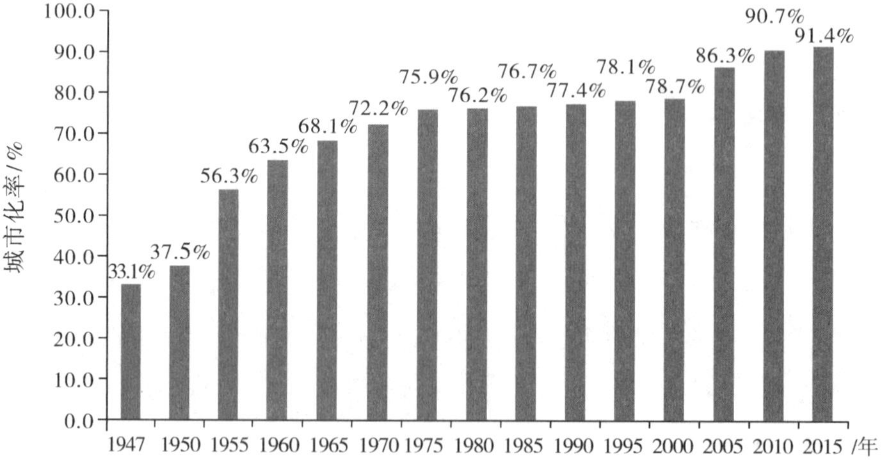

①

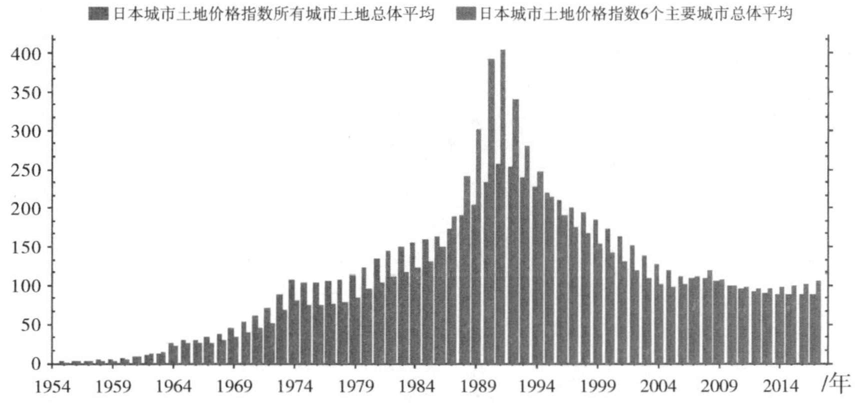

②

图 5－1　日本的城市化进程和地价走势

自 20 世纪 80 年代开始，日本房价的上涨失去了基本面的支撑：一方面，城市化进入后期或尾声阶段，城市集聚过程已经完成；另一方面，80 年代日本的大量基础设施和地产投资已经能够满足刚性需求。然而，前期的房价快速上涨使得日本民众相信“土地神话”。此外，由于日本国土面积狭小，人口众多，更是加强了房价不跌的预期。

（二）日本房地产泡沫的发展

在房价已经失去基本面支撑的条件下，经济环境和金融环境的快速转变进一步吹大了泡沫：

第一，经济增长由高速转为中高速，20 世纪 80 年代日本 GDP 增长率降至 4% ~8% 的区间（见图 5－2）。实体层面企业在国内难以找到新的增长点，出口方面受到日元升值的不利影响，而海外投资一时还未全面铺开，在这样的背景下企业大量参与囤地活动以保值增值，据统计 1985—1992 年日本企业共购买了价值 47.3 万亿日元的土地。

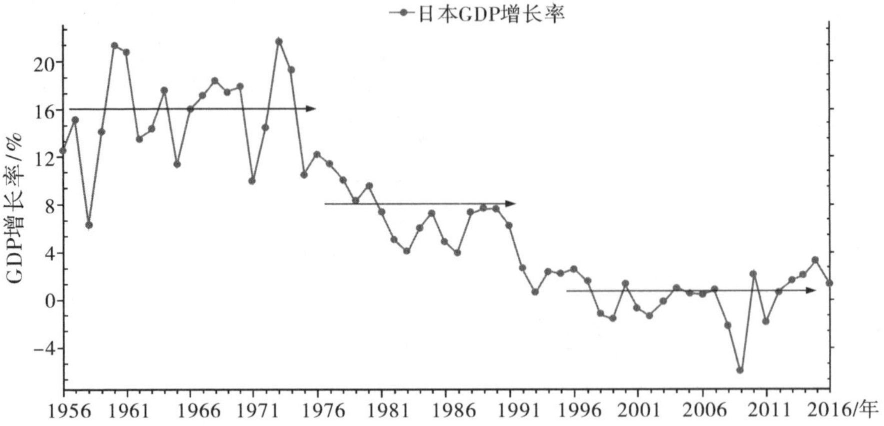

图 5 - 2　1956—2016 年日本 GDP 增长率

第二，日元国际化进程加速。1973 年日本实行有管理的浮动汇率制度，1980 年《外汇和外贸管制法》中外汇交易由“原则禁止”变为“原则自由”（即按实际需求确定外汇交易），1984 年取消外汇实需原则，1985 年《广场协议》实现汇率自由浮动。日元国际化进程伴随着日元升值，导致大量资本流入。加之东京国际金融中心建设，大量资本推高了中心城市房价，图 5 - 1②中心城市房价指数恰好在 1987 年超过全国平均房价。

第三，扩张性货币政策进一步推高房价。日元迅速升值，导致外需放缓，为了维持宏观经济的稳定增长日本政府采取了扩张性的货币政策，从 1986 年 1 月开始，日本银行连续五次降低利率至 2.5%，并维持到 1989 年 5 月。与此同时，货币供应量年均增速快速增长，1989 年达到了 12%。

第四，利率市场化和金融自由化使得银行行为激进。日本自 1979 年开始导入可转让存款，至 1986 年取消最低存款额和存款利率上限，日本基本在 20 世纪 80 年代完成利率市场化进程。这一进程使日本银行业利差收窄，为了提高收益，商业银行开始采取激进的贷款行为。根据日本统计局的统计：20 世纪 70 年代日本银行业投向房地产业和个人贷款占比为 14%，制造业贷款占比为 38%；80 年代后 5 年日本银行业投向房地产业和个人贷款占比达到 25%，制造业贷款占比仅为 18%。

（三）日本房地产泡沫的破灭及严重后果

日本房地产泡沫破灭的诱因是货币信贷政策的收紧：从 1989 年 5 月开始日本银行在 15 个月内连续 5 次加息，基准利率由 2.5% 提高到 6%；在加息的同时，1990 年 3 月大藏省推出了不动产贷款总量控制政策，即规定银行对不动产贷款时，增长率不能超过其贷款总量增长率，这一政策效果十分明显，房地产贷款增长率由 1989 年的 30.3% 突然下降到 1990 年底的 3.5%。信贷成本的提高和信贷增量的收缩使房价失去增长动力，诱发泡沫破灭。

房价的下跌触发连锁反应：由于企业是土地囤积大户，房价下跌导致企业净值大幅减少，触发企业破产；由于许多企业相互间进行担保融资，企业破产导致整个担保链断裂；银行的借贷以土地作为抵押物，抵押物价值大跌也给银行造成严重损失。

日本房地产泡沫破灭后果极其严重：日本全国房价几乎腰斩，6 个主要城市房价甚至下跌至最高峰时的 1/4（见图 5－1②）。房价下跌导致大量企业破产，破产企业由 1992 年的 5000 余家上升至 1998 年的近 20000 家。由于大量企业以土地抵押向银行借贷，企业倒闭导致银行损失惨重，根据瑞穗证券的统计，1992 年至 2004 年间，日本银行业累计利润 86.4 万亿日元，坏账处理损失累计额 96.4 万亿日元，净损失 10 万亿日元。这期间，日本企业和银行处理泡沫经济的成本约 208 万亿日元，年均处理成本占 GDP 的比重高达 3.5%。这直接导致日本经济长期停滞，20 世纪 90 年代后日本 GDP 增长率仅为 1% ~2%（见图 5 -2）。

二、美国房地产泡沫形成、发展和破灭过程

（一）美国房地产泡沫的形成

与日本房价快速上涨不同，美国房价上升与城市化关联不大：美国在 1970 年的城市化率为 73%，已经完成城市化快速发展阶段；1990 年开始都市圈人口快速增长，但中心城市人口未见显著增长，因而整个 20 世纪 90 年代中心城市的房价几乎是保持平稳的（见图 5 -3）。

图 5 -3　1990—2016 年美国 10 个大中城市房价走势

美国房地产泡沫形成的直接诱因是量化宽松的货币政策。2002 年美国纳斯达克网络泡沫破灭后，为了刺激投资和消费，拉动美国经济增长，从 2001 年 1 月至 2003 年 6 月，美联储连续 13 次下调联邦基金利率，使利率从 6.5% 降至 1% 的历史最低水平，而且这一创历史最低水

平的利率一直维持了一年之久（见图5－4）。尽管自2004年6月开始，美联储开始上调联邦基金利率，但之前的量化宽松政策已经对银行体系产生显著影响。

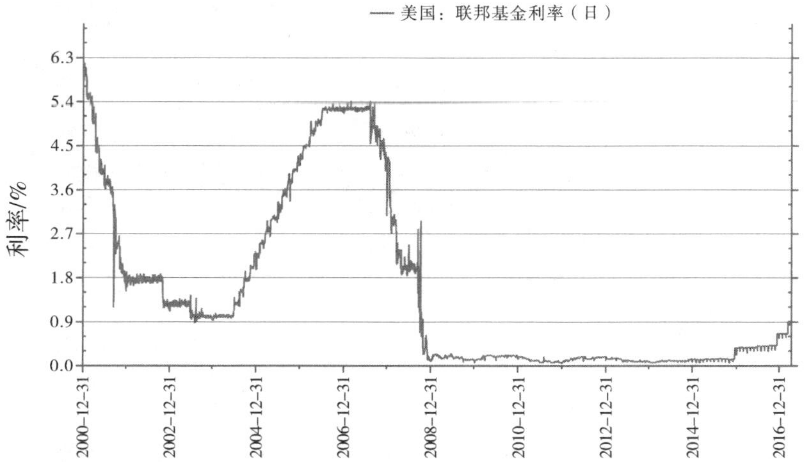

图5－4　2000—2016年美国联邦基金利率走势

（二）美国房地产泡沫的发展

2000年1月至2006年6月，美国房价Case－Shiller指数由100上涨至226，年均增幅为13.4%，房价快速上涨的首要原因是银行信贷推动。1990年至2002年银行信贷余额由2.7万亿美元增至5.6万亿美元，12年增长1.1倍，年均增幅6.4%；2002年至2007年该数值由5.6万亿美元增至8.9万亿美元，5年时间就增长60%，年均增幅达到9.9%。这其中不动产抵押贷款成为主要推动力，其在银行信贷总余额的占比由1998年的30%跃至2006年底的41.6%（见图5－5）。

金融过度创新在整个泡沫发展过程中起关键作用。房价指数在2006年中已经见顶，信贷推动同样在2006年底见顶，为何危机的全面爆发延后至2007年？因为抵押贷款通过证券化方式打包出去，而其中

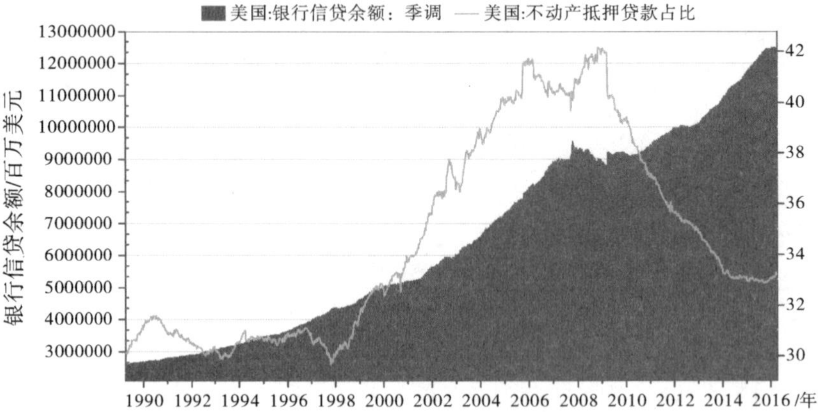

图 5－5　1990—2016 年美国银行信贷余额走势及不动产抵押贷款占比情况

的信用增级措施和结构化方法使得房价下跌导致的信用违约暂时集中在少数人手中，风险被暂时掩盖。从图 5－6 美国证券化产品的走势来看，1997 年至 2007 年是美国证券化产品快速增长的阶段，2007 年整个市场发行的非机构 MBS 产品和资产支持债券分别达到 0.7 万亿美元和 0.5 万亿美元。

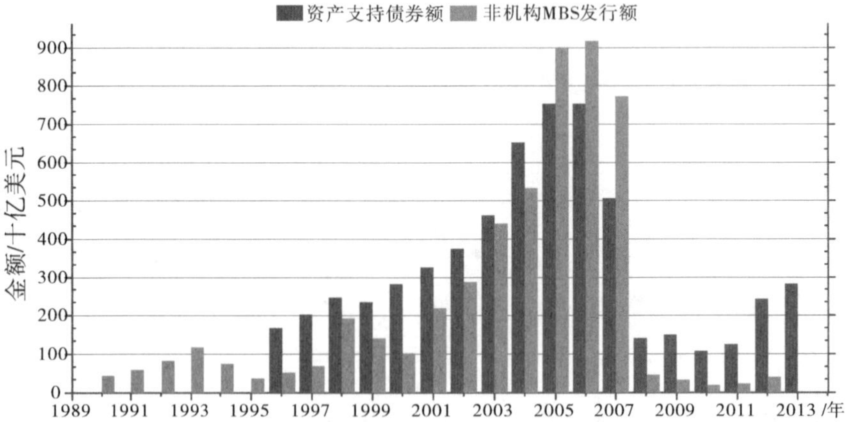

图 5－6　1989—2013 年美国证券化产品发行情况

数据来源：Wind。

在宽松货币政策的刺激下，美国资本市场和房地产市场都进入快速升温期，这也引致外部资金的流入。2000 年至 2007 年，美国直接投资项下吸引外资由 453 亿美元上升至 1657 亿美元，证券投资项下吸引外资由 427 亿美元上升至 1311 亿美元（见图 5 –7）。外部资金的流入进一步助推了房价涨势。

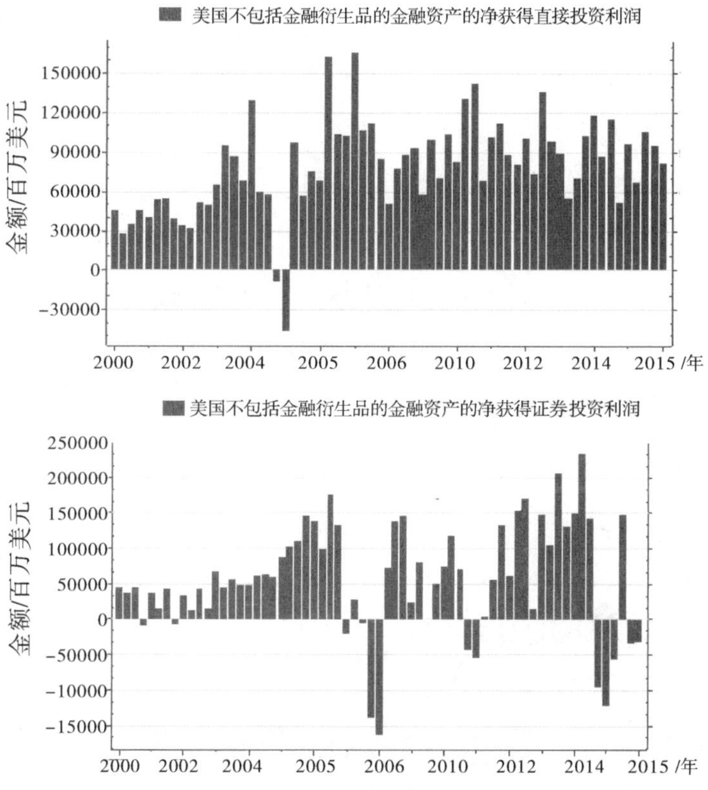

图 5 –7　2000—2015 年美国直接投资和证券投资流入情况

（三）美国房地产泡沫的破灭及严重后果

尽管美联储利率从 2004 年年中开始上升，房价也于 2006 年见顶，但危机的爆发和泡沫的破灭始于证券化产品的风险暴露。2007 年 7 月贝尔斯登旗下对冲基金宣布破产，而贝尔斯登是全美第二大 MBS 交易商，CDO 产品也名列前茅。由于基金对大量的证券化产品进行了担保，破产使得市场大量抛售证券化债券；债券价格下跌反过来又进一步促使房价下跌，因为次级贷款人大都是以房屋净值作为抵押的，他们须通过出售住宅清偿贷款。由于证券化产品被不同金融机构持有，由此产生了交叉传染效应，2008 年房地美和房利美发生经营危机，雷曼兄弟和美林公司相继破产，高盛和摩根士丹利从投资银行转为银行控股公司。

此次危机对银行业冲击最大，根据美国联邦保险公司的统计，2007 年至 2016 年美国银行业破产数达到 523 家，远远超过大萧条时期。由于金融创新的链条过长以及机构之间的跨境持有，这次由房地产泡沫以及金融过度创新导致的危机造成世界范围的巨大损失。根据 IMF 2008 年 4 月份的测算，由次贷造成的世界金融机构的净损失为 5660 亿美元，如考虑商用不动产损失，世界金融机构的总损失为 9450 亿美元。此外，由于机构破产导致的资本市场和外汇市场的巨幅波动，也对全球经济产生了巨大的负向溢出效应，全球经济进入长期停滞期。

三、对我国的启示

房地产泡沫破灭的后果相当严重：日本经济长期停滞，造成“失去的二十年”；美国金融业受到重创，其银行倒闭数远超大萧条时期。综合来看，催生房地产泡沫的原因主要包括以下三个方面：第一，经济增长进入换挡期，资金面容易出现“脱实向虚”的倾向；第二，银行加杠杆和金融过度创新是吹大泡沫的主要推动力；第三，外部资金冲击是另一味催化剂。

从跨国比较来看，我国的经济金融环境与泡沫发展期的日本和美国有如下相似之处：第一，经济由高速增长进入中高速增长的新常态，这两年资金“脱实向虚”倾向明显。第二，房地产领域杠杆已经较高，2016 年底个人购房贷款占全部信贷余额比例达到 18%，房地产贷款占比达到 25%；尽管个人贷款占比远未达到美国水平，但两者之和已远超当年日本。当然，这一指标具有一定的参考意义，但同时也应研究当前利息负担水平以及债务可持续性。第三，金融创新发展过快，尤其是互联网金融打破了地域和时间限制发展迅猛，一些产品如首付贷具有典型的高风险特质。第四，“8·11”汇改前人民币面临较大升值压力，资金持续流入，而汇率走势反转也导致大量资金流出。

所幸，我们还有如下优势：第一，城市化进程还未结束，我国目前城市化率为 57%，距城市化尾声还有一段距离，房价还存在基本面的支撑；第二，资本流动方面，我们采取了一些技术手段有效控制了资本外流；第三，我们采取的一定行政干预手段（如限购和限售）有效控制了流动性，起到了短期冷却的作用。

尤为值得注意的是，在房价和杠杆都处在高位的状态下，政策收缩在一开始应避免收得过猛。日本和美国的经验表明，泡沫只宜采取“慢撒气”的方式释放，一针刺破往往导致踩踏，后果极为严重。

第六章　中国房价存不存在泡沫

2015年下半年开始深圳房价一路飙升，2016年初北京紧随深圳开启新一轮快速上涨行情。对于当时这一波行情是否存在泡沫，各方观点莫衷一是；但普遍认为这是城市化的自然结果，对深圳的解释大都集中于深圳是创新型城市，许多政策对人才有吸引力，对北京的解释则集中于学区房因素。这些都被归为刚需因素，我个人则坚决持反对意见，认为这是明显的泡沫现象。以深圳为例，有四点原因可支撑泡沫观点：第一，房价短期快速上涨，2015年3月至2016年2月深圳房价上涨了72%，而2008年以来深圳房价的年均复合增长率不超过12%，这说明短期上涨脱离了原有市场运行规律，这完全符合泡沫定义中“陡然上升”的特点。第二，外围市场涨幅超过中心区域，这不符合城市经济学中的“location, location and location”原则，这说明购买不是为了居住便利性。第三，小户型和超大户型需求强烈，不符合大部分人实际需求的内在逻辑。第二点和第三点符合泡沫定义中“购买者对资产本身的使用并不感兴趣”这一特点。第四，深圳房价的上涨与创业板逃顶资金在时间上完全吻合，而且我们针对区域的房价监测发现，房价上涨主要集中于观澜湖、兰溪谷、大梅沙等富人集中区，这说明房价上涨存在明显的金融助推因素。关于北京学区房是否存在泡沫，我使用成本收益法以及与国际学校横向比较这两个简单方法即论述了北京学区房存在严重泡沫。

2016年3月11日我完成《警惕深圳房价泡沫破裂风险》一文，先后投给《财经》《中国金融》杂志，但都收到拒稿回复，其理由是标题和内容都太敏感。个人完全理解，2015年股灾发生时很多学术性讨论文章也难以发表，即便后来吴晓灵行长关于股灾研究的成果出炉，也被冠以“A股市场异常波动报告”这类不太敏感的话语。当然，我还是心有不甘的。一方面研究结论是基于客观数据，另一方面提示风险并采取措施可减少泡沫破裂后的损失。因而我在对策中建议深圳的购房资质由1年纳税证明延长至5年，以防止增量投资投机需求；同时还建议如果房价下跌，政府应出手购买小户型住宅，将其储备为公租房。这么做的目的是：小户型有不少是中产阶级投资购买的，稳住价格有利于保持社会稳定；而对于大户型，它们的购买者是高净值人群，房价涨跌任由他去，因遵循投资者买者自负的原则。鉴于文章具有警示意义，我还是很希望能发表出来，后来在著名房地产专家尹中立老师的推荐下，《证券市场周刊》的何凌枫编辑同意发表，这里对两位老师表示诚挚的谢意！论文于2016年4月5日刊发出来，标题改为《警惕深圳房地产泡沫》，去掉了“破裂风险”这一敏感字眼。3月25日深圳市政府出台了《关于完善住房保障体系促进房地产市场平稳健康发展的意见》，由于刊发时间晚于政策变动，初稿的政策建议改成了政策点评。政策点评对该意见中将“购房资质由1年纳税证明延长至5年”点了赞，但也建议将“多渠道增加供给”的思路改为调整供给结构。关于北京情况的文章在何编辑的帮助下于4月18日发表出来，何编辑给改了个好听的名字——《谁在为北京学区房埋单?》，实际上论文并没有回答谁将最终埋单，但把学区房泡沫的问题说了出来。

2016年下半年房地产泡沫还处于发酵过程中，但市场和学界承认泡沫的依然比较少。2016 年 11 月 30 日中国社科院城市与竞争力研究中心举行《中国住房发展报告 2016》发布会，我借此机会做了题为“big bubble，solid bubble and uncertain bubble”的演讲。至于为什么说当前房价是“big bubble”，我除了向在场听众阐述上述四点理由外，还向大家展示了三张图片，分别是老人离婚、孕妇离婚以及民政局离婚登记处极为拥挤的场面，他们离婚的目的都是为了买房，这说明当时房地产市场已经陷入群体性疯狂。此外，我还引用了一句网络段子“最浪漫的事，就是跟你离婚买房”，听众当场捧腹。从行为金融视角阐释泡沫，不仅轻松，而且理解深刻，听众此时都已意识到泡沫严重的程度。泡沫这个词本身蕴含着“脆弱性”的含义，那么为什么又说当前房价是“solid bubble”呢？根源还在于土地财政，在房地产市场诸多参与方中最不想房价下跌的恐怕就是地方政府，因为房价下跌影响土地出让收入，进而影响债务、投资等多个方面。此外，中央政府对危机以及债务存在的隐性担保使得各方参与主体都不相信泡沫会破灭。这是“泡沫很硬”的原因，然而“泡沫很硬”这一表述也就意味着“泡沫不破”这一点比较确定，那么为什么又说泡沫是“uncertain bubble”呢？不确定性主要来自卖房后的资金外逃压力，不少高净值客户卖房后通过“蚂蚁搬家”方式将资金汇出境外，这种行为已经引起外管局的高度关注。买的时候疯狂，卖的时候更疯狂。一旦市场进入快速下行通道，房价和汇率都将受到极大冲击，恐怕一个都保不住。这也是当时提出关闭资本闸门的原因，不过当时并未想好闸门关闭后主动释放泡沫的措施。

2017 年 4 月，我将在《证券市场周刊》发表的两篇文章重新整理，并新添了相关内容，形成了《中国房价存不存在泡沫》这篇工作论文。文中“高房价蕴含的风险”部分内容与第五章存在重复，但考虑到文章结构完整性，这里予以保留。

一、如何衡量房价泡沫——以深圳房价为例

当前中国房价之高已经到了令人咋舌的地步。对此许多学者认为中国房价面临巨大风险，一些学者则认为中国高房价是城市化进程的自然结果。认为房价存在高风险的学者以房价收入比、租金回报率、房价增速相对 GDP 增速之高作为论据；反方则以中国城镇化率远未达到发达国家水平加以佐证。我们认为问题的关键不在于是否有风险，而在于风险有多大，或者说房价泡沫有多大？那么首要的问题是如何衡量泡沫？关于泡沫，学界的观点也莫衷一是，未有明确结论。我们认为倒不如从泡沫的定义着手。

所谓泡沫，根据《新帕尔格雷夫货币金融大辞典》的定义，它是一种或一系列资产在一个连续过程中陡然涨价，开始的价格上升会使人们产生还要涨价的预期，于是又吸引了新的买主——这些人一般只是想通过买卖牟取利润，而对这些资产本身的使用和产生盈利的能力是不感兴趣的。结合这一定义，我们以深圳房价为例说明是否存在泡沫。

从深圳房价的表现来看，确实出现了短期内陡然上升的情况，2015 年 3 月至 2016 年 2 月，深圳房价由 29000 元/米^2 上涨至 50000 元/米^2，一年时间内上涨了 72%（见图 6－1）；而 2008 年初至 2014 年底深圳房价的年均复合增长率仅为 12%，且波动幅度较小。短时期内房价出现大幅快速上升，符合泡沫的第一个特征，这也说明存在脱离原有房地产市场运行规律的其他外力推动；类似于 2015 年 5 月至 6 月的 A 股行情，上升动力主要来自各种类型的配资。

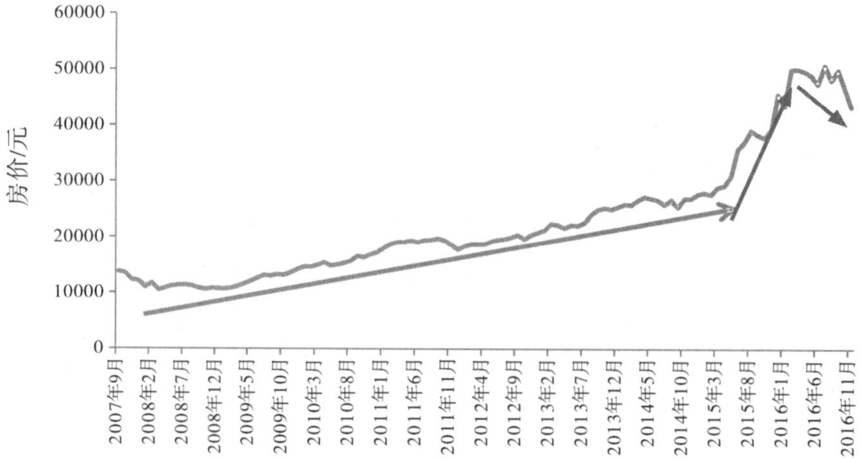

图 6－1　2007—2016 年深圳房价泡沫及破裂

数据来源：中国社科院金融所房地产金融中心。

外围市场的涨幅明显超过中心区域的市场：关外的宝安和龙岗两区在一年内的涨幅分别为 79% 和 97%，超过全市平均涨幅；关内四区除南山区的涨幅超过全市平均涨幅外，其他都低于全市平均涨幅。就住宅这一资产的使用特性而言，首要的是居住便利性，从城市住宅的空间特性看，中心城区的交通便利性以及公共服务设施都明显好于外围郊区，因此中心城区的住宅需求应是高过外围郊区的。深圳外围市场房价增幅高于中心城区，这从一个侧面说明存在大量脱离实际居住需求的投资或投机性需求。

从住宅的户型和总价特征出发，我们也可以看出深圳房价存在大量的非实际居住需求：第一，南山区 120～160 平方米的大户型以及罗湖区 600 万～650 万元的大户型需求明显大于供给，这一特点在 2015 年 5 月至 6 月反映得尤为明显。这一部分需求显然不是对应中间阶层人群的住房需求，它实际上反映了富人在流动性过剩和资产荒背景下投资最终还是流向了房地产市场，这说明深圳房价具有典型的金融推动的性质。

第二，小户型需求明显，投资者特别青睐宝安区总价 100 万元以下的房型和龙岗区总价 50 万元以下的房型。这些房型对应的住宅面积在 20～40 平方米之间，而且还都位于郊区。从居住的角度看，既然已经买在郊区了（价格相对城区便宜），那为什么不买大一点的户型呢？显然这与住宅这一资产使用的特性是不相符的。一个合理的解释是投资或投机性需求，因为购买小户型住宅金融门槛低，只要短期快速上涨就可以从买卖倒手中获利。第三，70～100 平方米的房型处于需求略小于供给的状态，这类住宅的购买者大体上对应着中间收入群体，在房价快速上涨时期他们的收入上涨跟不上房价上升，因此难以形成改善性需求。他们的选择是：要么不进入这个市场，要么参与到小户型住房的投资，以防未来置换更大户型时资金不足，这部分人群还会进一步加速小户型住宅的房价上涨。深圳住宅需求呈现“两头大、中间小”的局面，中间层以改善为目标的实际居住需求并不明显，这恰恰反映出整个市场的投资和投机氛围。以上几点说明住房购买者对住宅本身的用益是不感兴趣的，脱离实际需求。

既然是短期内不符合原有市场规律的上涨，既然是不关注实际需求的购买，那么就存在泡沫；既然是泡沫，那就一定会破灭。2016 年 3 月，深圳市政府出台了《关于完善住房保障体系促进房地产市场平稳健康发展的意见》，主要从购房资质、金融去杠杆以及规范中介市场等方面采取了措施，深圳的房价泡沫在行政干预下完成了主动释放，2016 年 2 月至 11 月，深圳房价整体下跌 14%（见图 6－1）。

二、中国高房价之现状

由于当前全球人类经济活动向城市集聚趋势明显，我们针对一些主要国家核心城市进行统计以便更清晰地反映房价上涨情况。中国四个一线城市以及天津在六年时间里房价涨幅达到134%，年均复合增长率为15.21%，在所有样本国家中涨幅第一。涨幅较大的还包括英国大伦敦都市圈以及中国香港（见表6－1）。总体来讲，发达经济体核心城市圈房价的涨幅接近甚至低于同期GDP涨幅，但中国的房价涨幅远超同期GDP涨幅。

表6－1　2010年以来主要国家和地区核心城市房价涨幅

国家和地区	计算范围	计算时间段	总涨幅/%	年均复合增长率/%	指数来源
中国	一线城市＋天津	2010年11月—2016年11月	134	15.21	中原二手住宅领先指数
美国	10个大中城市	2010年10月—2016年10月	29	4.39	Case－shiller指数
日本	东京都市圈	2010年—2016年	7	1.06	日本国土交通省
中国香港	香港全境	2010年10月—2016年10月	65	8.65	中原城市指数
韩国	首尔全市	2010年10月—2016年10月	17	2.72	韩国央行
澳大利亚	八大城市	2010年9月—2016年9月	31	4.61	澳大利亚统计局
英国	大伦敦都市圈	2010年6月—2016年6月	66	8.81	英国土地注册处

资料来源：Wind资讯。

从房价的绝对值水平来看，在跨国比较中中国的房价水平并不低。图6－2是2016年全球城市房价TOP 20的排名，中国有5座城市入围，包括中国香港、深圳、北京、上海、中国台北，这5座城市分别排在第2、第10、第11、第15、第18位。中国大陆（内地）是唯一入围的发展中地区，入围的“北上深”市中心房价分别约为8.5万元/米^2、7.8万元/米^2、8.6万元/米^2。一座城市的房价构成了这座城市的生产服务业（法律、会计、金融、设计等中间投入环节）主要成本，它的高低反映了这座城市的服务业对全国乃至全球的辐射能力。总体来讲，中国正处于工业经济向后工业经济转型时期，生产性服务业的效率还相对较低，房价却进入全球前20名，对经济转型升级构成较大障碍。

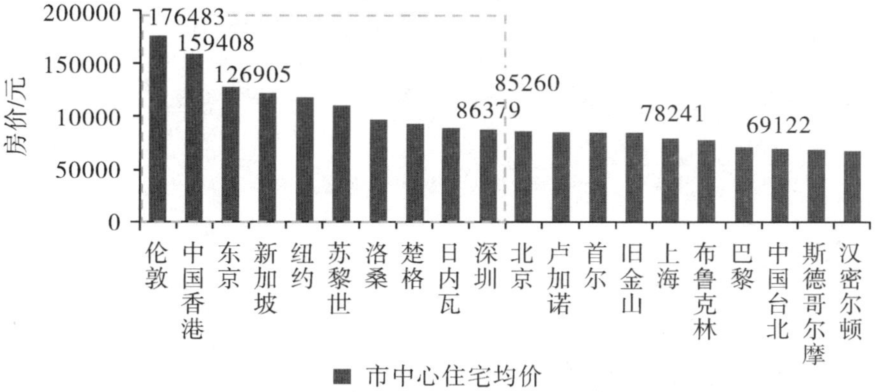

图6-2　2016年全球城市房价TOP 20

资料来源：NUMBEO，华泰证券研究所。

房价收入比是一个相对指标，反映了购房者收入对房价的支撑能力。这一比值越大，反映出这座城市的房价风险越大。图6-3是Numbeo公司统计的2016年中国与全球主要城市的房价收入比情况，其中分子房价以90平方米公寓的套均价格为代表，分母使用净家庭可支配收入。尽管房价和收入的统计目前存在较多争议，但从这一标准来看，北京的房价收入比为33.5，与伦敦持平；“北上深”三个一线城市房价收入比分别为33.5、30.2和30.0①，均超过东京。

① 2013年大家讨论房价泡沫时，一线城市的房价收入比在18～20之间，收入对房价的支撑能力远未到如今脆弱的地步。

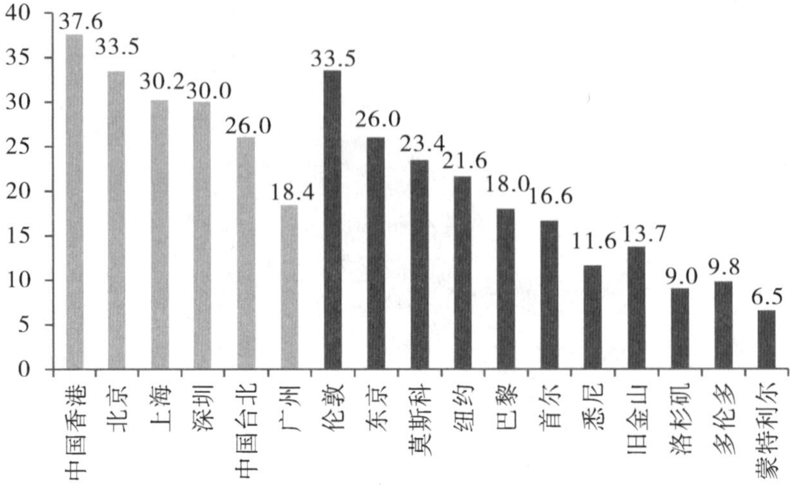

图 6－3　2016 年中国与全球主要城市房价收入比

资料来源：NUMBEO。

三、当前房价是否存在泡沫之辨析

（一）一线城市房价存在非理性成分

从上文房价的绝对水平和相对水平来看，中国一线城市房价已经位于全球前列；但从泡沫的定义观察风险，关键是要查找是否存在短期突然上涨以及房价上涨不符合城市发展规律之处。上文的分析表明深圳无疑是存在泡沫的，其他三个一线城市表现出泡沫的第一个特征，即短期存在跳点：北京发生在 2015 年的 8 月至 9 月、2016 年的 8 月至 9 月，上海发生在 2016 年的 1 月至 2 月、2016 年的 8 月至 9 月，广州发生在 2016 年的 8 月至 9 月（见图 6－4）。这些时点反映的特征都指向学区房是推动本轮房价上涨的主因。表 6－2 至表 6－4 是北京市海淀、西城和东城三区在2016年2月涨幅前十名的小区情况。这些小区在一年中的涨幅基本都达到30%以上，它们中除东城区的两个小区外无一例外地都存在学区房概念，其中存在“小学直升优质中学”概念的涨幅更为靠前。

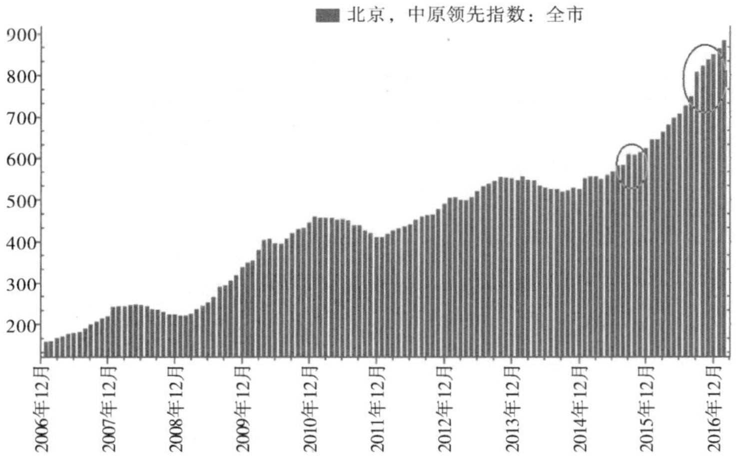

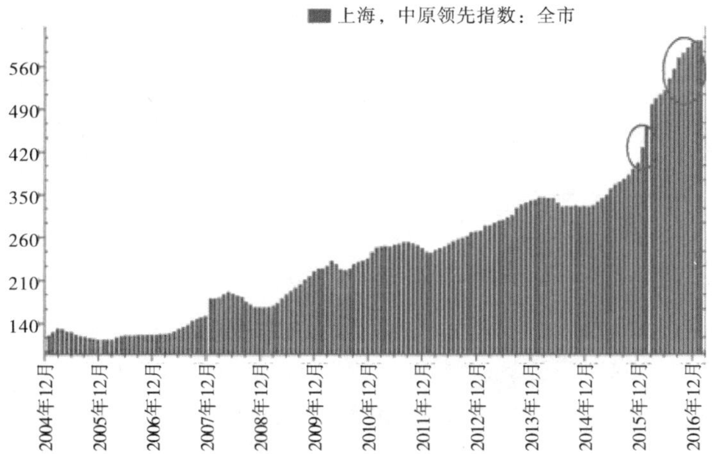

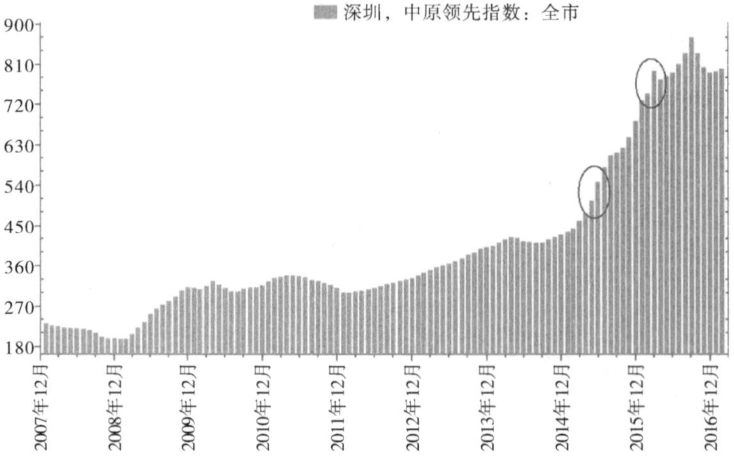

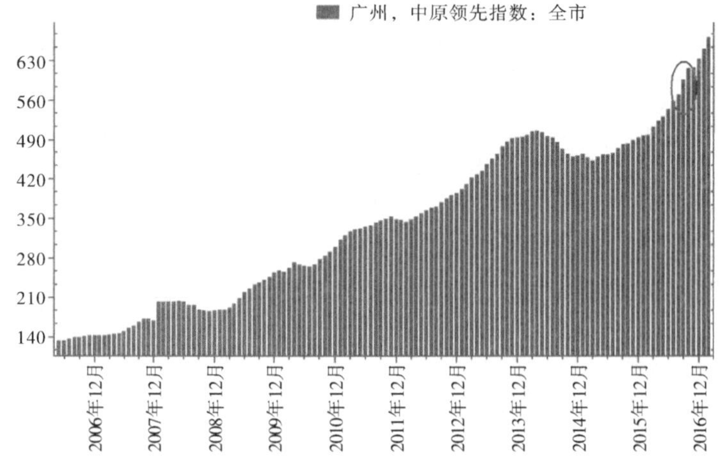

图 6－4　一线城市中原房价领先指数

资料来源：Wind 资讯。

表 6－2　2016 年 2 月北京海淀区房价涨幅前 10 名小区

排名	小区名称	单价/元·平方米$^{-1}$	同比/%	对口小学	中学升学方式
1	稻香园	64676	42.56	八一小学	直升八一学校

（续表）

排名	小区名称	单价/元·平方米$^{-1}$	同比/%	对口小学	中学升学方式
2	百旺新城春晖园	64143	40.00	中关村二小百旺校区	派位人大附西山分校、101上地校区等
3	上地东里	81825	38.57	上地实验小学	直升上地实验学校，或派位101、清华附中
4	海淀路小区	56642	36.31	万泉小学	直升北理工附中50%，派位八一学校、19中
5	怡丽园南园	74568	36.26	—	—
6	上林溪	49144	36.21	海淀实验二小	—
7	颐源居三期	76817	35.63	翠微小学	派位人大附翠微学校、育英中学、北理工附中、57中、玉渊潭中学
8	上地西里	59543	35.00	上地实验小学	直升上地实验学校，或派位101、清华附中
9	畅茜园雪芳园	50103	34.92	—	—
10	万泉庄	70876	34.20	万泉小学	直升北理工附中50%，派位八一学校、19中

资料来源：链家地产。

表6－3　2016年2月北京西城区房价涨幅前10名小区

排名	小区名称	单价/元·平方米$^{-1}$	同比/%	对口小学	中学升学方式
1	爱民里小区	98427	45.78	西什库小学	直升四中（30%～80%）

（续表）

排名	小区名称	单价/元·平方米$^{-1}$	同比/%	对口小学	中学升学方式
2	内葱店胡同2号院	96525	45.58	四根柏小学	直升35中（30%），派位41中、三中、教育学院附中
3	新明胡同住宅	86093	44.33	—	—
4	德胜里一区	88138	42.80	育翔小学	派位北师二附西城实验中学、裕中中学、七中、三帆
5	新文化街小区	120509	42.06	实验二小浸水河分校	—
6	裕中西里	83181	41.10	裕中小学	直升三帆中学（80%），派位北师二附西城实验中学、裕中中学、七中
7	裕中东里	89767	40.71	裕中小学	直升三帆中学（80%），派位北师二附西城实验中学、裕中中学、七中
8	德隆家园	79338	39.81	—	—
9	西直门南大街小区	75723	36.82	四根柏、进步小学	直升35中（30%），派位41中、三中、教育学院附中
10	德胜里	84260	36.55	育翔小学	派位北师二附西城实验中学、裕中中学、七中、三帆

资料来源：链家地产。

表 6－4　2016 年 2 月北京东城区房价涨幅前 10 名小区

排名	小区名称	单价/元·平方米$^{-1}$	同比/%	对口小学	中学升学方式
1	安德路55 号院	53713	45.14	安外三条	直升 171（30%）、派位五分、二分、东直门、国子监、一中、21 中
2	后永康	70126	34.58	雍和宫小学	直升东直门中学
3	青年湖东里	60527	33.47	安外三条	直升 171（30%）、派位五分、二分、东直门、国子监、一中、21 中
4	长安太和	116877	31.39	非学区房	—
5	雍和家园二期	70653	30.81	和平里四小	派位 177、宏志学校、171、54 中、五分
6	俊景苑	84194	29.24	非学区房	—
7	安德路小区	75777	27.77	安外三条	直升 171（30%）、派位五分、二分、东直门、国子监、一中、21 中
8	安德里北街25 号院	60866	27.49	青年湖小学	直升 171
9	东华门小区	63473	27.12	—	—
10	海晟名苑	78340	26.88	史家实验学校	直升二分

资料来源：链家地产。

我们认为当前学区房的价格已经远超其内在价值，存在严重的非理性成分。具体可以用成本收益法进行观察：学区房的成本为住房价格中的学区溢价部分，可以用一套优质学区房的价格减去其他特征相同的非优质学区房价格得到。以西城区文昌胡同的过道学区房这一极端为例，其单价为47万元/米^2，面积为11平方米，总价为517万元，由于面积太小因而不能居住，这517万元完全成为取得学区牌照的成本。购买学区房的收益即人力资本投资的收益，也即获得优质学区后比未获得优质学区多产生的收入，由于收入在未来各年产生，需要进行现金流贴现。我们假定：获得优质学区的人在工作后每年比一般水平的人多挣30万元收入；本科毕业参加工作，工作35年，贴现率为3%；上学年限分别为小学6年、初中3年、高中3年和本科4年；我们假定小升初、初升高、高考以及本科毕业找工作依然保持优质的概率分别为1.0、0.8、0.8和0.7。那么将工作后多收入的现金流折现至本科毕业这一时点，我们得到的学区房收益为645万元，将这一值结合优质概率并进一步折现至购房时点，我们得到的学区房收益仅为179万元，而成本高达517万元。

此外，我们还可以采用横向比较的方法衡量学区房是否非理性，衡量标准是国际学校。我们简单地认为上国际学校的在未来的收益要高于在国内上学的收益，因为国际学校的就业机会是面向全球就业市场的。成本方面假定国内上学成本为零①，上国际学校的学费每年为20万元，交费16年，折现至上学时一次付清为258万元。北京市目前住宅均价在6万元/米^{2}左右，我们以东城、西城和海淀这三个区优质学区房价的平均值作为学区房的粗略代表，这一值在10万元/米^{2}左右，那么学区房的成本溢价在4万元/米^{2}左右，为使孩子在达到上学目的的同时住宅还能够满足居住功能，假定住宅面积为80平方米（两居室的平均面

① 事实上，上国内小学还要额外参加各类培训才能保持较强竞争力，而一年的费用也要6万元左右。

积），那么获得优质学区需支付学区成本溢价为320万元。上国内小学的成本明显高于上国际学校的成本，而未来收益总体上前者不如后者，可以判断当前学区房的价格存在严重的非理性成分。

学区房的价格已经如此之高，人们依然趋之若鹜的原因是：学区房的投资周期太长，收益兑现要在16年后，周期太长人们已经不考虑未来兑现的事情，却更多地考虑在自己用完上学名额后尽快将其转手。这就好比中国股民，投资股票并不关注股票是否分红，而是考虑一年内能否通过低买高卖赚取差价。这自然导致学区房概念高企，然而炒作学区房是高风险的，因为购买学区房几乎是满仓杀入，甚至是带着杠杆的投资行为。

（二）二、三线城市存在较大泡沫成分

从城市化的发展规律来看，城市化进程在先完成向中心城市集聚后再形成向外扩散态势。中国目前城市化进程仍处于集聚阶段，因而房价应该表现出一线城市上升，二、三线城市涨幅下降甚至绝对水平下跌的情况。然而，自2015年以来二线城市却出现了房价大幅上涨，甚至涨幅超过一线城市的情况。2015年以前，一些主要二线城市的房价年化涨幅都在10%左右，而2016年以来，大部分二线城市都出现了超过过去运行规律的涨幅，且合肥和厦门存在明显的跳涨情况（见图6-5）。

城市化的规律在三线城市房价上体现得比较明显，即由于人口迁移三线城市房价自2014年1月以来一直呈现下降趋势，且面临着较大的去库存压力。这一规律是长期规律，因而三线城市房价应该延续这一趋势；然而，在一、二线城市限购的背景下导致了三线城市的溢出效应（见图6-6），这其中尤以环京三线城市较为明显。

城市	过去5年年化增幅	2016年1月至8月增幅
北京	15.8%	23.9%
上海	11.6%	22.1%
深圳	24.1%	10.7%
南京	10.3%	21.0%
合肥	11.1%	45.2%
郑州	13.2%	13.6%
武汉	11.8%	20.8%
厦门	16.8%	37.8%

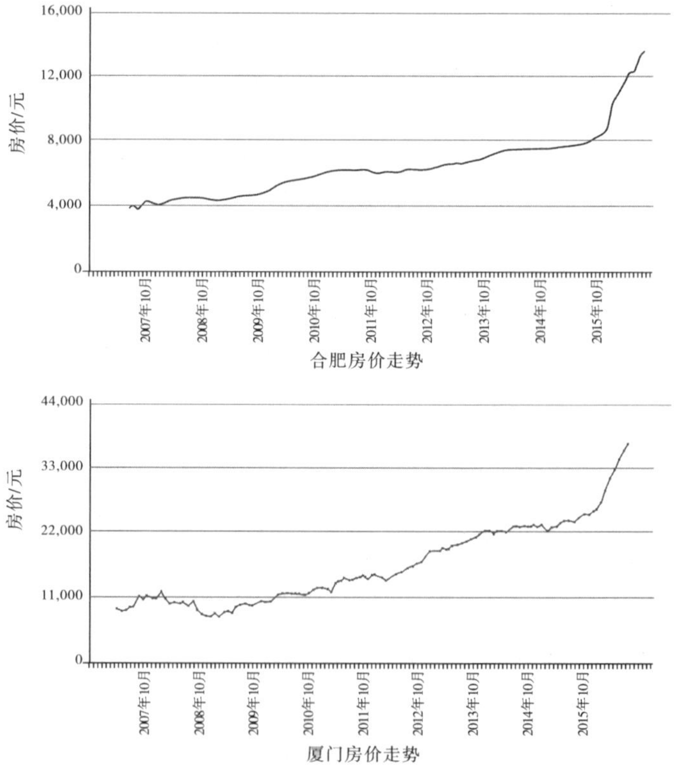

图6-5　部分二线城市房价走势

数据来源：中国社会科学院金融研究所房地产金融中心。

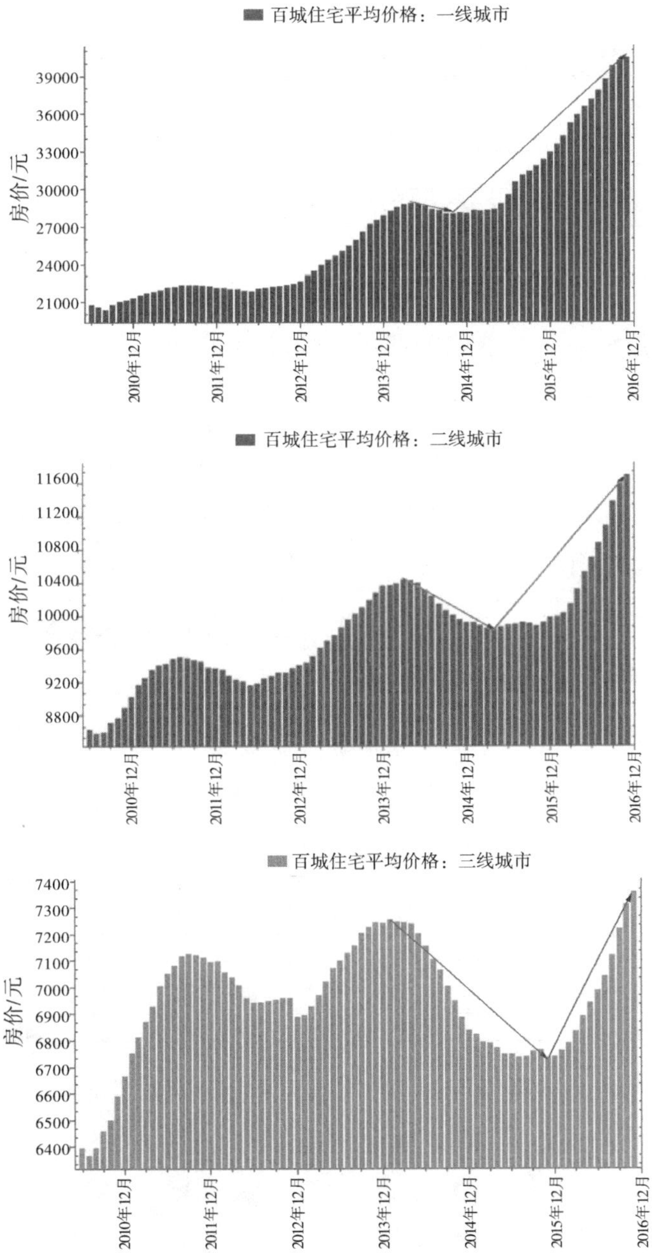

图6－6　一、二、三线城市房价走势

数据来源：Wind。

四、导致高房价的成因分析

（一）城市化进程导致房价快速攀升

中国处于快速城市化的进程中，人口由农村向城市涌入为房价上涨提供了原生动力。根据“纳瑟姆”曲线，城市化进程分为三个阶段：第一阶段，当城市人口超过10%以后，进入城市化的初期阶段，城市人口的增长以自然增长率为主；第二阶段，当城市人口超过30%以后，进入城市化加速阶段，城市人口迅猛增长，这其中人口迁移占多数；第三阶段，当城市人口超过70%以后，进入城市化后期阶段，城市化进程放缓，以郊区化和形成城市带为主。根据国家统计局的统计，2008年至2016年中国城镇化率由46.99%上升至57.35%，平均每年上升1.2%（见图6-7）。中国的城镇化正处于加速进程的第二阶段，人口向城市集聚导致对住宅的需求上升，这是导致房价上涨的合理因素。

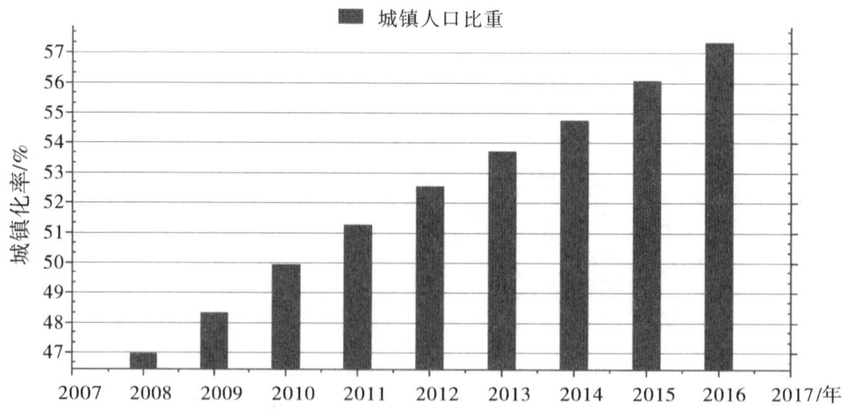

图6-7　2007—2017年中国的城镇化率

资料来源：Wind，国家统计局。

（二）土地财政导致房价高企

土地财政构成了地方政府重要的创收渠道，房价下跌影响地方政府土地财政收入，因此地方政府有推动房价上升的动机。1994 年我国实行了分税制改革，改革的结果是财权上收：1994 年消费税直接划归中央，增值税中央分享 75%，屠宰税、筵席税等小税种留在地方（这两个税种在 2000 年取消）；2002 年所得税分享改革中央分享比例进一步提高。分税制改革最终留在地方的主要税种为营业税（见图 6－8）。2012 年进行营改增试点，之后全面推广；营业税是地方税中的最大税种，尽管营改增降低了企业税负，但对财政的央地关系来说，却进一步导致财权上收。

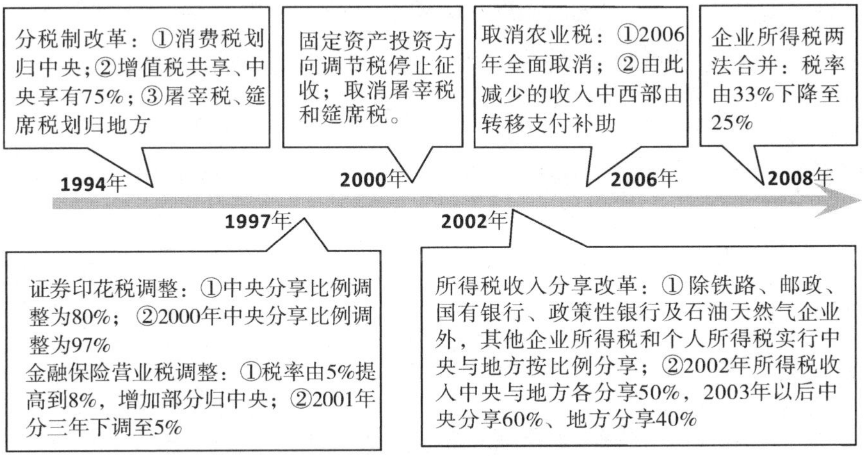

图 6－8　1994—2008 年分税制改革地方财权逐渐上移

资料来源：作者根据相关资料整理。

地方财权减少，正规渠道的地方财力逐渐减弱，图 6－9 绘制了分税制改革以来中央和地方的财政盈余的走势，可以很清晰地看出两者形成一个“喇叭型”开口，即中央盈余逐年增加、地方赤字也逐年增加。尽管财力减弱，但地方完全可以通过紧缩支出以达到平衡，并不一定要通过创收弥补财政缺口。另一项制度——土地招拍挂制度为地方政府创收提供了条件。图 6 – 10 是我国各年地方政府土地出让金收入的情况。图 6 – 9 和图 6 – 10 对比分析可以发现如下特点：第一，1994 年至 1998 年，地方政府的财政赤字保持在 2000 亿元左右，相对稳定，这期间地方政府还没有开始大规模的土地出让。第二，1998 年至 2003 年，地方政府的财政赤字以年均 1000 亿元的增速增长，至 2003 年财政赤字达到 7379 亿元；1998 年我国开始实行住房货币化改革，从 1999 年开始地方政府就有了土地出让金收入，财政赤字开始加速上涨。第三，2003 年至 2007 年，地方政府的财政赤字以年均 1800 亿元的速度增长；导致斜率进一步扩大的制度性因素是 2003 年开始实行土地招拍挂制度，地方政府在土地出让中有了更大的定价权。第四，2008 年至 2012 年，随着招拍挂的出让方式在土地出让中的比例达到 90% 以上，地方政府的财政赤字以年均 6200 亿元的速度递增，2012 年财政赤字达到 4.6 万亿元。通过土地财政的创收，地方政府弥补了城市化进程中的公共基础设施建设缺口。

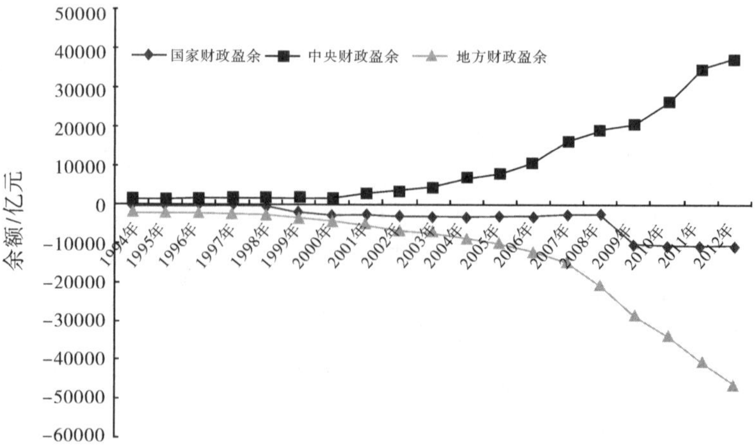

图 6 – 9　1994—2012 年分税制改革以来中央和地方财政盈余的走势

资料来源：Wind，财政部。

此外，以投资为主导的 GDP 竞标赛模式也导致房价高企。长期以来，政府官员的考核以 GDP 为导向，而投资是拉动 GDP 最为迅速和有效的手段。一方面，土地价格上涨能够同时通过土地出让收入和土地抵押贷款两种融资渠道放松地方政府面临的预算约束，从而带动城市基础设施投资规模扩大；另一方面，城市基础设施投资又能在短期内显著地资本化到土地价格中，从而形成土地价格和城市基础设施投资间自我强化的正反馈机制。由于垄断出让的优势以及一次性收租的批租制度，使得地方政府可以主动调节土地出让规模，从而强化上述模式的效果。现实中，“城市经营”理念执行较好的城市，大都采取“少出让、多抵押”的融资模式以最大化土地融资总额，这些城市的市长往往晋升得也比较快。

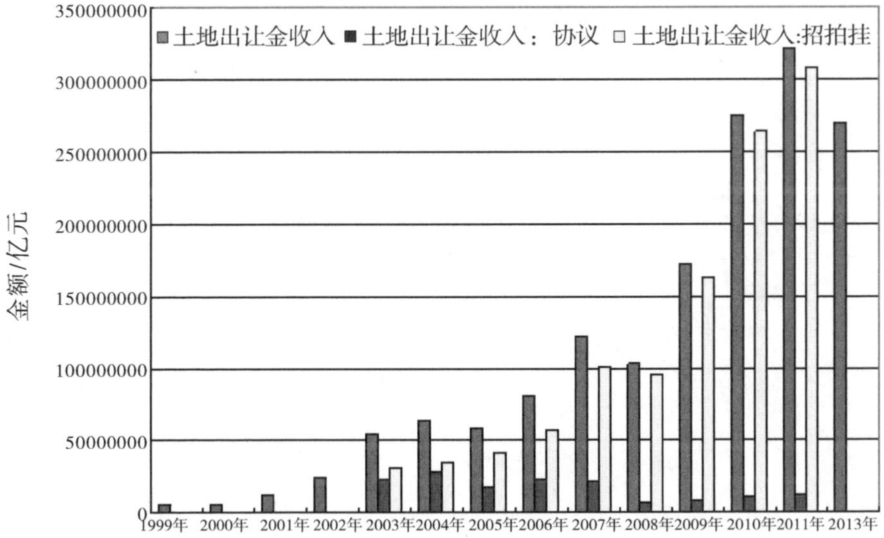

图 6－10　1999—2013 年地方政府的土地出让金收入

资料来源：Wind。

（三）不合理的调控政策导致房价进一步推高

在城市化快速进展的第二阶段，是一个国家的人口首先向最中心城市集聚，在完成郊区化之后进而形成城市群的过程。从国际经验来看，日本在城镇化率达到77%时，最大城市人口在城市人口中的占比达到峰值34%，此后伴随着最大城市人口占比下降以及城市带人口的激增；巴西在城镇化率达到65%时，最大城市人口在城市人口中的占比达到峰值15%，此后开始下降并伴随城市带的增长；美国自1960年以来城镇化率由70%一直呈上升趋势，最大城市人口在城市人口中的占比由11%一直下降，但城市带人口占比一直呈上升趋势①。表6－5给出了2016年世界主要国家最大城市人口和城市带人口分布情况，从这一截面数据可以发现一个很有意思的现象：无论从城镇化比例还是从最大城市人口占比来看，都可以得出中国还未走完城市化第二阶段的结论；在这样的背景下，中国却出现了最大城市人口还不够集聚，城市带人口密度却比较高的怪现象。这一方面与我国人口密度较高、国际上对大城市人口100万标准定义过低有关；另一方面也与我国特大城市的人口控制政策有关。北京和上海都有相应的人口规模计划，同时北京还实行了以房控人、以业控人等措施。这些措施不可避免地对房地产市场产生了影响。

---

① 在主要发达国家中，只有德国未遵循这种大城市的发展模式，其最大城市人口在城镇人口中的比重一直较低。

表 6 – 5　2016 年世界主要国家最大城市人口和城市带人口分布情况

国家	城镇化比例	最大城市中的人口/万人	最大城市中的人口（占城市人口的百分比）	人口超过 100 万的城市群中的人口/万人	人口超过 100 万的城市群中的人口（占总人口的百分比）
加拿大	82.0	608.29	20.5	1662.88	45.9
美国	81.8	1860.40	7.0	14672.77	45.4
澳大利亚	89.6	452.96	20.9	1419.63	58.6
阿根廷	91.9	1533.36	38.1	1926.74	43.9
智利	89.7	654.39	40.7	654.39	36.5
法国	79.8	1092.52	20.5	1519.27	22.7
日本	93.9	3813.96	32.0	8371.17	65.9
德国	75.5	357.85	5.7	791.28	9.6
英国	82.8	1043.40	19.2	1880.54	28.7
韩国	82.6	977.87	23.1	2429.12	47.4
俄罗斯	74.1	1225.96	11.5	3018.31	20.9
中国	56.8	2448.38	3.1	34680.71	25.2
巴西	85.9	2129.68	11.9	8316.55	40.1
印度	33.1	2645.38	6.0	19715.21	14.9
南非	65.3	961.60	26.3	2070.24	37.0

资料来源：CEIC。

2010 年 4 月，北京出台“国十条”实施细则，率先规定“每户家庭只能新购一套商品房”，随后共有 47 个城市实施限购政策。2014 年由于整个房地产市场面临去库存压力，除三亚外所有的二、三线城市都取消了限购政策。一线城市的限购政策犹如铜墙铁壁，二线城市限购放开后很快迎来了房价的快速上涨。对此，我们应用百城房价指数提供的一、二线城市数据，考察两者之间的因果关系。表 6 – 6 给出了一线城市房价和二线城市房价的格兰杰因果检验结果：在滞后1至3期的情况下，一线城市和二线城市房价互为因果关系；在滞后3期以上的情况下，一线城市房价导致二线城市房价上升，但反过来不成立。这意味着，从长期看一线城市的限购政策确实导致了外溢效应。

表6-6　一线城市房价和二线城市房价的格兰杰因果检验

Null Hypothesis	Lags1	Lags2	Lags3	Lags4	Lags5	Lags6
LN_ HP2 does not Granger Cause LN_ HP1	0.052	0.032	0.039	0.440	0.443	0.371
LN_ HP1 does not Granger Cause LN_ HP2	0.013	0.001	0.004	0.000	0.000	0.002

（四）房价上涨存在外部冲击因素

在当前全球化背景下，资金的跨境流动日益频繁，房地产很容易成为投资、投机的对象。自美国次贷危机以来，美国利率一直在低位运行，资金涌向新兴市场国家；同期我国主推人民币国际化战略，人民币升值预期明显。从相关统计数据来看，2010—2014年间中美国债收益率之差一直保持在1.5%～3%之间，这说明从利差角度为跨境资金提供了套利空间；在2009—2011年这一时间段，远期汇率处于升水状态，那么从套汇角度这也为跨境资金提供了套利空间；尽管2011年后远期汇率由升水转为贴水，但利差远可以覆盖汇率损失。从状态条件看房地产投资面临的风险相对较小。一方面，利差空间大，为无风险套利套汇活动提供较长的时间保障；另一方面，中国正处于城镇化过程中，美国已经完成城镇化，即以房地产为投资标的，两国的套利空间是明显的。

以上对跨境投资、投机房地产进行了背景分析，也即讨论了投资、投机的可能性，下面使用向量自回归模型（VAR）进行实证研究。我们以美联储资产购买计划作为量化宽松政策的代理变量，以此反映外部冲击的影响；百城房价指数较为真实地反映了中国房价走势，我们以此作为房价的代理变量；其他变量方面，我们考虑了汇率以及外汇占款的变动，未考虑利率变量。其理由是：我国实行的是有管理的浮动汇率制度，针对外部均衡，一方面通过汇率调节资本流动，另一方面通过央行的冲销操作调节流动性；利率变量从长期实践来看主要是针对内部均衡。上述四个变量汇率进行差分处理后满足平稳性条件，其他变量取对数后满足平稳性条件，模型滞后阶数为 2，特征根都在单位圆内。

在完成上述建模后，我们使用脉冲响应函数观察各变量对外部冲击的影响。图 6－11①反映了房价对各变量冲击的影响，美联储的资产购买政策对房价产生持续正向影响，且影响程度最大；外汇占款对房价的影响在期初是负向的，直到第 9 期才转为正，这可能与外汇占款和量化宽松政策的外溢效应正相关有关；汇率差分对房价的冲击是负向的，由于汇率采取的是直接标价法，这意味着汇率的加速升值导致房价快速上升，直到第 8 期才趋于平稳。美国 QE 对汇率的影响负向的，即美联储的资产购买政策导致市场流动性充裕并且流向新兴市场国家，导致其汇率加速升值，就中国而言这种冲击的影响是短暂的，到第 4 期后影响近乎零（见图 6－11④）。美国量化宽松政策对中国外汇占款的影响起初为负，在第 4 期后转为正，这可能是由于美元的外溢流动性最初由汇率承担，然后再由冲销操作完成；从外汇占款对汇率冲击的反应来看，也验证了汇率加速升值将导致相应冲销操作（见图 6－11③）。

总体而言，美国量化宽松政策导致流动性外溢，对中国汇率形成了升值压力；在有管理的浮动汇率制度下，部分升值压力由冲销操作承担；但无论是价格渠道还是数量渠道，充裕的流动性都导致了房价快速上升。

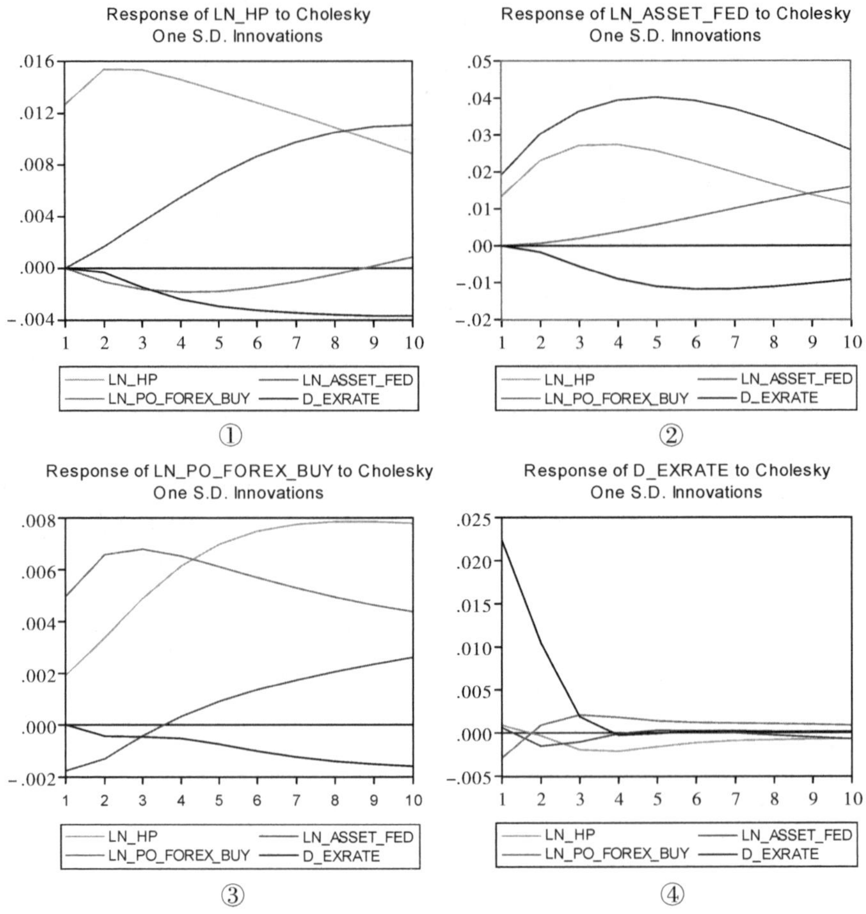

图 6－11　外部冲击对中国房价的影响

五、高房价蕴含的风险

（一）对银行体系的风险

房价的上涨离不开信贷体系的推动，近年来金融机构房地产贷款出现了快速增长。根据中国人民银行《金融机构贷款投向统计报告》的统计，2010 年以来个人贷款余额平均增长率为 24.0%，最低为 11.0%，最高达到53.4%（见图6-12①）；而同期工业中长期贷款平均增长率只有6.7%，服务业为12.5%（见图6-12②）。截至2016年底房地产贷款余额达到26.7万亿元，而金融机构各项贷款余额为106.6万亿元，占比达到25.0%，从存量的视角来看房地产贷款的集中度已不低。在这种情况下，一旦房价进入下行周期，房地产信贷所引发的风险将非常大。同时，我国金融体系是一个以银行为主导的间接金融体系，这将对整个金融系统产生冲击。

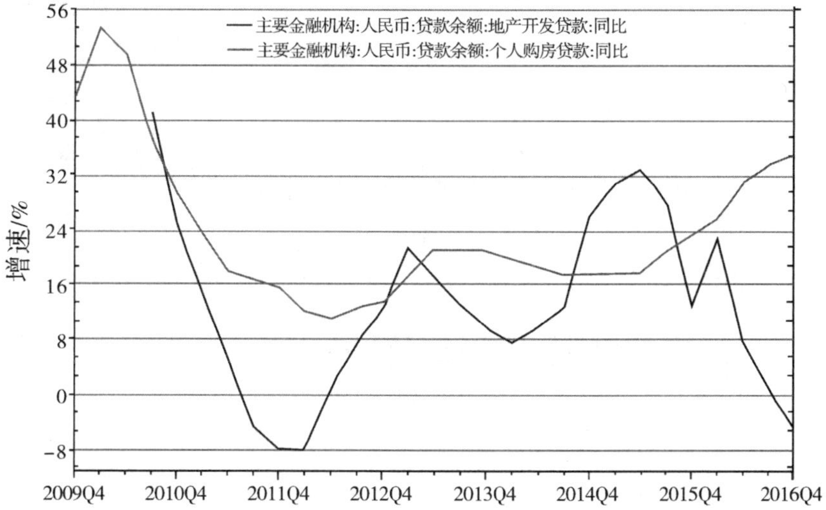

①

②

图 6-12　房地产相关贷款及实体经济相关贷款增速

资料来源：Wind 资讯。

（二）对土地财政和地方政府债务的风险

自 1994 年实行分税制改革以来，财权由地方进一步向中央上移，但同时地方承担的公共建设责任却进一步增加。1998 年住房货币化改革之前，地方财政基本处于以收定支的状态，地方财政赤字缺口很小；住房货币化改革后，由于地方政府可获得土地出让收入，其财政压力相对减小并且有能力进行一定的基建投资；2003 年实行土地招拍挂制度后，地方政府作为土地的唯一垄断供给者其议价能力大幅提高，土地出让收入也成为地方可支配财力的重要组成部分。根据中国地区金融生态环境评价课题组的统计，各地方政府土地出让收入占地方可支配财力的比重平均达到 31.7%，最高的甚至达到 49.8%（见图 6-13①）。

近年来，地方政府债务迅速增长，根据中国地区金融生态环境评价课题组的统计，地方政府债务由 2008 年初的约 1 万亿元上升至 2013 年

6 月的 17. 9 万亿元，保持了年均 69% 的增速。地方政府债务快速膨胀固然与城市化过程中真实融资需求有关，但更多的影响因素是 GDP 竞赛模式及土地担保机制导致的融资饥渴症。由于缺乏严格的预算约束，地方政府总是试图随时把握机会利用所有可能的举债资源，这就导致政府负有担保责任和救助责任的债务大量出现。

地方政府债务和土地财政隐藏的巨大风险表现在其与房地产市场紧密联系。图 6 - 13②表明了土地出让收入增速与住宅销售率之间的关系。住宅销售率指标用住宅销售面积除以住宅竣工面积得到，如果该指标大于 100% ，说明市场处于供不应求的状态；如果小于 100% ，说明市场处于供过于求的状态。我们以住宅销售率反映住宅市场的供需关系，这一指标与土地出让收入增速表现出高度一致，两者的相关系数高达 80. 10% 。土地出让收入在地方可支配财力中占据约 1/3 的份额，由于可支配财力是债务还款的主要来源，这就意味着：如果未来房价大幅下跌，将出现地方土地出让收入下跌进而引起债务风险的连锁反应。

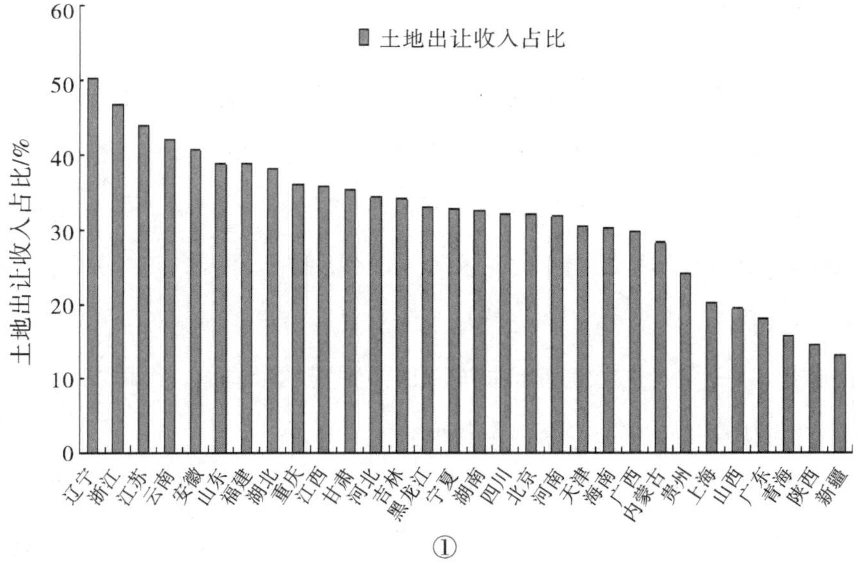

①

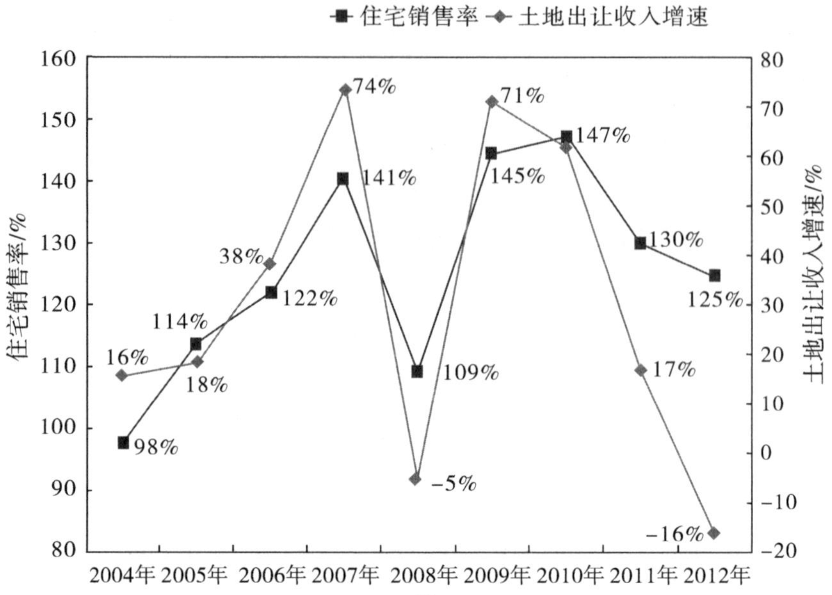

②

图 6-13　2004—2012 年地方政府土地出让收入与房地产市场的关联

资料来源：中国地区金融生态环境评价课题组及 Wind 资讯。

（三）系统重要性风险

系统重要性风险是在金融危机之后提出的重要概念。它的含义是指单个金融机构的破产产生的负面影响看似不大，但由于其较大的规模以及与整个金融体系的关联渗透性，可能产生系统性的风险。这一概念也可泛指金融系统网络结构中的重要节点出现问题进而导致整个系统坍塌的风险。目前房地产市场本身就是系统重要性市场，一头连接着银行信贷领域，另一头连接土地市场并进而连接融资平台债务，因而如果房地产市场发生深度下跌，银行体系将面临重大威胁。

当前一线城市和部分二线城市房价高企，这些中心城市无论在政治、经济、文化等方面在一省中都具有不可替代的作用，如果这些城市的房价出现下跌，那么在全省会产生示范效应。另外，从地方政府负债率（债务余额/GDP）来看，中心城市的负债率都远远大于非中心城市的负债率，其中 19 个省份中心城市的负债率超过 60% 的国际警戒线标准（图 6－14）。一旦这些城市的房价下跌导致平台债务违约，也会产生示范和传导效应。

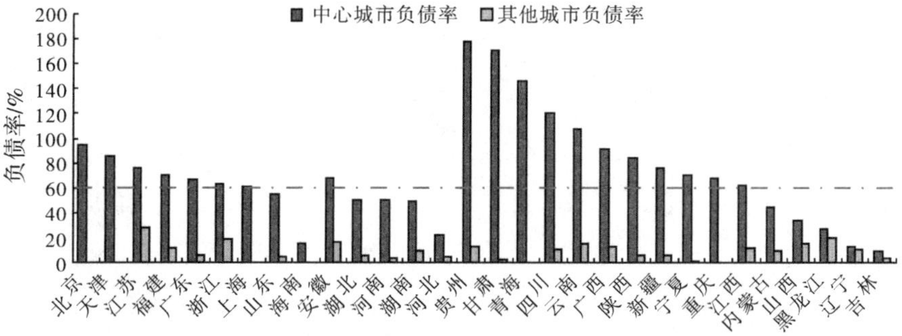

图 6－14　各省中心城市、自治区相对于其他城市的负债率

资料来源：中国地区金融生态环境评价课题组。

此外，融资平台的债务主要集中在国有银行上，因为融资平台的债务规模都较大，只有规模大的国有银行才能提供，而国有银行显然是系统重要性机构。根据 Lu 和 Sun（2013）的估算，2011 年四大国有银行加上国开行总的融资平台贷款额达到 5.25 万亿元，占地方政府债务当年存量的 43%。根据他们的情境分析，假定 35% 的平台贷款转变为不良，整体不良率将由原来的 1.32% 上升至 7.62%，上升 4.7 倍（见表 6－7）。

表 6－7　银行对融资平台的风险暴露以及不良率的潜在增量

银行	分析					
	不良率/%	总贷款/亿元	平台贷款/亿元	平台贷款份额/%	假设 35% 平台贷款转变为不良，不良率的增量/%	潜在的不良率/%
中国工商银行	1.3	79434.6	5100.0	6.4	2.2	3.5
中国建设银行	1.4	64964.1	2840.0	4.4	1.5	2.9
中国银行	1.3	63428.1	3800.0	6.0	2.1	3.4
中国农业银行	2.2	56287.1	3900.0	6.9	2.4	4.6
国家开发银行	0.4	55258.7	36839.2	66.7	23.3	23.7

资料来源：Yinqiu Lu，Tao Sun：Local Government Financing Platforms in China：A Fortune or Misfortune?. IMF Working Paper，2013.

六、抑制高房价的对策建议

当前中国的房地产市场面临巨大的风险，一方面面临着高房价下跌风险，另一方面在汇率贬值背景下面临前期炒房资金套现外逃风险。对此，必须采取一定的风险防范措施。

从外部均衡的视角看，中国面临较大的资金外流压力。一方面，实体经济的资本回报率处于下降通道；另一方面，汇率由升值转为贬值，加之中美利差收窄。这些因素都导致资金外流。作为资金外流的一个综合表现，外汇储备由 2014 年 6 月接近 4 万亿美元的峰值下降至 2016 年 12 月的 3 万亿美元。面对如此快速的外汇流失，我们不能采取牺牲外储保外汇的方式，也不应采取加息吸引资金回流的方式；因为问题的根源在于经济已经出现严重的“脱实向虚”现象，因而我们建议在“不可能三角”中选择一定程度的资本管制措施。这绝不是为了保房价，而是为了防风险，因为快速大规模的资本外流可能导致房价、汇率双杀；筑起防止资本外流高墙的最终目的是将“向虚”的资金重新导向实体经济，通过金融支持结构性供给侧改革使得经济的潜在回报重新提升。

构筑防止资本外流的高墙只是治标之策，是为房地产市场回归理性争取时间。对此，我们应该坚决贯彻中央经济工作会议提出的“房子是用来住的、不是用来炒的”精神，在住房政策上坚决抑制投资、投机性需求。首先，对于热点城市应严格落实限购措施，购房资格应升级为“非户籍居民需提供当地 5 年以上纳税证明或社保证明”。这么做的目的是让真正为该城市建设做出贡献的人具有购房资质，将投机性和投资性需求挡在市场外。其次，清理各类形式的首付贷以及为购房进行场外配资的行为。针对具有购房资质的人群，应严控金融风险，须清醒认识到，需要首付贷的购房人就是典型的次级贷款人，增加了房地产市场的杠杆。此外，针对中介提供的各类过桥性质的贷款也应清理，通过延时交易为整个市场降温。最后，应完善保障房管理制度，通过推广“租售并举”，提高保障房使用效率；积极发展保障房二级市场，加强保障房循环利用，满足更多困难市民的住房需求。

抑制房地产市场泡沫，除了在需求侧做文章外，还应在供给侧下功夫，改变地方政府的土地财政制度才是治理高房价的治本之策。当前，我国财政体系财权向中央集中，事权地方则承担较多；这一体系得以持续运转的重要条件是土地出让收入弥补了财政缺口，而快速城市化背景下高涨的住房需求为这一体系运转提供了持续动力。于是，我们可以看到那些经营较好的城市，往往在限制购房需求的同时，也减少土地供给。以《北京市 2017 年国有建设用地供应计划》为例，在当前房价快速上涨期住宅用地却减少一半。改变当前地方政府的土地财政依赖性，首先，应开征不动产税。2012 年营改增之后，地方已没有稳定的地方税种，开征不动产税有利于地方财政与土地市场脱钩。此外，从理论上讲房价的上涨有很大一部分是因为周边基础设施投资产生的受益，因此对不动产征税是对外部效应的修正，是一种庇古税，征收后有利于城市基础设施的建设和运营。其次，应加大闲置用地的处罚力度。我们的研究表明，在房价上涨期开发商往往大量购置土地并放缓开发力度，即通过囤地进一步抬高房价，因此加大闲置用地处罚有利于激发供给。最后，应鼓励多种性质的土地进入建设用地市场，改变当前地方政府垄断供地的局面。

第三篇

泡沫抑制——房地产市场长效机制建设

第七章　建立房地产市场健康发展的基础性制度和长效机制

2016 年 12 月 17 日，中央经济工作会议上提出，要坚持“房子是用来住的、不是用来炒的”定位，综合运用金融、土地、财税、投资、立法等手段，加快研究建立符合国情、适应市场规律的基础性制度和长效机制，既抑制房地产泡沫，又防止出现大起大落。

什么是房地产市场的基础性制度和长效机制？其基本理念和内涵是什么？主要内容和具体措施包括哪些？从理念到政策措施的理论逻辑是什么？如果不能很好地回答这些理论问题，而是急于推出一些政策措施，多少可能会产生盲人摸象的效果。比如，有的人提出增加保障房的供给和增加土地供应，从而缓解房价快速上涨、抑制泡沫。那么为什么存在这样的现实：在美英日这些发达国家，人均居住面积较大和人居环境较好，低收入家庭的社会安全网也很完善，但这些国家都先后出现过房地产泡沫。进一步要追问的是，房地产泡沫到底是市场失灵导致的，还是因为政府做得不够好，对此我们可能无所适从。再比如，回到中国的问题，简单的、命令式的租售同权规定能解决学区房价格虚高的问题吗？

本文试图对房地产市场的长效机制做一些理论上的探索。我们认为，如果能从理论上说清抑制泡沫的逻辑，那么后续各个政策的出台也就不会偏离中央要求市场稳定的初心，也不会出现政策打架的现象。当然，由于理论水平有限，又囿于政策环境的变化，本文的观点和主张也可能出现偏差或错误的情况，但我自信地认为文章抓住了问题的主要矛盾。

形成长效机制的理念最初来自对德国住房市场的观察。相关数据表明，无论是在金融危机还是在欧债危机期间，德国房价都没有大起大落。德国市场经济的治理理念来自奥多学派（也即弗莱堡学派），尽管他们尊重私有产权和自由竞争，但认为自由竞争并不一定能达到整个社会的帕累托最优，市场必须内嵌于宏观社会、政治和文化系统，通过与政策的互动达到社会的帕累托最优。我认为，以“利润驱动的市场秩序+社会保障网”的模式应用到住房市场时，会导致不同群体之间产生巨大的鸿沟，加剧市场波动。我查阅了一些德国住房市场制度方面的资料，发现介绍情况的居多，并没有就这些制度发挥作用的机制进行分析，本课题做了一点尝试。本文的核心观点是：住房既是消费品又是投资品，大量人群进入购买市场，住宅投资品的属性就愈发明显；由于土地作为资本品其贴现周期长，很容易造成估值的非理性，再加之预期因素，泡沫易于形成；如果将大量人群引导至租赁市场，住宅的消费品属性就更加突出，作为资本的土地在当期就会得到补偿。因而，房地产市场的长效机制的基础是，形成一个能够与购买市场相抗衡的租赁市场，将整个市场的注意力由关注未来转移到关注当下。一旦稳定的租赁市场形成，住房保有权的问题也会迎刃而解。

本章内容是我2017年承接的国家金融与发展实验室《建立房地产市场健康发展的基础性制度和长效机制》课题的主要成果之一，希望它能成为治疗房地产泡沫的一味长效药。

一、住房保障制度的国际经验

本节主要介绍一些大国住房保障制度的经验，我们将其归为两类：一类是“利润驱动型市场”国家，一类是“社会型市场”国家。“利润驱动型市场”的理念是指经济的运转以“理性人的利润最大化”为前提，主张完全的自由竞争，并认为通过自由竞争可以达到社会福利的帕累托最优；对于市场失灵的部分政府才进行干预，这一学派主张政府作用最小化。“社会型市场”理念认为，以竞争为特性的“利润驱动型市场”只是一个技术工具，它必须内嵌于宏观社会、政治和文化系统，并保证重要社会目标的实现；因而对于市场的干预是必须的，而且也是市场所需要的，但这一学派也强调这种干预必须与市场原则相一致（market - conforming）。

关于“利润驱动型市场”的国家经验介绍，我们侧重于政策变化的历史脉络，因为这不是我们学习的重点；关于“社会型市场”的国家经验，我们不仅介绍演变历程，而且也重点介绍当前主要的制度安排；最后，我们对两者共性进行总结，对于两者的差异，我们将在第三节展开比较制度分析。

（一）“利润驱动型市场”的国家经验

1. 英国住房保障制度的经验

英国住房保障政策的演进大体经历了三个阶段。

1946—1969 年为第一阶段，这一阶段的背景是：“二战”期间约 71 万幢住房被摧毁，军人复员和人口增长高峰期需要大量住房，住房短缺问题极其严重。为此，英国政府推出了以增加住房供给为核心的住房政策，包括政府直接出资大规模新建保障住房和补贴私有住房的建设，具体措施包括：由地方政府负责保障住房的建设，中央政府补助地方政府建房成本的1/3～1/2；政府资助住房协会发展的大部分成本，介绍大量的住房补贴金项目；住房开发贷款利息税减免。这一时期英国政府建成住房384万套；英国私有企业建房300万套，占比43.9%。

1970—1979年可划归为第二阶段，这一阶段政府的政策是继续大规模兴建保障住房，但开始住房私有化。由于英国经济持续发展，老百姓财富已经积累到一定程度，个性化消费需求日益显著。加之政府前期采取的压低租金导致私有住房建设滞后，为此政府开始缩小保障住房建设规模，实行小规模的保障住房商品化。这一时期英国政府建成住房129万套；英国私有企业建房166万套，占比56.3%。

1980年至今可划归为第三阶段，这一时期的政策背景是：英国住房供需总量已基本平衡，但住房结构矛盾不断积累，加之经济增速放缓与保障住房支出的刚性增长的矛盾对英国财政形成了巨大的压力，为此，英国政府推出了以直接补贴中低收入家庭和保障住房私有化为核心的住房政策。在私有化方面，政府赋予居民"购买权"，只要租住保障住房满3年，地方政府不得拒绝租户的购房要求，购买折扣介于30%～70%；同时考虑到低收入群体无法一次性付清购买款，政府实施分享式产权计划，例如，一套出租给低收入群体的房子价值10万英镑，每月租金为1000英镑，那么租户可以先支付2.5万英镑，获得25%的产权，每月租金降为750英镑，如果他支付5万英镑，获得50%的产权，那么每月租金降为500英镑。另外，政府还拨款给住房协会购买地方政府所有的公房，削减地方政府住房拨款，用住房协会来代替地方政府管理住房。

经过上述政策变化，英国逐渐完成了住房市场化过程，自有住房比例逐渐提高，截至2004年自有住房比例达到71.2%（见表7－1）。

表7－1　1914—2004年英国住房产权结构比例的变化

单位:%

年份	私有出租住房	公共出租住房	自有住房
1914年	90	—	10
1945年	62	12	26
1951年	53	18	29
1961年	31	27	43
1971年	17	31	53
1981年	13	30	57
1991年	13	21	66
1993年	10.8	19.7	69.5
1996年	9.8	25	65.2
2000年	8.3	21.9	69.8
2004年	10.9	17.9	71.2

资料来源：1996年之前的数据来自田东海编著，《住房政策：国际经验借鉴和中国现实选择》，清华大学出版社，1998年；1996年之后的数据来自Communities and Local government 2016。

2. 美国住房保障制度的经验

美国的住房问题并不像其他国家一样存在普遍性的短缺，政府政策一开始就是针对低收入人群的结构性政策。美国住房和城市发展部（Department of Housing and Urban Development），将经调整的家庭收入中值作为界定家庭收入等级的依据。收入水平低于中值80%的家庭被界定为"低收入"，收入低于中值50%的家庭被界定为"收入很低"，而那些收入低于中值30%的家庭则被界定为"收入非常低"。美国住房保障措施始于20世纪30年代，先后实施了公共住房建造计划、私营发展商新建补贴计划、租金优惠券和租金证明计划三种主要方式。

20 世纪 30—60 年代这段时期美国的住房保障主要体现在：由政府直接出资兴建公共住房项目，以供低收入家庭租用。1937 年出台了《公共住房法》法案，开创了联邦政府资助公共住房的先河。具体方式是由联邦政府负责拨付建造、维修和管理营运公共住房所需的资金，地方政府或州政府设置住房局，负责监督公共住房的建造、分配和管理，产权归地方政府住房局。

到 20 世纪 60 年代以后，由于运营费用的增长最终超过了租户的收入，美国住房政策主要转向对私营发展商的投资补贴。1968 年通过的住房法案制定的政策是，为营利性开发商和私人投资者提供低于正常市场水平的贷款利率，鼓励其为低收入家庭开发低于市场租金水平的住房。1974 年的《住房和社区发展法案》是对 1968 年法案的修订，包括三个独立的部分：新建住房部分、修复住房部分和存量住房部分。在新建住房部分和修复住房部分，私营或者非营利开发商可获得联邦住房管理局担保的金融支持，住房和城市发展局与发展商签订 20 ~ 30 年的长期合同，在此过程中，住房和城市发展局将正常市场租金与租户实际租金的差额补贴给开发商，同时，规定租户支付的实际租金应占其收入的 25%（1981 年之后提高为 30%）。

从 20 世纪 70 年代开始，美国的住房保障政策开始由增加保障性住房的供给向补贴低收入群体住房需求转变，包括两种形式：一是政府帮助低收入者购买住房；二是政府帮助低收入者租赁指定的私有住房。前一种形式下，购房者须通过抵押贷款获得住房，并拥有住房的所有权，政府对抵押贷款提供部分补贴。后一种形式是由政府选择一部分合格的私人住房提供给贫困者。被选中的住房房主可以得到政府提供的抵押贷款担保和获得稳定的租金收入。此外，联邦政府还为这些住房提供部分营运和维修资金。

20 世纪 80 年代后美国住房短缺已不再是主要矛盾。因为增加保障性住房代价昂贵，低收入群体房租支出占其收入比重过大。因此，尼克松政府制定了第 8 条款中的存量住房计划，与上述面向住房供应方的住房建设补贴政策不同，这是一个面向需求方的补贴计划。该计划中，合格租户可以从当地住房管理机构获得租金证明，在住房市场上寻找满足相应质量等级和租金限额的住房。地方住房管理机构规定租户选择住房的区位，并且协助租户与房主间的谈判，并直接支付总租金给房主，总租金中，租户支付的部分不超过自身收入的 30%。

第 8 条款存量住房计划包含租金证明计划和租金优惠券计划。两者的主要区别是：参加前者的租户，所租住的房屋不能高于政府规定标准，且区位范围固定；而参加后者的租户，所寻找的住房租金，既可低于政府规定的市场租金也可高于市场租金，即当房租较低时，允许房客保留未花完的优惠券，下次继续使用，当房租较高时，多出的费用自付。克林顿政府后，租金优惠券计划逐渐成为主要的保障方式。

3. **日本住房保障制度的经验**

由于战争的破坏，以及战后生育高峰和城市化进程的到来，这些因素导致日本住房严重不足。日本于战后设立建设省，出台建筑基准法，采取建造简易住房等应急措施，以促进住房建设。至 1950 年，缺房户数减为 340 万户。然而，由于简易住房的弊端逐渐暴露，日本开始致力于制度化建设来加大住房保障的力度。1950 年日本设立住宅金融公库，1951 年出台公营住宅法，1955 年成立日本住宅公团。住宅金融公库主要向建造和购买住宅者提供长期低息贷款，公营住宅是由地方公共团体接受国家补助向低收入家庭提供的低廉公共住宅，住宅公团则是对城市居民提供住宅以及建筑用地，这三大体系构成了日本住房保障政策的基本框架。

从20世纪60年代开始日本设立住房建设的五年计划，以期达到住房保障的目标。一五计划和二五计划主要集中于数量目标，由于日本经济的快速增长，居民日益富足，三五计划和四五计划的目标逐渐由数量转向质量，这期间设立了最低居住水准和平均居住水准，创立了工业化住宅性能认可制度。五五计划和六五计划期间，日本的住宅保障目标不仅着眼于住宅质量，而且开始关注居住环境，这期间设立了住宅环境水准，1990年正式建设老龄化住宅（见表7-2）。

表7-2　1966—1995年日本住房建设的五年计划

阶段	时间	原因	住房政策目标	效果
一五计划	1966—1970年	人口大量进城和经济迅速增长激起新的大量住房需求，城市住房短缺	一户一套住房	计划建设住宅670余万套，实际完成674万套
二五计划	1971—1975年	“二战”后住房需求激增；生活水平提高，日本在1970年人均GDP为1967美元	一人一房	计划建设住宅958万套，实际完成828万套
三五计划	1976—1980年	1980年人均GDP达到9165美元	建造足够套数的住宅，并且提高住宅的质量水平	计划建设住宅860万套，实际完成770万套

（续表）

阶段	时间	原因	住房政策目标	效果
四五计划	1981—1985 年	1985 年人均 GDP 达到近 16000 美元	达到平均居住水准	计划建设住宅 770 万套，实际完成 612 万套
五五计划	1986—1990 年	提出了面向 21 世纪的方针，努力提高国民的居住质量和环境水平	以形成安定富裕的居住生活基础和优良的住宅资产为目标	共建设住宅 828 万套
六五计划	1991—1995 年	—	在 20 世纪形成国民能实际感到富裕的、舒适而优良的住宅资产	共建设住宅 728.2 万套，其中共有资金住宅 401.7 万套

资料来源：根据公开资料整理。

以 1996 年日本政府新修订《公营住宅法》为标志，日本的住宅供应体系朝更加市场化的方向调整，这包括两方面的内容：第一，政府退出公营住宅建设和管理，转由地方公共团体负责，住宅公团于 2004 年由事业单位变更为法人单位并更名为都市再生机构；第二，政府补贴由原来的“补砖头”转向“补砖头”和“补人头”并举，中央财政为地方公共团体新建或修缮公营住宅费用提供 50% 左右的补助，地方公共团体向低收入家庭收取的租赁费与市场租赁费之间差额的 50% 由中央财政补助。至此，日本形成了以私有住房为主，公营住宅为辅的住房供应体系（见图 7 –1）。

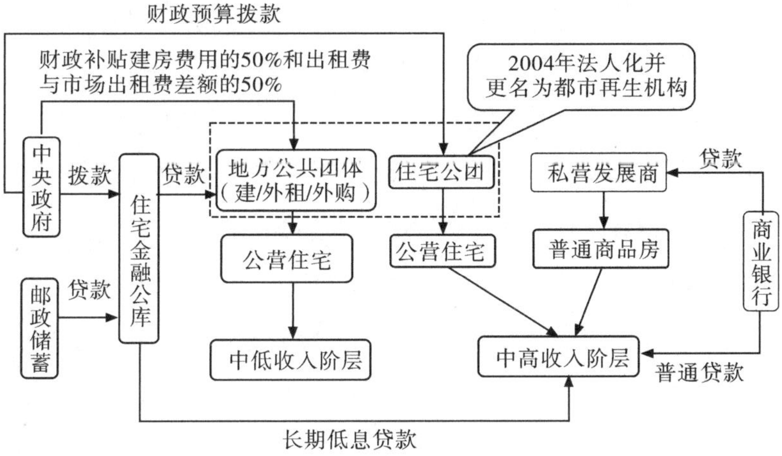

图 7 –1　日本的住房供应体系

（二）“社会型市场”的国家经验——德国典范

1. 德国住房政策的演进

“二战”结束后，在西德 1060 万套房屋中有 230 万套被彻底摧毁，另外有 230 万套房屋严重损毁，住房市场面临严重短缺。在这样的背景下，政府采取了扶持新建住宅的政策。1950 年《住房建设法》颁布，其旨在加大住房供应。联邦政府或州政府可以为符合条件的开发商或者居民家庭提供 30 ~ 35 年的无息住房建设贷款，以此促进住房建设。1956 年通过的《第二住房建设法》规定对自由住房建设进行扶持，主要措施包括：提供建筑用地，提供贷款担保和利息补贴，给予税收和其他收费减免优惠，为住房建设储蓄提供补贴。截至 1960 年，德国 400 万套新建租赁房中有 60% 都是在政府的资助下兴建的。到 20 世纪 70 年代由于住宅短缺问题有所缓解，政策重点转向住宅私有化。80 年代开始对参加住房储蓄计划的居民和信贷机构进行补贴，鼓励住房基金的积累和有效使用。

20 世纪 90 年代之后，由于出现了一人一户的趋势，出生率高的年份正是房屋建设期，移民流入人口数量不断增加，再加之东西德合并的因素，因此住房的需求急剧增加。然而，住房供给数量却没有相应跟上，德国政府自 1996 年开始以立法形式确立了对自有住房的补贴制度。这导致联邦政府在住房开支方面急剧增长：20 世纪 90 年代初每年支出还不超过 24 亿欧元，到 2004 年已快速膨胀至 72 亿欧元（见图 7－2）。由于该政策给国家财政带来了巨大压力，同时使得房地产行业出现了一定程度的过剩，且增加了交通压力，因而引起了广泛的争议。2006 年这项政策被正式取消。

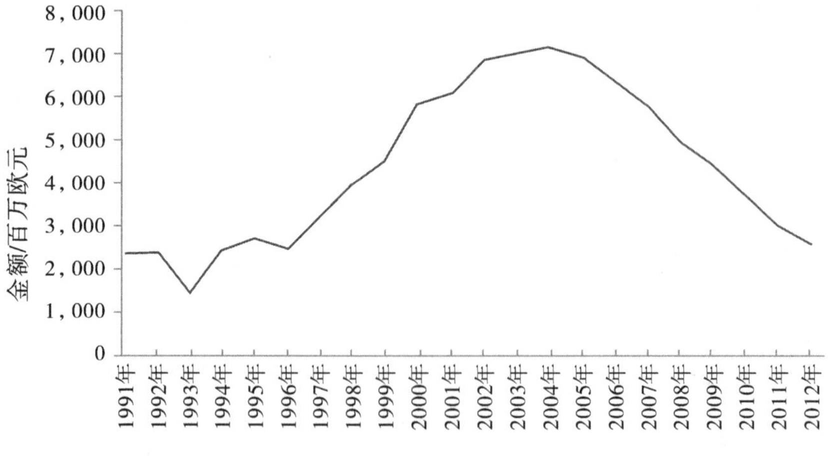

图 7－2　1991—2012 年德国联邦政府支出：住房和社区设施

资料来源：德国统计局。

德国联邦政府除了在住宅客体的建设方面加大财政支持外，在住宅主体购买力提升方面也给予相应支持。这主要表现为通过立法对租客权益进行保护。20 世纪 50 年代末，德国逐步废除住房统制经济，引进社会租赁权利；然而，这导致租赁租金的增长，许多家庭承担不起。1965年，德国开始引进与收入、家庭人口数、租金高低相关的住房补贴金制度，这成为其住房市场经济的核心支柱。1971 年出台了《住房租赁法》，该法的出台为房东和承租人签订住房租赁合同确立了法律框架，具有强烈的承租人权益保护导向。2001 年德国对租赁法进行了修订和改革，主要措施包括：在租赁合同的时候减少租赁期限的做法被充分考虑，这主要是因为劳动力市场对租户的灵活性要求越来越高；租金限额规定从原来三年累计涨幅不得超过 30% 下调到不得超过 20%，这进一步保证了租户在租金不断上涨的情况下也可以租到物美价廉的房子。表 7－3 给出了德国住房政策演进的主要历程。

表 7－3　联邦德国住房政策发展经历

政策、年代与性质	政策内容	修订内容或废止原因
1945 年出台《住房统制经济》管制政策	政府规定租金数额、事实上禁止现有租赁合同的解除、国家机构分配住房给贫困者	1960 年废止。住房缺口基本得到缓解，逐步开始实施住房市场经济
1950 年、1956 年分别出台《住房建设法》《第二住房建设法》国家供给政策	国家财政优惠或补贴大型住房企业承担住房建设，适用“成本价房租”，与政府约定 20～30 年期限，期满后，房租可以市场化	2001 年废止。受资助的保障房基本到期转为市场房，且政府无须再新建保障房。后改由《社会居住空间法》来规范

（续表）

政策、年代与性质	政策内容	修订内容或废止原因
1965年、1970年出台《住房补助金法》需求政策	帮助那些不能独立获得合法的、与家庭情况相宜住房的家庭。补贴经济学意义的“无市场能力的家庭”（Socially Disadvantaged Family）	2001年修订。使住房补助金数据与上涨的房租和消费价格相适应
1971年、1974年出台《住房租赁法》市场政策	因20世纪60年代“婴儿潮”导致德国人口扩张，住房需求增加。出台该法为房东和承租人签订住房租赁合同确立法律框架，具有强烈的承租人权益保护导向	租赁法改革案（2001年），将已签约住房的房租上涨上限从三年累计涨幅不得超过30%下调为不得超过20%；自2013年5月1日起，三年累计涨幅不得超过15%
1995年出台《私有住房补助金法》需求政策	一是宣布原先个人所得税法案中的住房购置税扣减模式适用至1995年底； 二是1997年起采用补贴申请模式，国家按照特定的标准给予补贴，只有收入低于某个特定界限的人才能享受补贴	2006年废止。私有住房促进具有广泛争议性

注：两德统一后，德国东部地区自动使用联邦德国法系。

资料来源：根据公开资料整理。

2. 德国住房政策的三大支柱

（1）房租补贴政策和房租管制政策。

《住房补助金法》颁布起初的目标是完成从支持住房供给向支持住房需求的转变，即向“社会竞争力较弱”的家庭提供货币补贴，以资助他们在支付完房租外还可以维持基本生活。1970年修订后的《住房补助金法》规定，居民实际缴纳租金与可以承受租金的差额由政府负担，其中居民实际缴纳租金要与居民住房需求相结合，低收入者的住房需求规定如下：单人住房面积不得超过48平方米，双人不超过62平方米，以后每增加一人，面积增加12平方米；他们可以承受的租金一般按家庭收入的25%确定，房租补贴的资金由联邦政府和州政府各承担50%。2009年最新的《住房补助金法》还考虑了能源价格上涨因素，暖气费用第一次被包括到住房补贴费用当中。截至2011年底，德国共有90.3万户家庭接受了住房补助金。其中完全符合法律规定的补助金接受户为77万户，部分符合法律规定的为13.3万户，两者总共占德国家庭数的比重为2.2%。政府在住房租金补助上的支出为15亿欧元①。

对德国住房租赁市场产生影响的除了房租补贴制度，更为重要的是房租管制措施。1971年颁布的《住房租赁法》即明确了承租人保护倾向，当时规定已签约住房在三年内房租累计上涨不得超过30%。2001年《住房租赁法》改革案将这一上限值下调为20%。2013年5月1日起德国新的《住房租赁法》生效，要求已签约住房三年内房租累计涨幅不得超过15%。新签约住房租金应参照各地政府的“指导价格”；超过这一价格的20%算作违法，房客有权将房东告上法庭；如果超过指导价的50%，房东被认为赚取暴利，可判刑入狱三年。

政策导向也将民众由住房购买市场引向租赁市场。按照《住房租赁法》规定，住房租金一般不得超过家庭收入的25%，如果超过则可以

---

①　数据来源：《德国统计年鉴》（2012）。

申请政府补贴，但购房者每月要将30%左右的收入用于支付抵押贷款。此外，政府在私人租赁市场上还存在税收减免和优惠，运营租赁市场的非营利组织还可以获得低息或无息贷款，这些措施和承租人保护制度一起，使得政府和各类非营利组织维持了一个非常庞大的租赁市场。其结果是公共租赁住房无论在质量、结构，还是在社区环境上都不次于私有住房，且租金比较低。这也是一些富裕家庭愿意住在公共租赁房以及人们持有“买房不如租房”理念的原因所在。

（2）住房合作制度。

住房合作社被称为德国房价的稳定器。住房合作社的拥有者、使用者或者拥有永久居住权的人可以通过住房合作社获得很多益处。住房合作社作为一种中间形式，一方面可以供自己使用，另一方面也可用于出租。德国住房合作社成立的目的很明确，就是通过合作的方式实惠地解决参与合作社社员的住房问题。建房前，每个成员必须缴纳一次性会员费（400欧元/米^2），住房建好后，每户社员再按月支付房租（大约是8.2欧元/米^2），若这期间退出、搬迁，合作社将向其退还至此为止的全部房款（会费+全部租金），再将退出的房子转给新加入的会员。

德国联邦政府对合作社建房还给予了多方面的政策扶持，包括：提供长期的低息贷款或给予借款保证；提供土地，尽管这些土地大多地处郊区、荒地或城市中的废旧住房；减少税收，所得税、财产税、土地转移税、交易税均以低税率向合作社征收。政府必要时补贴部分租金，使房租降到社员能够负担的水平。由于合作社建房价格便宜，社员相当于仅仅用会费和租金利息就解决了住房问题，再加之合作建房具有相当规模，社区环境较好，希望加入合作社的人越来越多。截至2012年，德国有2000个住房合作社，旗下拥有210万套住房、300万个会员，为约500万德国人解决了住房问题。

（3）住房互助储蓄制度。

与住房合作社匹配的是德国独有的住房互助储蓄制度。1885 年德国建立的第一家住宅互助储蓄银行，其最初的理念就是大家共同集资建房、购房。经过这么多年的发展，德国住宅储蓄制度形成了三大特点：第一，低息、固定利率。住宅储蓄利率保持在 6% 以下，且贷款实行固定利率，居民还贷额固定、明确，因而对居民有相当大的吸引力。此外，政府对中低收入的住房贷款者根据储蓄额进行奖励。第二，先存后贷。凡是加入住宅互助储蓄银行的成员，必须履行先储蓄后贷款的义务，当储蓄达到所需贷款额的 40% ~50% 时才有资格贷款。第三，专款专营制度。德国住宅储蓄制度是一种封闭运转的融资系统。只有住宅互助储蓄银行才能开展住房储蓄业务，其他银行不得从事该业务；同时，住宅互助储蓄银行也不得开展有风险的业务。除了贷款外，只能购买国债。

（三）共性及启示

从上文的经验分析看，无论是“利润驱动型市场”国家还是“社会型市场”国家，其在住房保障制度上几乎都经历了从“补砖头”到“补人头”、从实物配租到现金补贴的过程。从历史的视角看，这一转变与发展阶段有密切联系。在整个住房市场的供给总量存在刚性不足的情况下，政府直接建房是初期住房保障的主要方式之一。随着供需矛盾的缓解，住房保障由总量问题转向结构矛盾，采取租房补贴的方式能够保证政府的补贴真正落实到需要的人群中。从经济意义上讲，相对于“补人头”，“补砖头”对市场扭曲严重；相对于现金补贴，实物配租造成政府更大的负担。

将国际视野转向当下中国的住房问题，在人均居住面积已经达到

36 平方米的条件下，供需总量问题似乎已经不是当下的主要矛盾，住房的结构性失衡应是关注的重点。

二、中国住房政策变迁及现行住房保障制度

这节将视角转向国内，主要回顾住房市场化改革以及保障房的发展历程，并对与之密切相关的土地制度进行概括。

（一）住房市场化改革及成就

1. 住房市场化改革的历程

住房市场化改革大体经历了以下几个阶段：

（1）1978 年至 1994 年期间，改革探索与准备阶段——从福利分房到有计划的住房商品化。这一阶段的具体改革措施有：以成本价出售公有住房，提租补贴，实行优惠价售房，鼓励自建住房。这一阶段的住房制度改革使我国城镇住房完成了由完全福利性向部分福利性，住房分配由完全配给制向半配给制，非商品化住房向有计划的商品化、社会化的住房转变，为 1994 年至 1998 年的改革创造了条件。

（2）1994 年至 1998 年期间，住房改革全面启动阶段。1994 年 7 月 18 日，国务院发布了《国务院关于深化城镇住房制度改革的决定》（国发〔1994〕43 号），第一次明确提出了城镇住房制度改革作为经济体制改革的重要组成部分，明确了社会主义市场经济理论是城镇住房制度改革的根本指导思想，按住房商品化、市场化、社会化思路，全面设计房改的目标、原则和主要内容，从而把城镇住房制度改革推向了全新的发展阶段。该决定出台后，各地纷纷制定本地区的房改实施方案，在建立住房公积金、提高公房租金、出售公房等方面取得较大进展。

（3）1998 年至 2003 年，住房市场化改革突破阶段。1998 年是中国住房市场化标志性的一年，在这之前的住房制度是以实物分配为特征的传统住房制度，之后的住房制度是以市场化为特征的新住房制度，基本上实现了货币化分房的转变。1998 年 7 月 3 日发布的《国务院关于进一步深化城镇住房制度改革加快住房建设的通知》（国发〔1998〕23 号），宣布从 1998 年下半年开始，全国城镇停止住房实物分配，实行住房分配货币化。当时建设部对收入人群做了一个划分：最高和最低收入的群体各占 10%，中低收入者占 80%，也就是说城镇居民中 80% 的人口都要靠经济适用房来解决住房问题。具体要点如下：停止住房实物分配，实行住房分配货币化；建立和完善以经济适用住房为主的住房供应体系；继续推进现有公有住房改革，培育和规范住房交易市场；采取扶持政策，加快经济适用住房建设；发展住房金融；加强住房物业管理。这一系列深化改革，全面开启了我国城镇住房改革的历程，也成为新的住房制度的分水岭。从 1998 年到 2003 年这期间的住房市场化的主要表现是以经济适用房为主，1998 年至 2003 年经济适用住房累计竣工面积 4.77 亿平方米，累计解决了 600 多万户中等收入家庭的住房问题。然而，这一阶段非市场化的住房仍然占多数。

（4）2003 年至 2009 年，住房市场化改革继续深化。自 2003 年以来，我国的住房市场化改革不断深化，市场化的住房越来越多，这一阶段的住房供应体系以普通商品房为主。2003 年 8 月下发的《国务院关于促进房地产市场持续健康发展的通知》提出，根据城镇住房制度改革进程、居民住房状况和收入水平的变化，完善住房供应政策，调整住房供应结构，逐步实现多数家庭购买或承租普通商品住房。这一阶段经济适用房逐渐退出，2003 年经济适用房占住宅竣工套数的比例为 20.5%，到 2009 年这一比例降为 7.2%，经济适用房逐渐退出历史舞台。

（5）2009 年至今，商品房市场调控政策频出，住房保障力度不断加强。自 2009 年以来，房地产市场出现了价格快速上涨的现象，积累一定程度泡沫，国务院和有关部委先后出台调控政策 8 次，主要从限贷、限购和交易环节课以重税等方面着手。住房保障体系又重新推进和进一步完善，先后推出廉租房、限价房、共有产权房等多种保障形式。下文会对住房保障的发展做出详细说明。

2. 住房市场化改革的成就

住房市场化改革，即从住房福利制度改变为以产权私有为主的制度，让市场机制在住房资源的配置上发挥重要作用，这与整个经济市场化改革的逻辑是一致的。自 1998 年以来，中国的房地产市场经历了一个蓬勃发展的过程，房地产行业在很长一段时间内成为国民经济的支柱行业，同时房地产行业的迅速发展也极大地改善了城镇居民的居住条件；尽管当前房价存在一定的泡沫成分，但住房市场化改革的成就值得回顾与肯定。

首先，住房市场化改革使居民的住房状况发生了显著的变化，居民的住房面积和住房质量均有所提高。我国城市人均建筑面积从 1978 年的 6.7 平方米提高到了 2016 年的 36 平方米；农村人均住房面积达到 37 平方米，比 1978 年增加近 30 平方米。此外，与住房相关的生活质量也出现了明显的上升，用水普及率由 1978 年的 81% 上升至 98% 以上，燃气普及率由 1989 年的 17.8% 上升至 2015 年的 95%，电话普及率从 1%（1989 年）上升至 109%（2015 年），电视普及率由 68%（1985 年）上升至 98.9%（2016 年），人均公园绿地面积由 1.8 平方米（1990 年）上升至 13.45 平方米（2016 年）。

其次，对经济带动作用巨大，房地产业成为拉动国民经济增长的引擎。从国外的经验来看，房地产业对经济的带动作用十分巨大，而住房作为房地产的重要组成部分，可以说住房市场化改革极大地促进了国民经济的发展。房地产业对国民经济的贡献可以从两个方面来考察：直接贡献和间接贡献。从直接贡献的角度来看，房地产投资约占我国城镇固定资产投资的 20%，对 GDP 的直接贡献率近年来一直保持在 12% 以上。

更为重要的是，房地产业的关联产业众多，例如建筑业、相关制造业、电力煤气自来水供应业、金融保险业、社会服务业等，房地产业及其相关产业对国民经济有着巨大的拉动作用。日本、美国等国家的数据显示，按照投入产出计算，住宅产业每增加 1 个单位的生产值，可带动其他相关产业增加 1.5 ~2 个单位的生产值。

（二）住房保障政策的发展历程及现状

1. 住房保障政策的发展历程

我国保障性住房的发展与住房市场化改革大致呈此消彼长的过程，但 2009 年以后两者同时并重，大体上可分为以下几个阶段。

阶段一：1995 年我国实施“安居工程”，开始推行保障性住房。安居房由政府组织建设，以实际成本价向城市的中低收入住房困难户提供住宅。由于该项建设资金主要由地方财政承担，政策出台后，一直未能顺利推行。这项于 1995 年 1 月开始施行的措施，至 1998 年住房改革全面推进后，逐步被经济适用房政策所取代。

阶段二：1998 年住房制度改革，国家提出“建立和完善以经济适用住房为主的多层次城镇住房供应体系”，对不同收入家庭实行不同的住房供应政策，最低收入家庭租赁由政府或单位提供的廉租住房；中低收入家庭购买经济适用住房；其他收入高的家庭购买、租赁市场价商品住房，并提出“重点发展经济适用住房（安居工程）”。1998 年及之后两年是经济适用房长足发展时期，开发投资额、新开工面积、在建面积和竣工面积各项的年均增速均高达40%～50%。

阶段三：2001—2005年保障性住房建设出现萎缩。2003年经济适用房原来的保障性住房性质和住房供应主体地位变为了“有保障性质的政策性商品住房”，并且房地产业被定性为“促进消费，扩大内需，拉动投资增长”的“国民经济的支柱产业”，商品房市场开始迅猛发展的同时保障性住房市场进一步萎缩。

阶段四：2006年以后政策逐渐向保障性住房倾斜。2006年国家出台“90/70”政策，市场结构向中小户型住宅转变；当年年底廉租房体系基本建立；2007年修正廉租房、经济适用房管理办法，在制度上对保障性住房进行完善。

阶段五：从2009年至今，政策重心再次转移到保障性住房建设上，国家制定保障性住房发展规划，计划2009年到2011年解决750万户城市低收入住房困难家庭和240万户棚户区居民的住房问题。2010年建设各类保障性住房和棚户区改造住房580万套，改造农村危房120万户。

表7－4给出了住房保障制度的主要发展历程，图7－3则给出了保障房和商品房建设的对比情况。从图中我们可以清晰地看出，1999年住房货币化改革后，我们的制度正逐渐向“利润驱动型市场”模式靠拢，保障房在整个住房市场中的比重由2000年的峰值28.2%下降到2008年的7.2%。在这个过程中，“利润驱动型市场”模式的弊端逐渐凸显，房价泡沫积累严重；所幸，我们从2009年开始重新加大了保障房建设的力度。

表 7－4　我国住房保障制度的主要发展历程

时间	模式	特点
1995—1998年住房商品化探索	这一阶段住房的主要模式为集资合作建房和“安居工程”两种方式，同时实物分房还没有完全取消	我国在这个阶段进行了一系列的住房改革，可以概括为“三改四建”。 ①“三改”：投资方式，从过去国家统一的投资改为国家、单位、个人三方共同负担；管理方式，从由居民所在单位和房管所进行房屋管理改为由物业管理公司进行管理，使得政府和单位摆脱住房管理的包袱；分配方式，从实物分配改为货币补贴，逐步走向市场化、货币化 ②“四建”：逐步建立新型的公用体系，建立住房公积金，建立与住房消费相适应的住房金融，以及建立规范有序的房产交易市场
1998—2003年住房市场化发展迅速，住房保障收缩	新的住房体系包含三个层次： ①面对最低收入家庭的廉租住房 ②为中低收入家庭提供的经济适用房 ③面向中高收入阶层的商品房，是完全市场化的	标志着福利住房转向了住房商品化，初步确立了多层次的城镇住房供应体系，这一时期的住房发展非常迅速

（续表）

时间	模式	特点
2003—2006年住房市场化深化改革，住房保障收缩	将之前的为大部分人提供经济适用房的政策逐步废弃，逐步实现多数家庭购买或承租普通商品住房	①2003 年 8 月下发的《国务院关于促进房地产市场持续健康发展的通知》提出，根据城镇住房制度改革进程、居民住房状况和收入水平的变化，完善住房供应政策，调整住房供应结构，逐步实现多数家庭购买或承租普通商品住房 ②部分城市提出了经营城市的理念，以出让土地赚钱，导致建设经济适用住房的积极性逐步减弱。从 2002 年开始，经济适用住房投资比例大幅下降，2005 年更达到了历史最低点，一些城市甚至停止了经济适用住房的建设
2006—2009年调控房地产市场，重新重视住房保障问题，住房保障政策调整	在已有的普通商品住房模式逐步完善的基础上，加快推进保障性安居工程建设力度。其中保障性住房主要包括：经济适用房、廉租住房、两限房	①城市新审批、新开工的住房建设，套型建筑面积 90 平方米以下住房面积所占比重，必须达到开发建设总面积的 70% ②廉租住房、经济适用住房和中低价位、中小套型普通商品住房建设用地的年度供应量不得低于居住用地供应总量的 70% ③2009 年制定保障性住房发展规划，计划 2009 年到 2011 年解决 750 万户城市低收入住房困难家庭和 240 万户棚户区居民的住房问题

（续表）

时间	模式	特点
2009年至今加大房地产市场调控力度，加快住房保障步伐	此阶段的保障性住房主要包括：经济适用房、廉租住房、两限房、公共租赁房。不仅首次纳入“公共租赁房”，而且公共租赁房即将成为未来住房保障的主体	①2010年6月12日由住房城乡建设部等七部门联合制定了《关于加快发展公共租赁住房的指导意见》 ②《国务院关于坚决遏制部分城市房价过快上涨的通知》明确保障性住房、棚户区改造和中小套型普通商品住房用地不低于住房建设用地供应总量的70%，并优先保证供应，加快保障性安居工程建设 ③2011年3月5日上午正式开幕的十一届全国人大四次会议上，公布的“十二五”规划纲要（草案）提出，要逐步使公租房成为保障性住房的主体

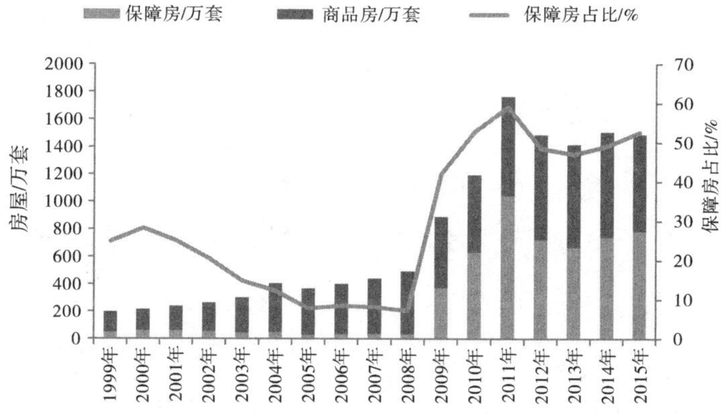

图7-3　1999—2015年保障房和商品房竣工套数及占比

注：这里2008年之前的保障房只包括经济适用房，2011年之后的保障房为保障性安居工程每年的实际执行套数，2009年至2010年两者都包含。

资料来源：Wind。

2. 住房保障体系的现状

保障性住房是指政府在对中低收入家庭实行分类保障过程中所提供的限定供应对象、建设标准、销售价格或租金标准，具有社会保障性质的住房。按照针对所保障群体的收入情况划分，保障性住房大致可以分为四种：廉租房、限价房、共有产权房以及经济适用房。目前保障性住房受惠人群为有本地户口的城镇居民。

廉租房保障补贴分为实物配租和租金补贴，主要以实物方式，结合发放租赁补贴。实物配租以政府核定的低租金租赁给城市最低收入家庭，只租不售，其所有者为国家，低收入家庭没有产权。廉租房的套型建筑面积控制在50平方米以内。

经济适用房以政府指导价出售给有一定支付能力的低收入住房困难家庭。经济适用房在取得完全产权前，只能用于自住，不得出售、出租、闲置、出借；经济适用房如果住满五年，可以进行更名交易、按市场价格与购买价格之间差价的一定比例补交土地收益等价款，届时购房人拥有完全产权。经济适用房套型建筑面积限定在60平方米左右。

限价房为限地价、限房价的普通商品住房，它是按照政府和开发商的约定价位出售给中等收入家庭的中低价位、中小套型住房。在规定年限内不得转让和出租，年限满后出租或转让的，须按市场价格与购买价格之间差价的一定比例补交土地收益等价款。套内户型面积在90平方米以下。

共有产权房是指政府将原来供应经济适用房划拨的土地改为出让，将出让土地与划拨土地之间的价差、政府给予经济适用住房的优惠政策，显性化为政府出资，形成政府产权，从而形成低收入困难家庭和政府按不同的产权比例共同拥有房屋产权。2007年淮安市推出共有产权房，是最早进行共有产权试验的城市。

图 7－4 给出了保障性住房的大体分类以及对应的保障人群。

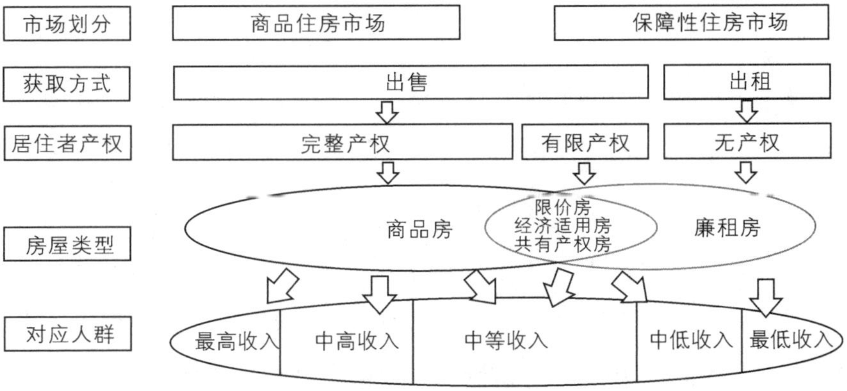

图 7－4　保障性住房的分类

此外，棚户区改造是组成保障房建设的重要部分。棚户区分为城市棚户区、国有工矿（煤矿）棚户区、国有林区棚户区、国有垦区危房四类，其中城市棚户区约占 65%。对城市棚户区改造补偿分为实物房屋安置和货币补偿两种方式。实物房屋安置通常按原住房建筑面积的一定比例置换为指定区域定向安置的经济适用房或者限价房；货币补偿通常为一次性补偿费用。回迁安置的住宅和非住宅房屋，自回迁之日起，规定年限内不准上市交易。

（三）土地制度的变迁及现状

我国城市土地出让制度自改革开放以来，进行了一系列改革。改革的线索有两条：

第一，20 世纪 80 年代，改革的线索是土地使用权的“无偿、无期限”演变为土地使用权的“有偿、有期限”的使用制度。土地使用权的有偿使用，首先由外资企业开始。此后逐渐扩展到当时的国有企业以及其他企事业单位。1988 年我国公布实施的《中华人民共和国宪法》

修正案第二条规定“土地的使用权可以依照法律的规定转让”，这就从法律上确定了土地使用权有偿出让问题，使土地交易市场的形成有了法律依据。

第二，城市土地使用权的出让方式。由划拨、协议为主，逐渐演变为以招标、挂牌、拍卖（招拍挂）为主。2007 年开始实施的《中华人民共和国物权法》第 137 条规定：“工业、商业、旅游、娱乐和商品住宅等经营性用地以及同一土地有两个以上意向用地者的，应当采取招标、拍卖等公开竞价的方式出让。”公开出让的范围进一步扩大，土地使用权“招拍挂”出让方式由国家政策上升为法律规定。

经过 30 多年的改革，我国逐渐形成了土地出让由政府垄断，以“招拍挂”方式为主，一次性收取土地出让金的城市土地出让制度：

我国城市的土地全部归国家所有，由各级政府代行所有者职权，在实践中各基层的政府成为当地城市土地的实际所有者，并成为城市建设用地的唯一垄断供给者，政府通过征收农民集体土地等方式获得城市新增建设用地，并通过土地一级交易市场将土地使用权出卖给相关单位和个人。

政府出让城市土地的方式，按照市场参与程度的不同可以划分为：划拨、协议、挂牌、招标和拍卖。图 7－5 描绘了五种土地出让方式市场参与程度的差别。划拨几乎没有市场因素；协议属于作为供方的政府与需方之间的谈判定价形式；挂牌、招标和拍卖则属于市场参与程度较高的出让方式，符合条件的多个需求者通过市场竞价获得土地使用权。

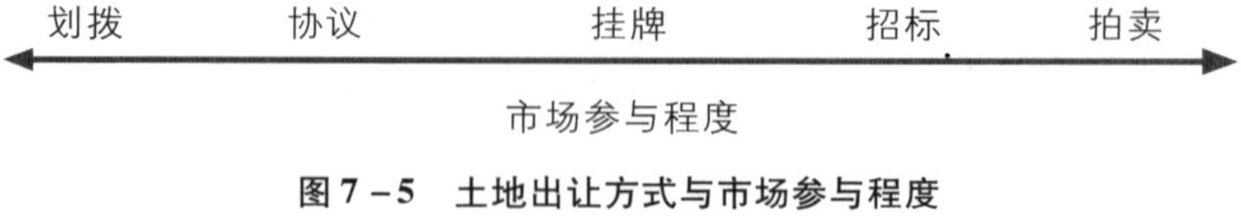

图 7－5　土地出让方式与市场参与程度

从缴纳土地出让金的方式看，我国城市土地出让实行土地的批租制。所谓“批租制”，是指开发商和土地使用者向政府一次性缴纳未来若干年的土地使用权出让金。与“批租制”不同的是“年租制”，“年租制”是指开发商或土地使用者在未来若干年内每年分别缴纳土地使用权出让金。

三、我国房地产市场发展中的基础性问题

（一）“利润驱动型市场”模式在住房市场上的共性问题——房价泡沫化

1. “利润驱动型市场”模式导致泡沫的原因分析

“利润驱动型”模式在住房市场上的应用导向就是：将大部分人赶至私有住房市场（商品住宅市场），对于少部分无承受能力的人采取社会安全网方式进行兜底。这种应用导向的必然结果是：房地产市场的剧烈波动，进一步地，考虑到房地产在实体经济中的产业关联以及银行体系对其的支持，一旦泡沫积累到临界值被刺破，其产生的风险是系统性的。图 7 -6 给出了美、日、英、德四国房价指数：美国在 2008 年全球金融危机中经历了房价急剧下跌，其根源正是早前大量发放次级抵押贷款；日本在 20 世纪 80 年代末 90 年代初经历了泡沫经济，原因出自土地经济的炒作；英国则在这两个阶段都经历了下跌。相反，无论哪个时期德国房价都保持了平稳缓和增长①。

① 从图形上看，德国从 2010 年到 2014 年经历了房价快速上涨的过程，但实际上并非如此，这是纵坐标轴刻度差距较小导致的。实际上，2010 年至 2014 年德国房价累计上涨 27%，年化增长率仅为 6. 14%。

— 美国，（OFHEO）房屋价格指数
1980年3月-100
400
350
300
250
200
150
100
50
1975Q4
1980Q4
1985Q4
1990Q4
1995Q4
2000Q4
2005Q4
2010Q4
2015Q4

①

— 英国，NationalWide: 房屋价格指数
1993年1季-100
400
350
300
250
200
150
100
50
0
1973Q4
1978Q4
1983Q4
1988Q4
1993Q4
1998Q4
2003Q4
2008Q4
2013Q4

②

— 日本，城市土地价格指数：所有城市土地；总体平均
2000年3月31日-100
140
120
100
80
60
40
20
0
1955
1960
1965
1970
1975
1980
1985
1990
1995
2000
2005
2010
2015/年

③

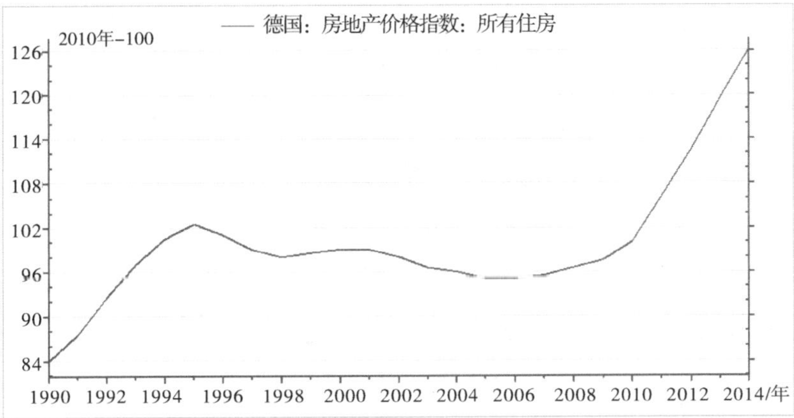

④

图7－6　“利润型驱动市场”模式和“社会型市场”模式的房价比较

要想解开“社会型市场”模式（德国模式）的秘密，首先要回答“利润驱动型市场”模式为何导致房价泡沫化。住宅作为商品，不同于其他的一般商品（纯消费品），它同时兼具消费品和投资品的属性，而投资品的属性主要附着于住宅的土地之上。土地的收益来自地租，因而对土地的价值评估来自地租的长期贴现。由于贴现时期较长，自然存在评估不准确的问题；市场评估的结果很容易受到预期的影响，这类似于股票市场，一旦受到利好消息的影响，市盈率很容易飙升。在住房短缺和快速城市化背景下，需求因素很容易刺激上涨预期，形成资产价格泡沫。即使在房价上涨已成明显泡沫（如年化租金收益率已低于1%）的状态时，市场中依然存在投资投机者，因为他们相信自己不是“击鼓传花”中的最后一人。

“利润驱动型市场”模式另一个副作用是导致住房市场上的“棘轮效应”，它是由私有住房家庭和公共租赁住房家庭之间日益加大的差距造成的。这种模式看似对无支付能力人群形成了安全网，但实际情况并非如此：社会尽管是由不同阶层群体构成，但他们之间并非隔着铜墙铁壁，他们之间是交流的、互动的，甚至是融合的，租房者和买房者在房屋保有权（居住的稳定性以及平等的受教育权）上的差距使前者产生了强烈的被剥夺感，伴随着资产价格的快速上升，财富的差距不仅造成收入再分配的不公，甚至使租房者产生仇视感，造成严重的社会问题。

从动态的视角看，由于住房市场化过程，成本型租赁住房越来越难获得，那些低收入家庭不得不面对营利性租赁住房或购买住房，为了获得有保障的房屋保有权，他们（尤其是那些有子女的家庭）被迫高负债进入私有住房市场。随着很大比例的边缘化家庭进入市场，私有住房市场对于经济的波动越来越敏感，使得住房过剩和短缺之间的震荡越来越剧烈，在经济衰退期造成更高的按揭违约率。最为典型的案例是美国：激进的金融政策鼓励无支付能力家庭（次级贷款人）进入私有住房市场，贷款人的按揭支付主要不取决于收入（而是房价继续上升），金融机构则在“破产隔离、真实出售”的口号下给自己披上了“风险转移”的新外衣，但最后看来终是南柯一梦。有研究表明，当私有住房的比例超过所有家庭总数的三分之二时，棘轮效应就会变得尤为明显。此时，私有住房因足够边缘化的购房者的加入而膨胀，形成显著的棘轮效应。

在中国，一些特有因素也容易导致泡沫形成：一是文化因素。老百姓普遍存在拥有自己住房的梦想，所谓“金窝银窝不如自己的狗窝”，所以强劲的需求促进了房价上升，而一旦泡沫破裂老百姓则存在“卖不掉反正也可以自己住”的消费心态。二是关于地方政府不想让房价下跌的信念。由于地价是构成房价的主要部分，而地方政府是土地的垄断经营者，土地出让收入是地方财政收入的重要组成部分（大约占 1/3），因此房价下跌会造成地方财政的不可持续。三是关于中央政府不会让银行破产的信念。对于金融机构资不抵债的情况，历史上我们大都采取重组方式妥善解决了债务问题；在当前维稳环境下，银行理财产品出现问题我们基本都采取了刚性兑付的方式应对。

2. “社会型市场”模式形成稳定房价的机制

“社会型市场经济”这个词由米勒－阿尔马克发明，它代表了奥多自由主义者（弗莱堡学派）的经济思想。他们主张维护私人所有权基础上的经济自由，但同时鼓励其他所有权形式的市场体系。盎格鲁－撒克逊的“利润驱动型市场”模式主张完全的自由竞争，并且认为自由竞争可以达到社会福利的帕累托最优，与他们的主张不同，奥多自由主义者认为市场是内嵌于宏观社会、政治和文化系统的。以竞争为特性的“利润驱动型市场”只是一个技术工具，可以用来为社会创造财富，但不能自动带来一个“好的”社会。他们的主张是“我们需要一个整体秩序，在其中把对思想和个人自由的保障与社会保障相结合”，在具体政策实践过程中，他们主张在某些特定的领域（如不可避免出现垄断的领域）主张国家干预。

德国是践行“社会型市场”模式的典范，住房领域则是国家重点干预的领域，下面我们将解析“社会型市场”模式形成稳定房价的机制。

租金管制和租金补贴政策是德国房价稳定的基础性制度。上一节的分析表明，市场失灵的一个重要方面是对资产长期估值表现出的非理性和过高预期。租金管制政策的一个重要作用就是将民众对住宅这种长期资产的需求转向短期租赁市场，其作用机制是：通过价格管制（主要是设定上限）创造出更多的租赁市场需求；而从居住角度出发租赁和购买的总需求是一定的，根据住宅市场的四象限模型，租赁市场需求上升导致购买市场的需求下降；购买市场需求下降会引致价格下降，这就有效打破房价上涨预期。房价的下降还会导致租金收益率的提高，租金收益率的提高有利于租赁市场的进一步发育，这就形成了良性循环[①]。此外，德国联邦政府对出租住房还存在各类税收减免措施，对低收入群体还给予租金补贴，供给和需求两方面的刺激使得租赁市场进一步壮大；一个可与购买市场相抗衡的租赁市场能有效减轻棘轮效应，这时的租赁者才谈得上有真正意义上的住房保有权[②]。

另一个重要问题是，管制经济学是否导致市场效率的损失呢[③]？或者更技术一点说，管制价格是否位于市场均衡点以下呢？回答这一问题的关键是对租金概念的理解，租金实际上是对整个经济剩余价值的分割。德国联邦政府目前规定三年租金累计涨幅不得超过15%，这意味着年化涨幅不得超过4.8%，而德国GDP的增速显然低于这一数值，因而德国租金管制的程度是合理的。

住房合作制度只解决了约6%人口的住房问题，从数量上看不具有基础性，但合作社导致的住宅非资本化具有一定代表性。上文的分析表明房价的泡沫化是由资本估值的非理性导致的，而通过住房合作社建房几乎不需要支付资本兑价：对于合作社建房，政府以很低廉的价格提供土地，甚至是免费；合作社成员在入会时缴纳会费，在运营期间缴纳租金，当他退出时这些费用全部归还。这意味着会费构成了建设的资本金，缺口部分政府提供低息贷款；租金则相当于房屋折旧的补偿；资本兑价部分仅仅是社员损失的利息。

住房互助储蓄制度并不是导致房价稳定的根本原因，它所起的主要

---

① 盎格鲁－撒克逊的“利润驱动型市场”产生完全相反的恶性循环。鼓励购房的政策将大家赶向住宅购买市场，一方面房价上涨，另一方面租赁市场的萎缩导致租金水平的下降；这导致租金收益率的进一步下降，民众进一步从租赁市场退出，购买市场需求进一步上升；房价上涨形成持续上涨预期，泡沫不断累积。

② 这也是国内租售同权不能落到实处的原因。

③ 这是“利润驱动型市场”学派经常反问的问题。

作用是将房价风险与银行机构进行有效隔离。这主要表现在以下三个方面：第一，对最低储蓄额的要求有效降低了房地产贷款的杠杆。住宅储蓄制度规定，只有储蓄达到所需贷款额的 40% ~50%，才有贷款资格；此外，购房者每月要将收入的 30% 用于支付抵押贷款，这也动态降低了杠杆。第二，专款专营制度降低了金融业务交叉传染的风险。只有住宅互助储蓄银行才可以开展住房储蓄业务，其他银行不得从事该业务；同时，住宅互助储蓄银行也不得开展有风险的业务，除了贷款外只能购买国债。第三，专款专营的制度使得固定、低息贷款得以生存，而这使得储户避免了利率波动的风险。

（二）“利润驱动型市场”模式在中国的特有伴生问题——土地财政

1. 土地财政产生的原因分析

“利润驱动型市场”模式在住房市场上导致了预期价格的上升以及棘轮效应，这主要是基于需求面的分析；从供给面看，中国土地财政的特质也是导致房价易上难下的重要原因。

导致土地财政的原因包括两个方面：

第一，土地垄断出让以及一次性收取多年租金的“批租制”使得地方政府形成了重要的创收渠道。1994 年我国实行了分税制改革，地方财权逐渐上移①，地方财力逐渐减弱。尽管财力减弱，但地方完全可以通过紧缩支出达到平衡，并不必然要通过创收弥补财政缺口。然而，中国当前面临着城市化趋势，一些西部地区还需补足城市化与工业化的

① 2012 年进行营改增试点，营业税是地方税中的最大税种，尽管营改增降低了企业税负，但就财政的央地关系来说，进一步导致财权上收。

长期缺口。城市化的集聚过程自然面临大量的公共基础设施建设需求，这使得地方政府所需承担的责任加大。再加之预算软约束的现实，土地财政成为地方收入的重要来源，约占地方政府所有收入的1/3。

第二，来自机制层面的GDP锦标赛模式。长期以来，政府官员的考核以GDP为导向，而投资是拉动GDP最为迅速和有效的手段。一方面，土地价格上涨能够同时通过土地出让收入和土地抵押贷款两种融资渠道放松地方政府面临的预算约束，从而带动城市基础设施投资规模扩大；另一方面，城市基础设施投资又能在短期内显著地资本化到土地价格中，从而形成土地价格和城市基础设施投资间自我强化的正反馈机制。

2. 土地财政的伴生风险

土地财政除了导致房价易上难下外，也导致了伴生风险。

第一，地方债务的高企。地方政府债务自2008年以来迅速增长，由2008年初的约1万亿元上升至2013年6月的17.9万亿元，保持了年均69%的增速[①]。就债务风险而言，从负债率来看债务风险并不高，它低于《马斯特里赫特条约》约定的60%的上限标准。然而，由于这一指标的分母GDP并不是债务直接的还款来源，因而参考价值并不大，而考察债务率指标（地方政府债务余额/地方政府可支配财力）更具参考价值。图7-7绘制了两个债务率指标：债务率1的分母部分为地方公共财政收入，债务率2的分母为地方公共财政收入加上土地出让金收入。债务率1的各省、自治区、直辖市均值为217.91%，显著高于国际货币基金组织确定的参考值上限150%；债务率2的各省、自治区、直辖市均值为148.93%，也接近参照值上限。

① 数据来源于：中国人民银行、审计署以及《中国金融生态评估》课题组调查数据。

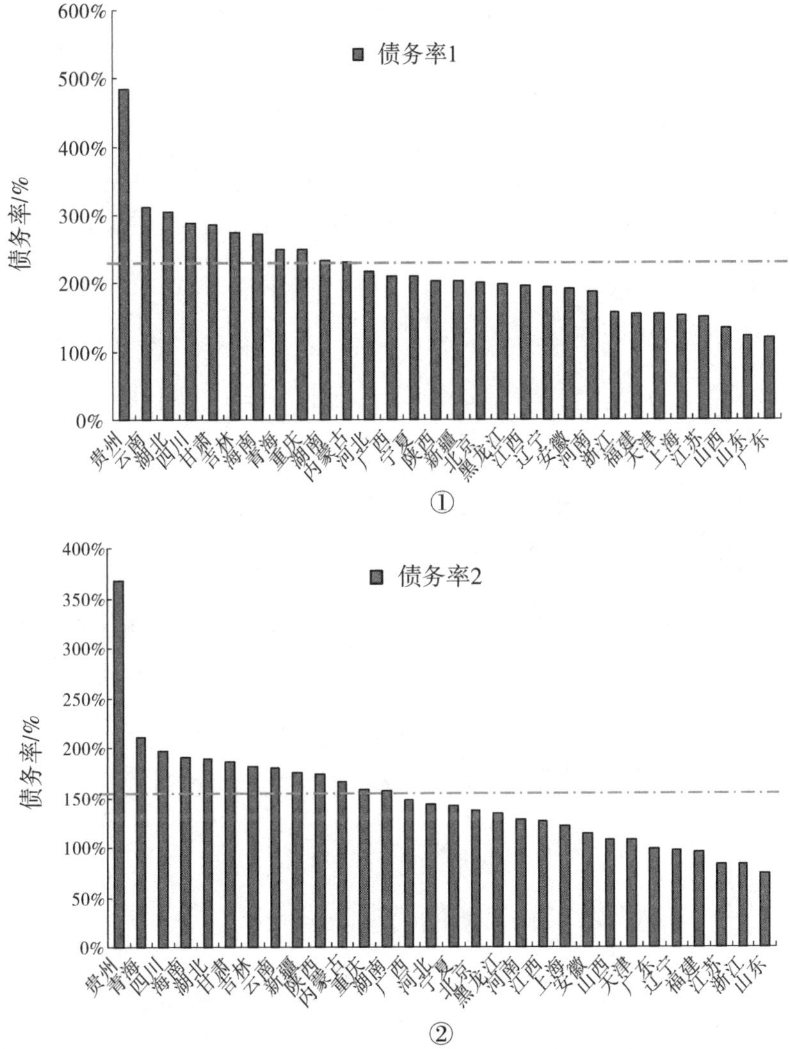

图 7－7　各省、自治区、直辖市债务率情况

债务风险的另一表现是它与房地产市场紧密联系。我们的研究表明：土地出让收入增速与住宅销售率（用以反映住宅市场的供需关系）之间存在正相关关系，两者的相关系数高达 80.10%。土地出让收入在地方可支配财力中占据约 1/3 的份额，由于可支配财力是债务还款的主要来源，这就意味着地方债务风险与房地产市场高度相关。我们知道房地产风险是一种资产价格波动风险，而债务风险是典型的尾部风险，这两种产品的风险类型并不匹配，容易引发危机。

第二，地方债务风险向银行体系传导的可能。地方政府债务很大部分是以融资平台从银行贷款形成，而融资平台的债务主要集中在国有银行。根据 Lu 和 Sun（2013）的估算，2011 年四大国有银行加上国开行总的融资平台贷款额达到 5.25 万亿元，占地方政府债务当年存量的 43%。显然，如此之巨的地方政府债务集中在五家重要机构，其风险是巨大的。Lu 和 Sun（2013）还进行了情境分析，假定 35% 的平台贷款转变为不良，整体不良率将由原来的 1.32% 上升至 7.62%，上升 4.8 倍。显然，国有银行是整个金融体系的系统重要机构，如果不良率发生如此规模的上升，后果不堪设想。此外，近年来理财市场快速发展，机构之间的通道业务逐渐增多，这也加强了系统性风险之间的横向联系。

四、构建房地产市场健康发展的长效机制

（一）房地产市场长效机制的理念

凝练房地产市场长效机制的理念，首先应体会学习中央关于长效机制的目标是什么。我们认为首要目标是抑制泡沫、保持市场的长久稳定；而不是一味地主张市场规律，将住房体系推向更大程度的市场化。从这个角度出发并基于上文的分析，我们很容易得出“社会型市场”的德国模式更适合的结论。这一模式的核心思想是：尽可能弱化土地资本化功能，通过需求和供给两方面的措施做大租赁市场，缓释购买市场的需求，从而形成房价稳定预期。

基于这一思想，我们并不赞成共有产权房这种保障形式。因为就住房保障需求者而言，政府要保障的是居住的权利，而不是要保障居民获得稳定的资产价格；从供给面来讲，政府既是土地垄断供给者又是住房资产保有者，这更容易形成房价易上难下的局面。

关于长效机制，中央经济工作会议还强调了“符合国情”的长效机制，那么什么是当前中国住房市场的国情？或者说导致房价虚高的中国特有因素是什么？一个重要因素是学区房房价虚高，即住房租赁人和住房购买者在子女入学教育权上不平等，片区内学校优先保障购买者权利。在发达国家如日本、德国等，几乎没有学区房概念，这主要是由于两个原因：一是较大的租赁市场使得租客稳定性增强，这使得学校提供学位计划不容易被打破；二是总量方面的原因，在高龄少子化的趋势下，基础教育供给并不短缺。当前中国也面临着老龄化和低生育率的趋势，基础教育资源紧缺可能也是短期内的问题，实际上部分三、四线城市已经出现中小学撤并的现象；主要问题存在于一、二线核心城市，这是快速城市化进程中的伴随现象，因此重点推进一、二线城市的住房保有权平等，尤其是受教育权平等，是抑制房价快速上涨的重要环节。在第三小节中，我们就租售同权的主要内容进一步展开。

另一个重要的国情是中国处于快速城市化进程中，房地产市场处于结构性上升通道中，即一、二线城市上涨动力强劲，三、四线上涨缺乏动力。针对这一现象，我们不能一味地采取向外疏散人口的政策，因为从国际经验来看，绝大多数国家是通过大城市战略完成人口集聚过程，而且首位城市在城市人口中的比例极高。在高峰时期：英国 5 个城市人口中有 1 个居住在伦敦，法国 4 个城市人口中有 1 个居住在巴黎；亚洲完成城市化的国家中，高峰时期日本 3 个城市人中有 1 个是东京人，韩国 2.5 个城市人中有 1 个是首尔人。因此，整个房地产市场的长效机制应围绕核心城市展开。

根据以上分析，我们将房地产市场的长效机制凝练成如下一句话："围绕核心城市弱化土地资本化功能，通过租赁化解住房市场结构性矛盾，保障住房保有权，形成房价稳定预期。"这句话包括政策应用范围、政策应用的工具箱以及达成目标三个内容。政策应用范围明确为一、二线核心城市，政策目标是形成房价稳定预期，具体手段（即工具箱）包括三个：一是弱化土地资本化功能，这一部分内容将在下文破解土地财政障碍中分析；二是扩大租赁市场；三是保障住房保有权，这一部分内容将在长效机制的主要内容中进一步展开。房地产市场长效机制整个理论支撑来源于"社会型市场"的德国模式。

（二）破解长效机制的关键障碍——美国土地财政的治理经验

土地财政问题其实并不是中国特有问题，美国在历史上也曾经出现过土地财政问题，本节简要回顾美国土地财政历程并介绍其治理经验。

起初，美国的土地财政表现为联邦政府的土地财政。美国独立初期，当时的联邦政府需要支付沉重的战争债务，而此时联邦政府没有开征税收的权力，在此情况下，土地改革者、财政保守主义派等多方势力协商同意以联邦政府的卖地收入来保证到期债务的偿还。尽管总的债务超过了 1.37 亿美元，但在联邦成立后的 30 年，联邦债务基本清偿完毕①。由于联邦创始 13 个州保留了对境内未分配土地的所有权，因而土地收入充足；另外，由于受最小联邦政府思想的影响，联邦政府在支出责任方面少有作为，甚至在参与基础设施建设方面都受到限制；由此联邦财政积累较多盈余。对于盈余，联邦政府主要用于以下方面：

① Report of the Secretary of the Treasury，1831（1829 – 1836 Volume）。

第一，购买新领土。1803 年，联邦政府以 1500 万美元的价格购买了路易斯安那，相当于当今美国国土面积的 29.4%，最终连同其他费用共花了 2726.7 万美元。1845 年和 1850 年共花费 1500 万美元购买了得克萨斯（共和国）的两块土地，将近当今美国国土面积的 12.9%。1846 年取得俄勒冈地区，它占当今美国国土面积的 8.9%。1848 年以 1500 万美元的代价从墨西哥购得 53 万平方英里（1 平方英里≈2.59 平方公里）的土地，相当于当今美国国土面积的 17.8%。1854 年，美国政府计划以 500 万美元的价格购买沙俄的阿拉斯加地区，但最终交易在 1867 年达成，总价涨到了 720 万美元，共购得 59 万平方英里的土地。

第二，奖励退伍军人。从建国到内战，使用公有土地奖励退伍军人是美国国会的传统做法。通过发放军事赏金认股权证，土地认股权证，临时凭证等办法奖励参战者。

第三，分配财政盈余给各州政府。即使在购买土地、奖励退伍军人的情况下，仍然存在盈余。在这样的背景下联邦政府有两个选择：一是保持既有的收入规模扩大政府支出范围，主要是用于开展一系列基础设施建设，但它触犯了最小联邦政府的信条，因而是违宪行为；二是削减政府收入规模，或者将公共土地赠予各州，或者将财政收入分配给各州。1836 年，国会通过了《1836 年分配法案》，该法案规定按照各州在联邦的代表权分配盈余，从 1837 年 1 月 1 日起分四个批次分发总额为 3746.9 万美元的联邦财政盈余。

联邦财政在支出责任难以扩大的背景下，联邦政府逐渐将土地政策的定位由土地出让收入为主转向方便国民定居和发展疆域为主。美国颁布的《1841 年优先购买权法案》使得擅自占有并改良了国有土地的定居者，有权以低廉的价格在没有竞争的情况下优先购买国有土地。这项法律赋予了定居者自行占有国有土地权利的法律途径，并促生了此后的

《宅地法》。1863 年开始实施的《宅地法》，其核心内容是：一切忠于联邦的成年人，只要交付一笔很少的宅地申请费，就可以免费在西部获得 160 英亩（1 英亩≈4046.86 平方米）土地，在该土地上耕种 5 年后就可以获得这块土地的所有权。该法是美国土地制度史上最为重要的一部法律，同时它是终结美国联邦土地财政运动中里程碑式的事件。

从时间点上看，上述法律变动的时间段几乎与联邦购买土地的过程重合。有意思的是，联邦政府在积极推动国民向西部定居的同时，州、地方政府的债务水平和风险都在上升。从 19 世纪 20 年代开始很多州财政涉足经济活动，这与当时流行的自由放任哲学相悖，出现这种实践与理论相悖的原因在于：到 1820 年，已经有近 250 万人口涌入西部，国内商业流通的大环境已经成形，而国内基础设施建设可以推动商业流通。然而，基础技术设施建设资金规模巨大，没有私人愿意参与其中，同时由于联邦受最小政府思想的限制无法进入该领域，因此州政府提供担保或州企业直接建设就是当时必然选择①。1820 年，所有州的债务不足 1300 万美元，到 1837 年已经攀升至 1.74 亿美元。1838 年爆发的经济危机一直延续到 1842 年，它加剧了州政府的债务危机。1841 年州债务是 1.97 亿美元，而联邦的债务却只有 500 万美元，由此足见州政府在经济事务中的活跃程度。1841—1842 年间，有些州和地区无法支付债务的利息。在此背景下，一些拖欠债务的州以财政失控要挟联邦政府，要求联邦政府干预州事务。

1842 年的州政府债务危机是一个转折点。此后州法律规定，州政府发行新债券必须要有州财政收入来保障。由于联邦政府加速推进土地私有化进程，这使得广大民众拥有了私人财产，给州政府提供了开征财

---

① 这与我们当下的融资平台很类似。

产税的税基。州法律的规定使得财产税在州政府收入中的作用凸显：1835—1841 年间财产税占州财政收入的比重为 16%，1842—1848 年这一比例上升至 30%，1902 年财产税占州总收入的 57%。

中国的土地财政与美国土地财政既有共同点，又存在差异。共同点表现在地方政府广泛参与地方经济活动，尽管背景略有不同（美国是西部开发，中国是城市化进程加速），但最终都导致债务高垒；差异表现在美国的土地财政主要是联邦土地财政，而中国是地方政府土地财政。然而，美国土地财政的治理经验依然具有借鉴意义：第一，加强财政纪律建设。联邦政府奉行有限政府原则，因而在土地出让收入不断攀升的情况下不是想着怎么扩大支出，而是想着怎么分配出去；反观我国地方政府，即使明确了发债上限的情况下还想着通过各种渠道举债。第二，财产税作为地方主要税种的可能性。从美国当年的情况看，尽管地方政府在扩大举债规模，但联邦政府将土地赠予私人后恰好使得州政府开征财产税有了税基。就我国情况而言，住房市场化改革使得大部分人拥有了自己的房产，而城市化大量基础设施建设产生广泛溢价效应，使得私人房产普遍升值；在这种情况下，对私人住宅征收房产税，可以与地方建设债务形成有效匹配，形成城市建设的良性机制。最后，由于我国地方政府拥有大量土地，可以通过弱化土地资本功能，为城市的低收入人群提供公共租赁住房。

（三）房地产长效机制的主要内容

1. 扩大租赁市场的具体措施

扩大租赁市场的具体措施包括以下几个方面：

第一，设定租金涨幅上限，其目的是通过限制租金上涨引导租赁需求。具体原则是年增长率略高于当地地区生产总值增速，防止租金过度分割经济增长成果。如年增长率不超过6%，或三年累计增长率不超过18%。

第二，广泛的租客保护政策，其目的是形成租房稳定的预期，让租客有家的归属感，这也是住房保有权的基础之一。具体来讲：其一，期限保护政策。租赁缔约时期限由租客和房东共同商议，但房东不得提出三年以下的期限要求，除非租客自己主动提出。租客提出三年期限要求，房东不得拒绝，三年以上情形由双方共同商议。上述租金上限以及期限保护政策可以使得租客获得低价稳定预期。其二，付款方式[①]由租客确定，租客可以选择有利于自己的付款方式，房东不得拒绝。其三，租金支付的违约责任向租客倾斜。当租客连续六个月未支付租金时，房东才可进行民事诉讼。然而，作为对房东的一种补偿，可引入租金保险机制，将对租客的信用监督由第三方承担。其四，购买优先权政策。当房东有出售意向时，当期的长期租赁租客有优先购买权。

第三，租客补贴的广覆盖原则。租赁补贴不仅针对低收入人群，而且可以覆盖“租金当期支出超过当期家庭收入三分之一”[②] 的群体。这里收入不仅包括工薪收入，而且应包括其他劳动收入和各类资产性收入，当然这对税收征管提出了更高的要求。这么做的好处还包括，将补贴由原有的较长的考察期缩短，从而更加动态化。这对于小企业主和创业者而言免除了居住方面的后顾之忧，形成了生活保障的有效托底，有利于增强经济活力。政府补贴的金额应限于租金支出与家庭收入比例的差额。当然，政府也应对不同规模家庭的租房面积有所限定。

第四，房东出租的相关政策优惠。如果在扩大租赁需求的同时，租

---

① 这里付款方式指按月、按季还是按年支付。

② 这一设定只是采取国外经验的参考，各地政府可根据当地财力进行调整。

赁市场的供给跟不上，也会导致租金的上涨，打破我们稳定价格的期望。对于房东个人出租和社会化租赁的情况，应给予个人所得税和企业所得税方面的减免，在住房保有方面，应给予部分税收减免；对于短期买卖房屋者应课以重税。对于租赁市场明显短缺的时段，政府可考虑给予出租者一定补贴。

第五，多渠道扩大租赁房源。政府除了自建公共租赁房以外，还可以收购存量房方式增加租赁房源，这样公共租赁房在空间布局上更加均衡，可与私人租赁房房源形成有效竞争。然而，收购存量房会面临收购成本过高的问题，这可以通过证券化的方式将成本在较长的期限内进行分摊。这里应特别注意的是，地方政府在收购存量房后短期内不能买卖（至少十年），因为政府短期买卖会给市场以“政府也参与投机”的不良信号。此外，还可扩大社会租赁房源比重，比如核心城市周边乡镇集体用地用于建房出租、国有企业建设只租不售的住宅，这些都应归属于社会租赁范畴。社会租赁应比同地段私人租赁的价格更低，政府形成指导租金，同时也给参与社会租赁的法人在经营税收方面的减免。

2．**租售同权的具体措施**

当前租售不同权的主要表现是基础教育受教育权的不平等。《世界人权宣言》第26条规定，受教育权是基本人权。因此，解决基础教育受教育权不平等的问题只能从供给侧着手。

加强基础教育资源的投入。从我国财政教育支出的现状来看，解决这一问题有很大空间。首先，从总量规模上看，2015年我国财政教育支出为2.6万亿元，占GDP的比重为3.8%，这与同期OECD（经济合作与发展组织）国家5%的比例还有很大差距。其次，从支出结构上看，教育支出中央财政负担4.9%，地方财政负担95.1%。最后，教育支出的级次结构比例不合理，高等教育得到了财政教育经费的过分倾斜，对基础教育的公共投入力度则严重过低。我国目前经济已发展到一定程度，以有限财力培养拔尖人才从而在某些领域实现赶超已不是迫切任务；相反，加强基础教育投入，为人才“金字塔体系”夯实基础应成为教育共识。在这一思想指导下，可考虑基础教育责任适度上移，中央财政可考虑以专项转移支付的方式解决基础教育投入失衡的问题，专项转移支付用以供给能力不足的小学的校舍建设和教师聘用。

引入竞争机制，化解空间失衡局面。尽管上述措施能够解决供给问题，但优质教育资源是稀缺的，依然会存在空间结构失衡的矛盾。目前采取了扩大学区片（形成教育资源带）、随机派位方式降低热点学校需求，然而由于不存在价格调节机制，再多的供给也跟不上旺盛的需求。那么如何改变基础教育资源的这种“马太效应”呢？可以用教育券让优质的教育资源从供给端流动起来。教育券让学校产生竞争的机制是：政府的补贴不直接划给学校，而是用教育券的形式将补贴的分配权交给学生，学校按照学生上交的教育券向政府领取补贴和经费。如果一个学校获得的教育券多，政府部门就会增加补贴和经费，一方面支持扩张，另一方面学校可以聘请更好的老师、购置更好的设备，教育券就是家长给学校的投票。在教育券的制度下，学校之间是竞争的，学校之间的教育资源是流动的，学校为获得家长的认可有更大的动力提高教育质量。通过这种竞争方式，优质的教育资源就可能被分散，学校之间固化的层级就会被打破，从而避免了基础教育资源在空间上的固化，有利于公共服务的均衡化。

3. **其他相关配套措施**

其他相关配套措施主要围绕上一节破解土地财政以及本节扩大租赁市场等思路展开。

破解土地财政的关键在于开征房产税，从而使地方政府形成稳定持续的税收来源。开征房产税的一个重要基础是税基的确定，房产税显然属于从价税范畴，因而房地产相关价值的确定就成为整个税收的基础工作。从国外经验来看，日本在全国设有 27000 ~ 28000 个土地价格观测点，每个观测点配备 2 名不动产鉴定士，通过这样一个庞大的体系确定全国各个地区土地价格的公布价格，这一价格构成了房产税征收以及遗产税、赠予税的评估基准。从中国国情看，民众在房产交易时签订阴阳合同导致房产登记部门的交易价格失真，另一方面如果采取大量人力调查的方式，由于地域之广泛会造成评估成本过高。然而，近年来国内大数据技术快速发展，这为物业价值评估提供了便利条件；在评估方法上学术界已论证特征价格法是相对科学的评估方法。美国的相关实践表明，将大数据与特征价格法联合应用，可以使每套住宅的评估成本由 200 美元降低到 5 美元。因此，以特征价格法为基础结合中国大数据技术方面的优势，积极开展物业价值评估体系建设成为当务之急。

与扩大租赁市场相关的配套措施是收入申报制度，由于采取更加广泛的补贴制度，因此依收入确定补贴群体尤为重要。中国普遍存在灰色收入现象，加强税收征管尤为重要。此外，收入中劳动收入征管相对较严，财产性收入（尤其是房产收入）几乎空白；因此，当务之急是打破地方割据，加快推进不动产登记的全国联网工作。

以上相关配套措施的提出，实际上反映了我国税收体系与当前经济环境不相适应的现实。一方面，随着城市化进程的加速，经济模式也逐渐由生产型转向消费型，由以增值税为主体的生产型课税向个人（或家庭）综合纳税转变；另一方面，伴随着经济的发展人民群众物质财富日益增长，开征房产税自是应有之义。此外，伴随经济发展的社会不平等现象也进一步加剧，开征遗产税尽可能保证起点公平也应成为趋势。

五、总结

本文对房地产市场长效机制的理念和具体措施进行了探讨，主要理论支撑是实行“社会型市场”的德国模式。本文采取比较制度分析的方式展开：首先，对“利润驱动型市场”和“社会型市场”在住房市场上的政策应用进行了回顾并总结共性；其次，对我国住房政策变迁及住房保障制度现状进行了简要分析，指出住房市场化改革尽管取得了重大成就，但目前已经走向了“利润驱动型市场”模式的边缘，需要在理念上进行反思。

第三节内容是全文的核心。“利润驱动型市场”模式易形成房价泡沫的原因是：土地资本化过程使得房价估值表现出非理性，“利润驱动的市场秩序 + 社会保障网”的模式造成了不同群体（无房者和有房者）之间的隔阂甚至是对立，处于中间地带的群体依靠杠杆进入购房市场，这加剧了市场波动，蕴含系统性风险。“社会型市场”模式能够使住房市场摆脱泡沫的机制是：通过形成一个能够与购买市场相抗衡的租赁市场，将整个住房市场的注意力由关注未来转移到关注当下，也即使老百姓“关心我的租金消费贵不贵，而不是关心我的房子有没有升值”。从这一点来讲德国的“社会型市场”模式与中央的“房子是用来住的、不是用来炒的”定位暗合。该部分内容还探讨了“利润驱动型市场”模式在中国的特有伴生问题，即土地财政问题，对土地财政的成因进行了分析，并探讨了其伴生风险。

第四节探讨怎么做的问题。我们提出住房市场长效机制的理念是：“围绕核心城市弱化土地资本化功能，通过租赁化解住房市场结构性矛盾，保障住房保有权，形成房价稳定预期。”具体措施包括四个方面：

其一，弱化土地资本化功能；其二，扩大租赁市场；其三，保障租售同权；其四，住房价值评估体系建设、收入申报制度及税收体系改革等。在这四个方面主要内容之下，存在一些逻辑上前后一致的但乍看上去不合常理的措施，这里一一列举出来：其一，对住房出租房东采取税收优惠政策，尽管看上去像是在鼓励住房投资，但实际上是为了增加租赁市场的供给；其二，广泛的租赁补贴政策，而不是低收入人群的租赁补贴政策，其目的是要使租赁市场规模足够大，大到能与购买市场相抗衡；其三，租售同权的落实还应引入教育券这种竞争机制，“社会型市场”模式也应按市场原则办事；其四，住房价值评估体系建设尤为重要，房产税的开征既不应按套也不应按面积，房产税应是从价税。

本文针对房地产市场的长效机制开出了一剂中药方剂，希望能够在房价泡沫这一难题上贡献出中国智慧。鉴于泡沫这一脓疮还在肆掠和侵蚀经济发展，但病急不能乱投医，先就当前一些政策进行简要评述。与我们理论逻辑相一致的政策包括：集体建设用地发展租赁市场，住宅只租不售政策，租售同权制度。我们反对的政策包括：其一，共有产权房，政府要保障的是居住的权利，而不是要保障居民获得稳定的资产价格，此外政府过度参与住房市场有违弱化土地资本化的原则。其二，住房双轨制制度，即所谓的“保障的归保障，其他的归市场”，这是典型的“利润驱动型市场”模式，易造成社会群体的对立。其三，一户一房制度，这一制度有违社会主义的主要矛盾，即“人民日益增长的美好生活需要和不平衡不充分的发展之间的矛盾”；尽管我们难以区分多套住宅的需求是美好生活的需求还是投机需求，但也不应完全扼杀；这一制度更为严重的副作用是很可能加重离婚现象，导致严重的社会问题。对于当前的限购限售政策，我们不置可否，基本的看法是属于短期政策，起到为长效机制的建立赢取时间的作用。

第四篇
城市化的规律

第八章　从城市化一般规律看房价走势

2008 年之后，中国房价走势大体可分为三个阶段：2008 年下半年至 2011 年为快速上涨阶段，2012 年至 2015 年上半年为基本平稳阶段（北京、杭州、成都等城市在 2014 年还出现了小幅下跌），2015 年下半年至 2017 年底为房价飙升、泡沫形成阶段。前面的文章主要针对第一阶段和第三阶段展开论述，这篇文章则围绕第二阶段展开论述。当时市场上针对个别城市的房价下跌抛出了“房地产崩溃论”，一方面第一阶段的快速上涨已经使房价处于高位，另一方面连续几个月的环比下跌很容易做出顺周期的预测。

2014 年我正进行城市化相关课题研究，自然将城市化与房地产结合起来研究。通过跨国比较我发现：目前我国城市化还处于以人口迁移为主的第二阶段，大城市（尤其是特大城市）的人口集聚远未完成，在这样的背景下房价不太可能出现断崖式下跌。2014 年 6 月 27 日，我在中国社会科学院金融研究所的金融论坛上发表《过去五年房价走势及未来趋势预测》的演讲，即是针对当时崩溃论的回应。此后，我在多个场合就城市化道路应该选择“大城市化”还是“小城镇”战略以及房价走势发表演讲，主要结论是：房价还将稳步上涨，且不同城市房价会出现分化，一线城市涨幅要领先其他城市。回头再看这一结论，只能感慨“预测是困难的，尤其是当它涉及未来的时候”：2015年以来房价不是稳步上涨，而是暴涨；房价尽管出现分化，但不是一线城市领涨。尽管结论有所偏差，但我相信如果抓住了事物发展的一般规律，其发展方向是可以把握的。2014年11月，我将相关演讲内容整理在《经济管理》刊物上以《中国住房走势再分析》为题发表出来。由于是“大城市化”战略的拥趸并较早宣传这一理念，收录这篇文章实则意义重大，为了凸显这一主题，我决定将题目改为《从城市化一般规律看房价走势》。当然，现在的读者大都认可“大城市化”战略，因为大家对“房价长期看人口、中期看土地、短期看金融”这样的口号式宣传已经耳熟能详，学术类的上乘之作当属陆铭教授的《大国大城》。

这篇文章另一个值得一提的地方是我国城镇居民人均住宅面积。这个问题从供给层面看实则意义重大。按国家统计局公布的数据，2016年我国城镇居民人均居住面积为36.6平方米，这一数值已经高于俄罗斯，从户均角度甚至高于荷兰、德国。如果这一数据是真实的，那么我国住宅市场的主要问题是发展不平衡不充分的问题；如果实际数据不足36.6平方米，那么主要问题就是供给不足的问题，这样的条件下无论开征房产税还是压缩信贷需求都不能真正起到平抑房价的作用。我的直觉告诉我，2001年到2002年城镇居民人均住宅面积突然增加3.28平方米有很大问题，通过定基加增量的方法核实存量，我认为这一数据在现实中是不可能实现的，而且是严重高估的，除非统计制度有修改。就统计数据非正常变动的原因，我们希望有关部门能做出回应，这实则关系到相关政策制定以及学术研究的基础性问题。

2014年上半年中国的房地产市场，与2013年相比，有着下行的趋势，由此，海内外形成了一种“房价泡沫即将破灭”、房地产市场即将崩溃的舆论。支撑这一说法的根据主要有三：一是房价增幅下行的数据，特别是70个大中城市房价环比下跌数量增多，且中心城市（如北京）环比下跌幅度增加；二是住房存量较大以及空置率较高，因此，房价下跌似乎成为必然；三是许多地方政府开始放松"限购"政策，以此说明通过放松需求消化过剩供给。但我们认为，当前的中国房地产市场并不存在"泡沫即将破火"的迹象，目前的房价上涨乏力有着多方面复杂成因；从长期看，住房的供求缺口依然较大，房价还将稳步上行，但各地方的差别将进一步显现。

一、不同房价指标的差异所反映的房价趋势

根据国家统计局发布的数据，70个大中城市在2014年5月新建房和二手房分别有35个城市出现房价环比下降的情况（见表8－1）。一方面，下降城市数量之多，占据70个统计城市的一半；另一方面，相对于上个月而言，这一数量出现了大幅上升。这一数据变动情况经媒体广泛报道，强化了一些购房者的观望心理，也引起了一些新购房者的不安。

表8－1　70个大中城市房价环比变动情况

单位：个

年份/月份	新建房			二手房		
	下降城市	持平城市	上涨城市	下降城市	持平城市	上涨城市
2014年5月	35	20	15	35	16	19
2014年4月	8	18	44	22	13	35
2014年3月	4	10	56	14	14	42
2014年2月	4	9	57	15	9	46
2014年1月	6	2	62	13	9	48

数据来源：国家统计局。

但实际上，仅从房价是否上升的城市数量来看，并不能直接说明住房市场价格趋势。自2011年1月以“限购”为主要特点的国八条政策实施以后，房价环比下降的城市数量就一直呈上升趋势，到2011年12月新建房价格环比下降的城市数量曾达到了52个之最；到2012年6月，新建房价格环比下降城市数量就基本保持在40多个。然而，即使有这么多城市房价环比出现下降，其下降幅度也是非常微弱的。从中国社会科学院金融研究所房地产研究中心对117个城市（几乎覆盖国家统计局的70个城市）的监测数据看，2011年房价绝对值几乎是一个持平的走势，2012年上半年虽有所下降，但最低点相对于2011年的最高点的下降幅度也不超过2%（见图8－3①）。

图8－1是以国家统计局数据反映的全国房价的环比变化幅度，从中可以看出，除了2013年2月和3月新建房价格环比涨幅超过1%以外，其他所有月份的价格涨跌幅从未超过±1%的区间。以国家统计局的数据为例：北京2014年5月的房价环比跌幅为0.9%，假定2014年4月北京的住宅均价为35000元/米^2，那么，一些人所说的北京28个月以来房价最大跌幅的绝对值就是跌了315元/米^2，因此，房价的下跌并不明显。

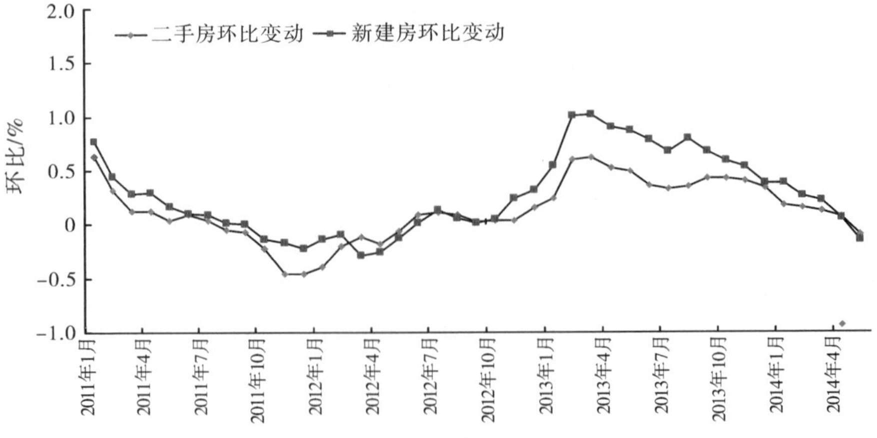

图8－1　二手房房价环比变动情况

数据来源：国家统计局。

环比数据的最大缺陷是它仅反映了短期（月度之间）价格的信息，这些信息要经过一段时间的累积才能反映出稍长时间的价格动态。图8－2是70个大中城市二手房房价同比波动的情况，即这一年的某一个月份相对于上一年的相同月份的价格情况，时间跨度为一年。将图8－1和图8－2进行对比，可以发现两个明显区别：第一，后者的变动幅度（－2%到16%之间）明显大于前者（±1%的区间）。这说明经过一年的时间延续，房价变动并不局限于百分之零点几的范围内，而是大大高于这一区间。第二，后者的变动具有滞后性。比如，房价环比变动在2011年1月至11月一直是下降的，但在相同的时间段，同比变动一直保持着正数（即相对于上一年房价还是上涨的）；同样，2012年全年房价环比数据一直上升，但同比却呈下降之势（直到2013年房价同比才转为正数）。因此，即使房价环比连续多月下降甚至转为负数，但它是否一定引致房价同比为负，还需要有更长的时间变化才能显现。毕竟，不论对开发商来说还是对购房者来说，住房销售是按照绝对价展开的（不是按照"环比幅度"展开的），所以，最能反映房价趋势的指标还是同比涨幅的趋势。

图8－2同时也给出了北上广深一线城市的房价同比变动情况。与全国房价不同，自2012年10月以后，一线城市的房价同比涨幅就与全国其他地区拉开了差距（最高涨幅接近16%）。2014年以来，这些城市的月度房价同比基本保持在10%以上；即使房价环比已经开始下降，但在如此之高的同比涨幅基础上，年内出现同比绝对值的下降也几无可能。

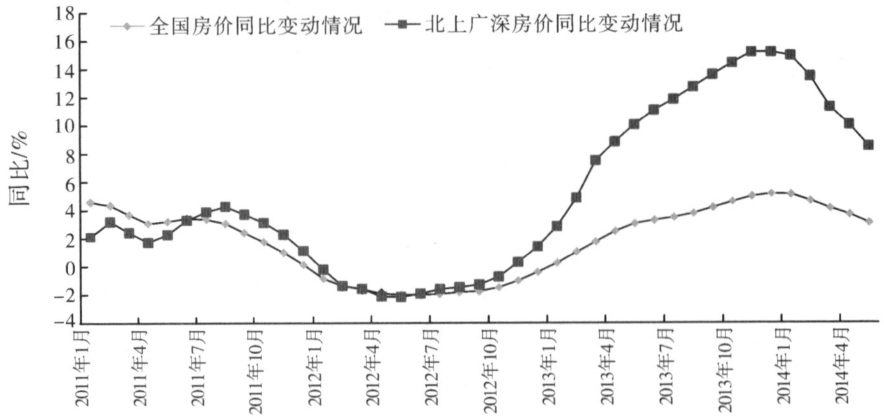

图 8－2　70 个大中城市二手房房价同比波动情况

数据来源：国家统计局。

注：计算方法为 70 个城市环比变动的简单平均。

房价同比数据反映的是时间长度为一年的月度房价对比，这意味着它难以反映一年内的房价走势信息，较为全面反映房价走势的数据是定基指数，即当知道了基期的房价，就可以根据定基指数算出任意时点的房价的绝对价格。图 8－3 是根据国家统计局数据调整计算的定基指数。由于国家统计局按新规则公布的最早数据为 2011 年 1 月，但该期数据并不为 100，这也意味着基期还在 2011 年 1 月之前。我们的调整方法为：用每一期的国家统计局公布的定基指数除以 2011 年 1 月的指数就得到了新的定基指数。此外，我们相信统计局的数据一直低估绝对价格，因此，使用了中国社会科学院金融研究所房地产研究中心监测的住宅均价计算了定基指数，图中标号 I 为中国社会科学院金融研究所房地产研究中心监测的数据，S 为国家统计局数据。

从图 8－3①中可以看出，2013 年 11 月相对于 2011 年 1 月，国家统计局反映的房价只上涨了 4%（2014 年 5 月上涨了 5%），而中国社会科学院金融研究所房地产研究中心监测的数据上涨了 15%。此外，基期均价还有 1000 元/米^2 的差距，中国社会科学院金融研究所房地产研究中心计算的全国住宅均价为 7500 元/米^2。两者之间在一线城市也有较大的差异（见图 8－3②）。中国社会科学院金融研究所房地产研究中心监测的数据情况是，2013 年 11 月相对于 2011 年 1 月房价上涨了接近 30%，而国家统计局的数据只有 16%（2014 年 5 月相对于 2011 年 1 月上涨了 18%）。此外，中国社会科学院金融研究所房地产研究中心统计的一线城市基期均价为 21000 元/米^2，国家统计局只有 15000 元/米^2；转换到 2013 年 11 月，中国社会科学院金融研究所房地产研究中心的价格为 27300 元/米^2，国家统计局的价格仅为 17400 元/米^2。需要强调的是，如果中国社会科学院金融研究所房地产研究中心监测的数据比较贴近实际情况，那么，一线城市可容忍的房价下降的价格空间要大于国家统计局公布的数据。

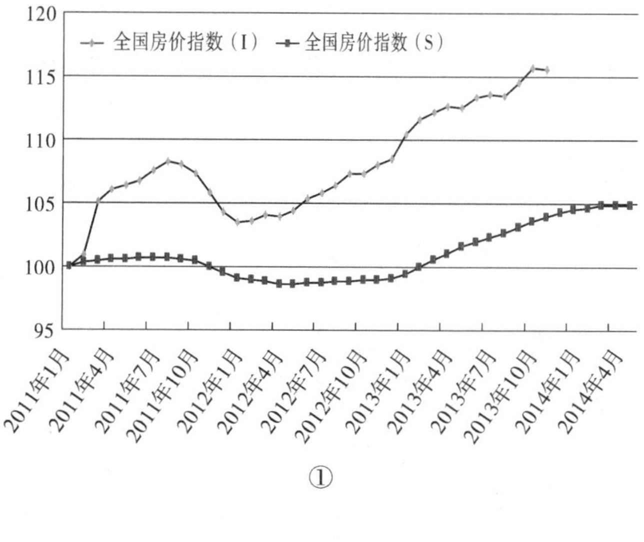

①

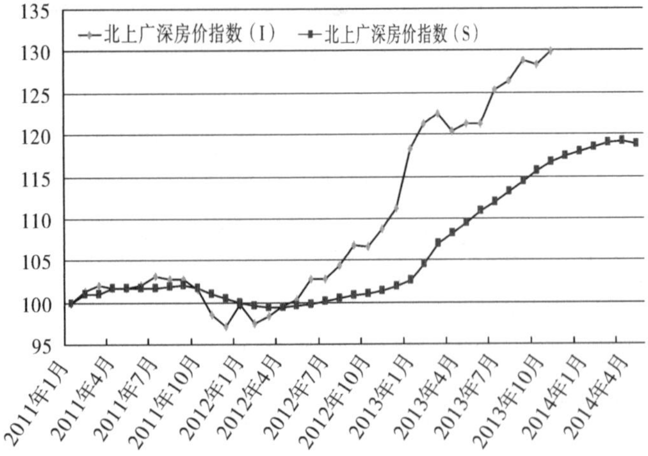

②

图 8-3　全国和一线城市房价定基指数

数据来源：国家统计局和中国社会科学院金融研究所房地产研究中心。

二、从人均居住面积测算看住房供求格局

在房价趋向下降的各种佐证中，人均住宅存量过高以及空置率过高是一个主要根据。在厘清这一问题之前，需要说明的是，中国的房价统计主要针对城镇住房。农村住宅大都为自建房，交易量很小因而没有相对稳定的市场价格，一般不在统计范畴中；此外，在城镇化的背景下，人的城镇化意味着这些人在城镇定居，住宅的需求还主要表现在城镇之中，因此，统计农村住宅面积对房价走势的分析意义不大。

关于人均住宅面积的多少，目前并没有一个达成共识的认可数据。在此，我们以国家统计局的数据为基础进行一个简单的推算，同时，指出国家统计局公布数据可能存在的问题。具体的推算方法如下：以 1994 年人均住房面积为基础（可查的最早人均住房面积数据）乘以城

镇人口，得出基础的城镇住房存量；然后逐年累加每年的住宅竣工面积，再除以当年的城镇人口得城镇人均住房面积。

图 8 – 4 展示了我们推算的和国家统计局公布的城镇居民人均住房面积数据，图中柱状部分为两者差额，即国家统计局数据相对于推算数据累计多增的人均平方米数（参见右轴）。1994 年，全国城镇人均居住面积为 15. 69 平方米；到 2012 年，国家统计局公布的城镇人均住宅面积为 32. 91 平方米，而我们推算的数据为 23. 79 平方米。18 年间国家统计局累计多计人均住宅面积 9. 11 平方米。应该说我们的推算还是一个保守的估计，因为其中尚不包含每年拆迁所造成的住房存量减少部分。另一方面，根据国家统计局数据，在 2001 年至 2002 年间，城镇人均住宅面积突然增加了 3. 28 平方米，但此之前，城镇人均住宅面积的增加数大约为每年 0. 9 平方米。换句话说，这一年的城镇住宅市场发生了突变。经济学常识告诉我们，宏观数据具有平稳性（如果是一阶差分平稳，意味着保持原有的增长趋势），因此，这一数据的突然变化在现实中是不可能发生的。从总量角度来看，如果一年间人均住宅增加了 3. 28 平方米，以 2001 年的城镇人口 4. 8 亿人计，2002 年新增的住房面积（也即竣工面积）应达到 15. 74 亿平方米，但 2001 年之前竣工面积从未超过 6 亿平方米。试想在一年的时间内完成某一行业产量翻一倍以上，这几乎是不可能的。即便是 1958 年的大炼钢铁，其产量翻一番的目标也没有实现。

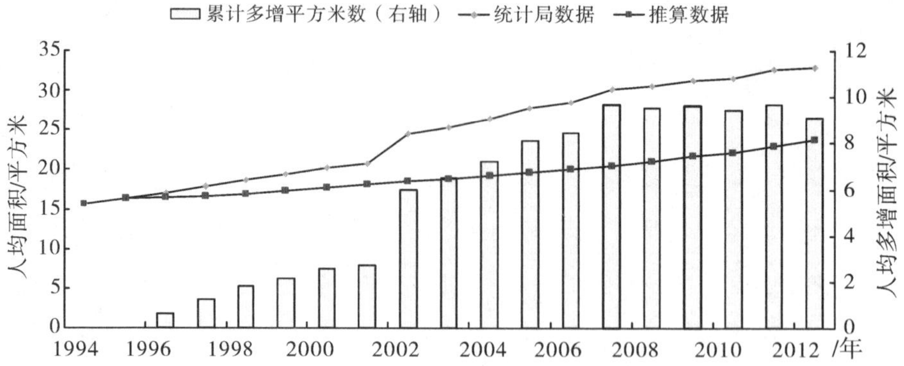

图 8 -4　1994—2012 年城镇居民人均住房面积

图 8 -5 是国家统计局公布的和我们推算的一线城市居民人均住宅面积。观察图 8 -5①，我们可以发现在 2009 年之前，一线城市的人均住宅面积低于全国平均水平。内在成因是一线城市的人口更为密集。但自从 2009 年开始，上海的城镇人均住宅面积超过了全国平均水平。而北京这一年相对于上一年人均住房面积却大幅增加了 7. 25 平方米。如果以北京家庭户均人口 2. 3 人，当年住宅均价 15000 元/米^2 计算，一户家庭就要多增加购房款 25 万元；如果考虑 40% 的首付，这一年买房就得多支付 10 万元。换句话说，要实现国家统计局这一年人均新增 7. 25 平方米的统计目标，全北京城镇人口每一户至少得突然增加 10 万元的收入。这样的变化在现实中是难以实现的，除非统计制度发生变化。同样发生突变情形也可从上海的数据中看到。

我们采取前述方法对一线城市的人均住房面积进行测算。由于一线城市的统计仅始于 2005 年，我们首先对 2005 年的数据进行调整，即关于全国城镇人均住宅面积我们的推算数相对于国家统计局数据有一个折算率，我们将其应用到一线城市上，然后，再采取上述累加相除的方法进行调整。图 8 -5②是测算结果。然而，这一结果使用的人口数是以户籍人口为基础计算的，即存在分母偏小的问题，我们再按常住人口进行调整。最后得到，北京和上海的城镇人均住宅面积在 17 平方米左右，明显小于国家统计局的数字。

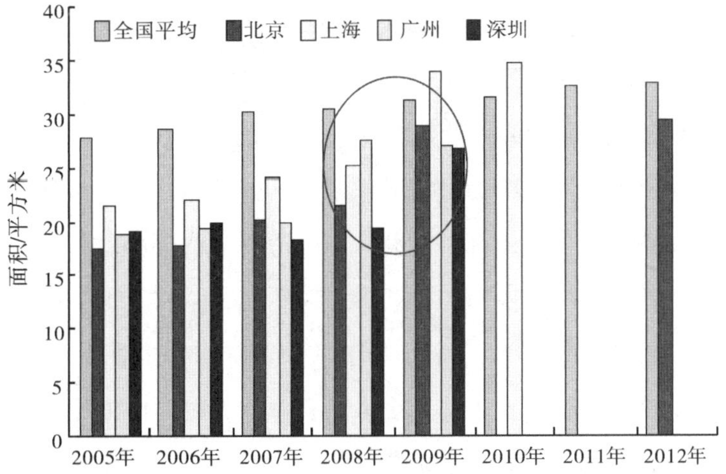

①

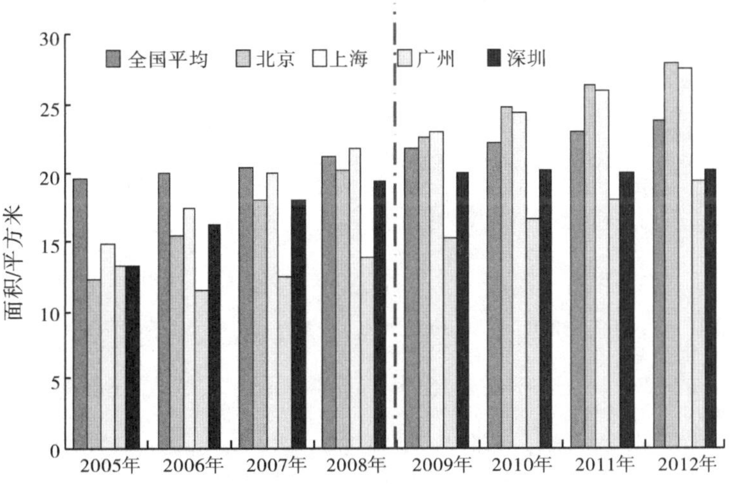

②

图 8－5　2005—2012 年一线城市居民人均住宅面积

注：①为国家统计局公布的数据，②为推算的数据。

这些指标的测算结果表明，中国住房市场依然处于严重供不应求的格局中，并不像国家统计局数字表明的已供过于求状况，为此，住房价格的上行还将是一个长期过程。

三、近期房价上涨乏力的信贷成因

中国的住房市场起步于1998年（即公房改革之后），一个有着5～9亿人口城镇规模的住房市场怎么可能在短短的10年左右时间内出现住房市场供过于求？这在各国和地区的历史实践中都没有发生过，从建材供给、施工能力和购房需求（包括城镇居民收入和银行信贷等）等方面也难以论证，那么，进入2014年以来中国各地房价上涨乏力的成因又是什么呢？住宅支出作为个人消费中最大的支出项目，其购买离不开金融支持，因此，我们从信贷角度探讨近期房价变化的成因。

从需求方角度讲，如果购房者缺少个人按揭贷款的支持，那么，需求就会减少，进而导致房价缺乏上涨动力。图8－6展示了个人按揭贷款累计同比和房价同比的变化情况，其中图①为国家统计局公布的同比指数，图②为中国社会科学院金融研究所房地产研究中心监测的房价同比指数（图②右轴的波动区间明显高于图①右轴）。图8－6中指数波动大体分为三个波段：一是2009年6月至2010年3月，这期间个人按揭贷款累计同比从60%上涨到170%，相应地，房价同比也一路飙涨；二是2010年4月至2012年6月，这期间个人按揭贷款累计同比由120%下降至最低点的－12%，相应地，房价也出现了同比为负的情况；三是2012年7月之后，个人按揭贷款出现先上升后下降的趋势，房价走势也类似（中国社会科学院金融研究所房地产研究中心监测的数据截止到2013年11月，后面的趋势略有不同）。从这种变动趋势看，完全印证了住房信贷对住房需求的作用。另一方面，我们计算了个人按揭贷款累计同比与房价同比之间的同期相关性和后者滞后一期的相关性：以国家统计局数据为基础得到的同期相关性和滞后一期相关性分别为66.33%和70.95%；以中国社会科学院金融研究所房地产研究中心监测数据为基础计算的结果分别为60.86%和62.36%。

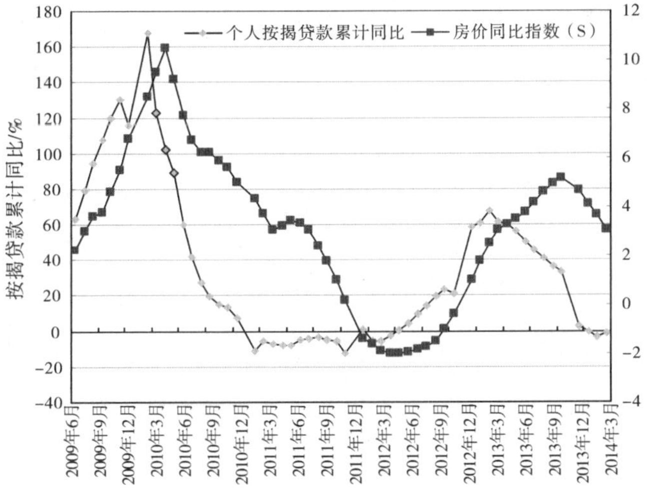

①

②

8－6　2009—2014年个人按揭贷款累计同比与房价同比指数

注：①为国家统计局公布的数据，②为中国社会科学院金融研究所房地产研究中心监测数据。

从供给方角度讲，如果开发商获取的银行贷款减少，可能导致住房开发的减少，即供给减少，从而引致房价上涨；但这是一个需要3年左右才能显现的市场情况。在即期角度看，由于房地产开发企业是高负债企业，当银行贷款减少时，它们的第一反应是减少库存，以降价方式强化现金回款，偿还银行负债。这一过程将导致住房供给的短期增加和房价的下行。

图8－7是国家统计局公布的房地产投资资金来源中的银行贷款累计同比变化情况。这一走势与图8－6中的房价同比变动大体一致。第一，2009年下半年，银行对房地产企业的开发贷款是增长的；第二，2010年2月至2011年12月银行贷款累计同比呈下降趋势；第三，2012年2月至2013年12月这一比例一直上升，此后反转。

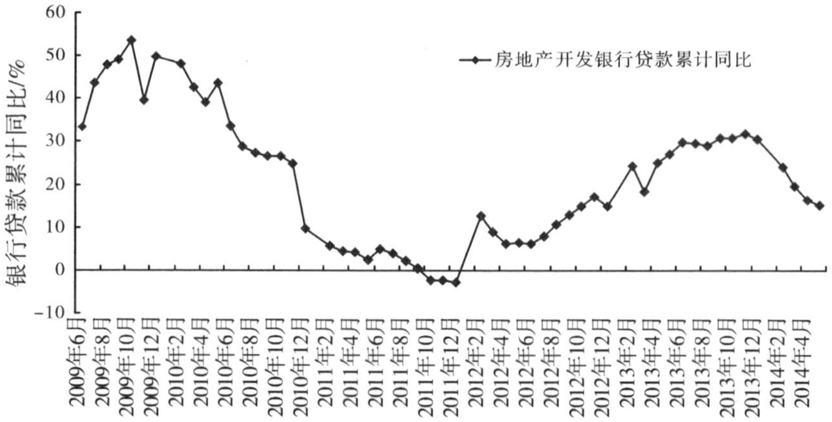

图8－7　2009—2014年房地产投资资金来源中的银行贷款累计同比变化

数据来源：国家统计局。

银行贷款对住房开发企业的影响可从上市房企中看出，实业性上市公司（除去金融业的上市公司）的资产负债率在50%～51%之间，但上市房企的资本负债率在60%～70%的区间。基础杠杆较高的情况下，银行信贷紧缩产生的最直接变化是房企的负债率下降。图 8－8①反映了上市房企的资产负债率变动情况，即 2010 年末上市房企资产负债率 64.09%，略高于 2009 年末的 63.51%，但如果以季度平均核算，2010 年相对于 2009 年下降了 0.9%；2011 年资产负债率在年中有所上升，但年末下降为 61.33%，相对于上一年下降接近 3 个百分点；此后随着银行贷款的增加资产负债率开始回升。

应对去杠杆的最直接的方法是去库存。我们用流动比率减去速动比率反映上市房企的库存对资金的占用情况（图 8－8②），其中，上市房企最主要的库存就是在建住宅。2010 年上半年之前，库存相对流动负债是上升的，与上涨的房价相吻合；此后到 2012 年底，这一比率一直下降，体现了在需求不旺的背景下去库存降杠杆的逻辑；2013 年开始这一比率又重新开始上升。

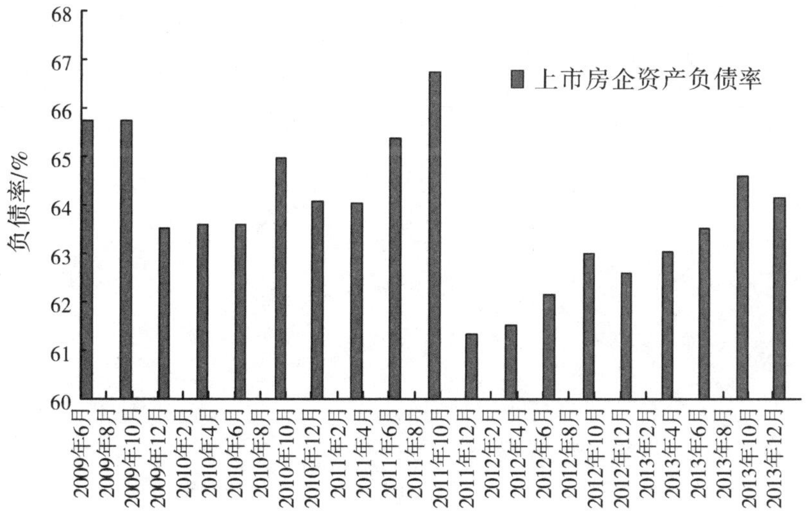

①

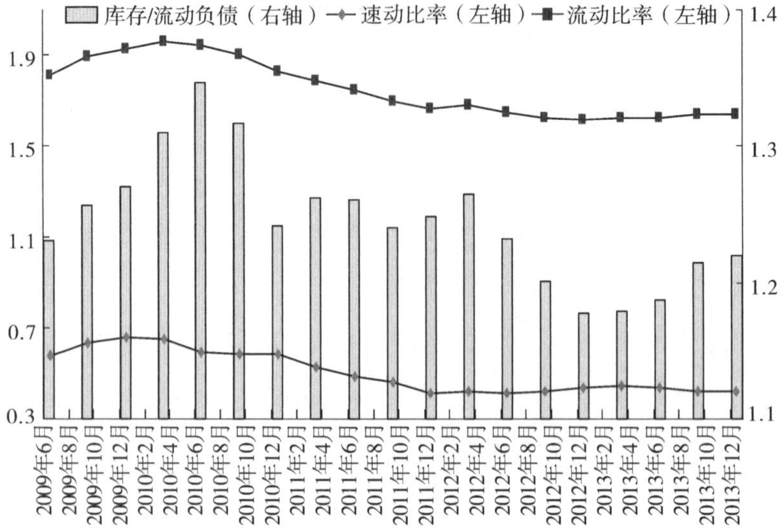

②

图 8－8　2009—2013 年上市房企资产负债率及库存对资金的占用情况

数据来源：Wind 资讯。

由此不难看出，近期房价上行乏力的主要成因可能不在于住房市场上已经出现了供过于求的格局，而在于：一方面银根较紧引致购买者缺乏足够的按揭贷款支持，从而，对住房的购买力暂时降低；另一方面，住房开发企业资金紧张又迫于偿还到期银行贷款的本息，从而，急于将一部分竣工房降价销售。但值得注意的是，即便如此，住房价格的同比依然呈现正增长走势。

四、从海外城市化看房价变动的总趋势

海外住房市场是成熟的市场，对其长期走势的分析，可看出住房市场的价格波动总趋势。这有利于进一步加深对中国住房市场长期走势的认识。图 8－9 展示了美、英、德、加、韩和中国台湾房价的长期走势，

尽管各国及地区引致房价波动的具体成因以及各个成因对房价波动的贡献率等可能不尽相同，但总趋势是房价波动式上行。

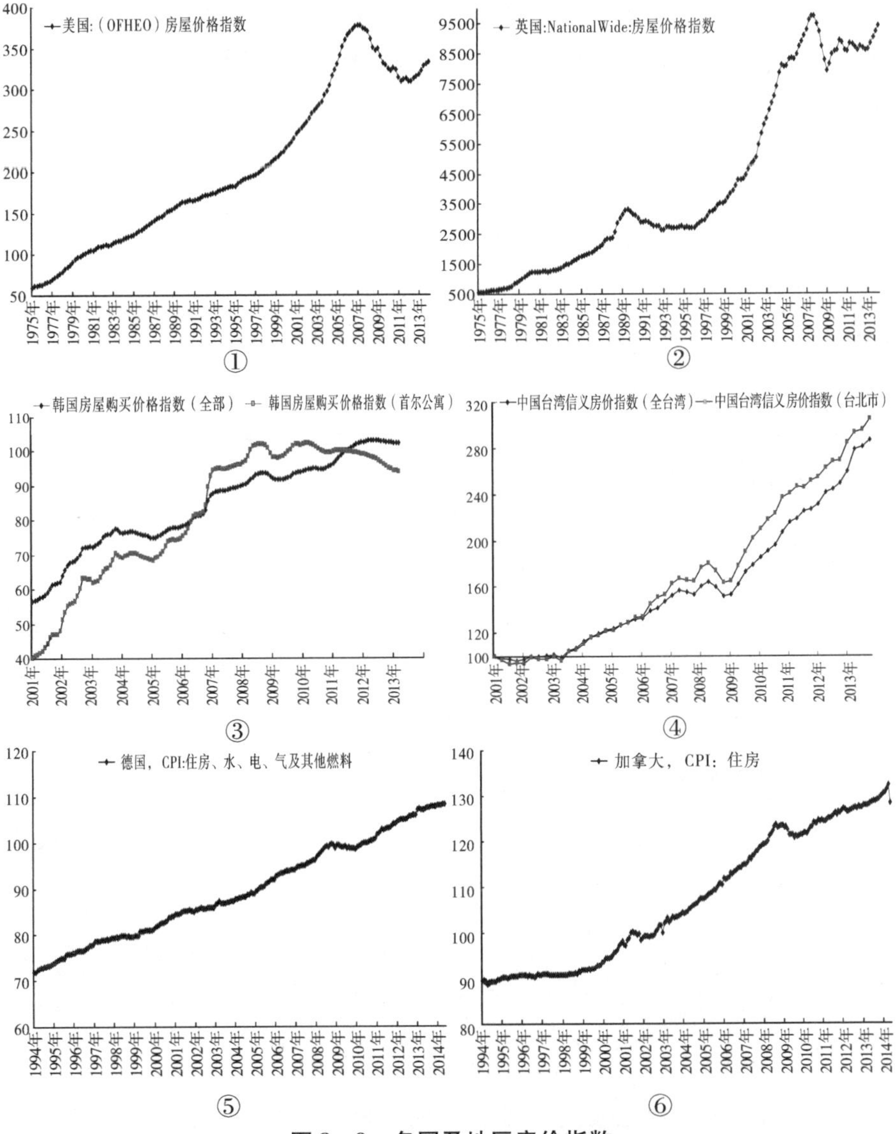

图 8－9　各国及地区房价指数

数据来源：CEIC 及 Wind 资讯。德国和加拿大以 CPI 中的住房分项表示。

表 8－2 计算了上述各国及地区的房价年均复合增长率，其中年均复合增长率较高的为英国和中国台湾，在 7%～9%之间；美国和韩国的年均复合增长率在 4%～5%之间；德国和加拿大这一指标在 2%左右。值得注意的是，中国在接近五年半的时间内，房价上涨了 1.42 倍，年均复合增长率为 17.69%，从国际比较来看比较高。但这与中国住房市场起步时间较短、供不应求状况依然严重直接相关。

表 8－2　各国及地区房价年均复合增长率

国家或地区	计算时间段	总涨幅/%	年均复合增长率/%
美国	1975 年至 2014 年	457	4.50
英国	1975 年至 2014 年	1615	7.56
韩国	2001 年至 2013 年 3 月	81	4.96
中国台湾	2001 年至 2014 年 3 月	191	8.40
德国	1994 年至 2014 年 5 月	51	2.03
加拿大	1994 年至 2014 年 5 月	43	1.78
中国	2008 年 6 月至 2013 年 11 月	142	17.69

注：中国数据以中国社科院金融研究所的监测数据为基础计算。

城市化过程对房价波动有着重要影响，中国正进入城镇化的高峰期，为此，对大国的城市化进程中房价波动趋势进行探讨，有利于深入把握中国房价的变动趋势。表 8－3 选取了世界上一些主要国家的情况进行分析，其中，既有国土面积较大的国家，也有人口总量居于前列的国家。这些国家除了印度属于中低收入国家，其他都属于中高收入国家，由于高收入国家大都经历了工业化到后工业化（也即以服务经济为主）的过程，这些国家城市化进程中的房价及其他相关指标的变动，对分析中国情况具有借鉴意义。此外，在分析中，我们既考虑到了人口密度较低的国家（如加拿大、澳大利亚和俄罗斯），也考虑到了人口稠密的国家（如日本、韩国和英国）。表 8－3 列示了这些国家的基本国情。

表 8－3　2012 年世界主要国家基本国情

国家	国土面积/万平方公里	世界排名	人口/万人	世界排名	人均 GDP/现价美元	世界排名	人口密度/每平方公里人数
加拿大	998.47	2	3475.43	37	51206.16	13	3.48
美国	983.15	3	31391.40	3	51748.56	12	31.93
澳大利亚	774.12	6	2272.20	51	67441.59	7	2.94
阿根廷	278.04	8	4108.69	32	11573.06	61	14.78
智利	75.61	37	1746.48	60	15452.17	47	23.10
法国	54.92	48	6569.67	21	39746.29	24	119.62
日本	37.80	63	12756.15	10	46730.92	15	337.50
德国	35.71	64	8042.58	16	42597.37	20	225.20
英国	24.36	80	6361.27	22	38919.60	25	261.13
韩国	9.99	118	5000.44	26	22589.96	37	500.54
俄罗斯	1709.82	1	14353.30	9	14037.02	52	8.39
中国	960.00	4	135069.50	1	6091.01	92	140.70
巴西	851.49	5	19865.60	5	11339.52	62	23.33
印度	328.73	7	123668.67	2	1503.00	147	376.21
南非	121.91	24	5227.49	25	7351.76	77	42.88

数据来源：CEIC。

表 8－4 展示了世界主要国家城市化之后的人口分布情况，从中可以看出，这 15 个国家除了中国和印度的城镇人口比例较低外，其他都达到了 70% 以上（南非 62.4% 也较高），这意味着除金砖国家外，表 8－4给出的其他 10 个国家都已经完成城市化。

我们从最大城市人口比例和人口超过 100 万的城市群的人口比例两个指标说明城市化后的人口分布。从最大城市人口比例看，10 个高收入国家的这一指标普遍在 20% 以上，只有德国是 5.8%；从人口超过 100 万的城市群的人口占比来看，10 个高收入国家的这一指标普遍在 40% 以上，除德国以外（这一指标仅为 9.5%），法国和英国较低。这些指标的截面数据从一个侧面佐证：城市化意味着这个国家的人口向最中心城市集聚，在完成郊区化之后进而形成城市群的过程。这一规律实际上反映了空间经济学中集聚效应如何在收益和成本之间进行平衡的经济实质。

金砖国家中的俄罗斯、巴西和南非，它们的最大城市人口占比都达到 10% 以上，城市群人口所占比例也较高。中国在城市群人口占比上超过印度，但最大城市人口占比极低（当然，中国的人口总量世界第一，即使最大城市人口很大，但占比也可能较低）。这些数据足以证明中国的城市化道路还很长，空间的集聚潜力还很大。

不难看出，其中存在一个问题：德国的最大城市人口和城市群人口比例为什么较低？内在成因是，德国的城市化道路实际上是小城镇的道路，它的大部分小城镇都是在具有核心技术的优势行业发展中形成的，从而，形成了保障城镇公共服务运转的经济基础。对于大多数国家而言，城镇化道路选择的是先发展大城市进而形成城市群的模式，因为城市的公共服务只有靠集聚产生的经济效益覆盖。

表 8-4　2012 年世界主要国家城市化的人口分布

国家	城镇化比例/%	最大城市中的人口/万人	最大城市中的人口占城市人口的百分比/%	人口超过 100 万的城市群中的人口/万人	人口超过 100 万的城市群中的人口占总人口的百分比/%
加拿大	80.8	562.13	19.9	1571.65	44.9

（续表）

国家	城镇化比例/%	最大城市中的人口/万人	最大城市中的人口占城市人口的百分比/%	人口超过100万的城市群中的人口/万人	人口超过100万的城市群中的人口占总人口的百分比/%
美国	82.6	1976.68	7.5	15230.54	48.1
澳大利亚	89.3	452.87	22.1	1387.63	60.6
阿根廷	92.6	1328.81	34.6	1676.12	40.4
智利	89.3	613.71	38.9	619.33	35.1
法国	86.3	1068.28	18.7	1499.06	22.7
日本	91.7	3696.93	31.7	6488.68	51.3
德国	74.1	347.80	5.8	770.43	9.5
英国	79.8	867.02	17.0	1651.65	25.9
韩国	83.5	976.80	23.3	2364.59	47.2
俄罗斯	74.0	1061.52	10.1	2872.38	20.3
中国	51.8	1731.51	2.4	30458.34	22.4
巴西	84.9	2098.93	12.3	8159.21	40.7
印度	31.7	2336.33	5.8	16126.16	12.9
南非	62.4	380.57	11.6	1819.16	34.9

数据来源：CEIC。

表8－5反映了城市化之后经济活动的主要业态。首先，就业以服务业为主，10个高收入国家服务业就业占比都达到70%以上。其次，从人们活动的空间看，在住宅和商业建筑中的碳排放几乎达到10%以上；城市经济的发展还伴随着大量的物流和人流运动，运输部门的碳排放占比几乎都在20%以上，这也意味着人们的活动不是固定在工业生产上。最后，从人们居住在城市后的消费结构看，相对于农村而言，居住在城市卫生设施有着较大改善（这是城市相对于农村的优势），10个

高收入国家除阿根廷外这一比例都达到100%；人们居住在城市相对于农村的最大优势是获得“住、行、学（包括医疗）”的便利，我们看到10个高收入国家除阿根廷、智利和韩国外在人均医疗开支达到3000美元以上，人均教育公共开支除上述三个国家外均达到1700美元以上，千人客车拥有量也很高（与人口密度无关）。

表8－5　2012年世界主要国家城市化后的消费情况

国家	服务业就业占总就业比例/%	住宅建筑和商业及公共服务的二氧化碳排放量占总燃料燃烧的百分比/%	运输部门的二氧化碳排放量占总燃料燃烧的百分比/%	城市改善的卫生设施获得经改善卫生设施的城市人口所占百分比/%	人均医疗卫生支出/现价美元	人均教育公共开支/现价美元	客车/每千人
加拿大	77.0	14.4	33.5	100.0	5740.70	2818.76	420.20
美国	81.8	10.0	30.5	100.0	8895.12	2804.94	439.67
澳大利亚	76.3	3.2	22.6	100.0	6140.04	3768.82	552.06
阿根廷	77.4	13.6	24.9	97.1	995.18	669.15	—
智利	69.5	7.6	29.4	100.0	1103.36	646.03	118.40
法国	75.5	21.1	33.9	100.0	4689.99	2330.98	479.76
日本	71.2	12.7	19.0	100.0	4751.61	1767.06	452.21
德国	71.3	17.9	19.7	100.0	4683.18	2164.45	509.60
英国	79.8	17.1	23.9	100.0	3647.47	2423.59	456.23
韩国	77.0	8.8	15.3	100.0	1702.58	1140.76	264.81
俄罗斯	62.6	8.3	13.9	74.4	886.88	575.76	233.13

（续表）

国家	服务业就业占总就业比例/%	住宅建筑和商业及公共服务的二氧化碳排放量占总燃料燃烧的百分比/%	运输部门的二氧化碳排放量占总燃料燃烧的百分比/%	城市改善的卫生设施获得经改善卫生设施的城市人口所占百分比/%	人均医疗卫生支出/现价美元	人均教育公共开支/现价美元	客车/每千人
中国	36.1	5.7	6.9	74.1	321.69	190.39	34.49
巴西	64.6	4.9	39.5	87.0	1056.47	660.22	178.72
印度	25.3	5.6	8.0	60.2	61.36	49.89	11.32
南非	72.4	4.7	10.4	81.7	644.62	438.35	109.71

数据来源：CEIC。

在金砖国家中，中国各项指标仅超过印度。中国服务业就业占比为36%，人口活动体现的碳排放量不到10%，与之形成对比的是，重化工业产能过剩的局面，城市改善的卫生设施尚未覆盖到所有人口，人均医疗开支仅300多美元（为印度的5倍左右），人均教育支出190美元（为印度的4倍左右）。这些指标更体现了城市化的质量，也反映了人们居住城市的真正目的所在。如果按这些指标衡量，中国与发达国家城镇化的差距不只是实现20%人口城市化所要花费的时间，从城市化质量角度来看还有更长的路要走。

关于城市化和房价之间的关系，特征价格法的大量论述已经表明：住宅的真正价值不是建筑物本身，而是住宅所处位置以及附着在住宅周边环境的价值。随着城市化进程的推进，政府和私人部门在教育、医疗、基础设施投资的增加，那些距离这些设施越近的住宅其升值潜力越大。从区域的角度来看，一、二线城市相对于三、四线城市，东部城市相对于中西部城市的房价更具上涨潜力。

五、结语

本文从房价变动、人均住宅存量、信贷对房价影响以及城镇化长期趋势四个方面分析了中国城镇化进程中房价波动趋势，提出了如下四个观点：

首先，房价涨幅环比下降的城市增多并不能直接证明房价绝对值的大幅下降，更难以直接证明中国住房价格的泡沫破裂（或住房市场的崩盘）。以北京为例，假定 2014 年 4 月住宅均价为 35000 元/米^2，环比下跌 0.9% 意味着 2014 年 5 月的房价相对于 2014 年 4 月下降了 315 元/米^2，但它比 2013 年 5 月还是上涨的。通过同比和定基指数的方法，可以看到当前房价绝对水平仍在高位，是否下降还需要看较长一段时间的走势才能判定。

其次，支撑房价下降的一个重要理由是人均存量房面积过高。但通过固定基期、逐年累加竣工面积的方法计算城镇居民人均住宅面积，到 2012 年，我们推算的城镇居民人均住宅面积为 23.79 平方米（与此对比，18 年间国家统计局累计多增人均住宅面积约 9 平方米）；此外，我们用总量倒算的方法，证明了国家统计局在 2002 年将全国城镇居民人均住宅面积增加 3 平方米，以及在 2009 年将北京和上海的这一指标分别增加 7 平方米和 9 平方米，可能并不符合实际情况。

再次，当前房价上涨乏力的主要原因，是住宅成交的双方都失去银行信贷的有效支持。消费者的个人按揭贷款累计同比自 2013 年后一直降低，这自然影响需求。开发商方面，银行信贷呈现下降趋势，这在远期将严重影响住房供给，在近期将迫使开发商降价销售以加速现金回流，由此，使得房价出现暂时性下降走势。

最后，从房价变化的长期趋势看，在数十年的时间内，海外国家和地区房价变动趋势有着惊人的相似，即在波动中上升，通过计算各国房价的年平均复合增长率可见，与这些国家相比较，中国房价增长过快。但一个内在成因在于，中国尚处于城镇化的高峰期。以教育、医疗等公共开支作为衡量一国城市化的质量，中国与发达国家的差距更远。随着城市化进程的推进以及“住、行、学”这些方面投资的增加，住宅的价值还将进一步显现。城市化的进程意味着人口在空间上的迁徙和集聚，这决定了中国一、二线城市与三、四线城市的住宅价格走势还会继续分化。

第九章 治理“大城市病”要遵循规律——从城市规划视角看“拆墙门”事件

2014年开始我从事城市化相关课题研究。在此期间我阅读了一些城市规划经典书籍，如雅各布斯的《美国大城市的死与生》、扬·盖尔的《人性化的城市》《交往与空间》等，此外还摆弄了一些地理信息系统的软件如ArcGIS，由此积累了一些城市规划和交通规划方面的知识。2016年初《中共中央国务院关于进一步加强城市规划建设管理工作的若干意见》出台，其目标在于解决城市发展中的城市病问题，其中关于“拆墙疏堵”的意见引起了社会广泛关注，我受中国社会科学院公共政策研究中心王震研究员之邀，又有前期相关知识的积累，便产生了这篇跨界之作。

这篇文章的核心观点是，寄希望通过“拆墙”增加道路，从而缓解拥堵的方法是行不通的。道理很简单，因为“拆墙”增加的是毛细血管，而不是主动脉。收录这篇文章的目的是想强调政策应按规律办事，所以在原有题目基础上又加了个标题——“治理‘大城市病’要遵循规律”。规律是事物发展过程中的本质属性，具有普遍性；政策，是政府为实现既定目标而制定的行动原则及采取的具体措施。如果政策不遵循规律，往往会受到规律的惩罚。当前城市管理的一些措施不符合城市发展的规律，其结果往往适得其反，出现了城市失去活力、物价上涨、城市安全度下降等问题。城市化的核心要义是：集聚产生规模经济和范围经济。

此篇文章的发表借助了新媒体的力量，于2016年3月8日刊发在中国社科院公共政策中心的公众号上。

新年伊始，《中共中央国务院关于进一步加强城市规划建设管理工作的若干意见》出台，此政策的目的在于缓解快速城市化过程中突显的各类城市病。其中第十六条关于优化街区路网结构的建议明确提出：已建成的住宅小区和单位大院要逐步打开，实现内部道路公共化，解决交通路网布局问题，促进土地集约利用。

对此，一些经济学家表示：这是公权力对私权力的侵占，小区业主的生活质量、财产安全和人身安全将受到影响。他们提出“小区拆墙”的前提是居民具有持枪的权利。一些公知则提出质疑：“拆墙门”的建议究竟有没有经过科学论证？这是不是“国务院拍脑袋，律师就头疼”的事情？这些反对言论过于激进，似乎也没考虑到措施提出的前因后果。

笔者既不是隔岸观火看热闹的猴子，也无意于给这场激烈的争论加点料，只希望就事论事，从城市规划的一些基本原理出发，分析“拆墙门”对缓解城市交通压力是否有用。

一、“拆墙”对缓解城市交通压力作用甚微

打开住宅小区和单位大院外墙的主要目的在于增加路网数量和密度，单就这一点而言，对缓解整个城市的交通压力效果并不明显。

首先，需要厘清小区围墙打开后是什么？是街道，不是公路。事实

上，街道和公路并不完全等同。差异在于空间大小，街道的宽度在5～10米，公路的宽度在50米左右。丹麦著名建筑设计师扬·盖尔对人在不同空间尺度的感受进行了研究，50米左右是适合交通运行的空间，10米左右是适合商业运作的空间，适合人与人之间的互动。那么从功能的要求来看，公路和街道有不同的内在特质：公路要求单一性、简洁性、快速性、严明的规则和线性的结构等；街道则要求丰富性、展示性、空间自由公开、点面结合、自由驻足等。因此，从空间功能的视角看，小区打开后的街道并不适合车辆通勤之用。

其次，需要明确认识到城市交通的承载能力取决于主干路网的通勤能力，用图论的专业术语阐述，路网的流量取决于关键路线的最大通勤流量。举个简单的例子，北京的京通高速路是通州地区上班族出行的主要通道，假设下班高峰时期国贸地区去往通州的平均车流量是8000pcu/h（每小时标准车当量），即使将京通沿线的金都杭城、北京夜色、珠江绿洲、朝阳旺角等小区围墙全都打开，对于缓解高峰时的车流量也没有太大作用，因为几乎所有去往通州的车辆最后都要在八里桥这个出口上汇集，然后再流向通州各个地区。所以，管庄至八里桥这段关键路径的承载能力能不能扩容成为关键。

再举一例，假设流向北关、新华大街以及果园的车流量分别为2000 pcu/h、3000 pcu/h和3000 pcu/h，如果两广路延长线能够修通，国贸地区上班族可以通过广渠路进入通州果园地区，那么京通快速的平均车流量就会下降至5000 pcu/h（见图9－1）。打个比方，一位患有冠状动脉狭窄的患者，针对他的治疗方案主要是支架介入或心脏搭桥术。支架介入就等同于原有主干道的扩容，心脏搭桥就等同于新建主干道。打开住宅小区外墙类似于增强血液的局部微循环，实则并不对症。

图 9－1　京通快速路

二、缓解城市交通压力的两个措施

缓解城市交通压力的主要抓手在于增加主干道的通勤能力。首要措施是增加放射状主干道的建设。中国许多城市的道路规划格局是以环线快速路为主，而环路与环路之间缺乏放射状的连接。产生这一现象有其历史原因：农耕文明下传统城市格局与工业文明的内在要求不相适应。中国传统城市的规划格局大都是网格棋盘状的，这是与农耕时代城市风貌相适应的，王公贵族与市井生活之间界限分明，建筑和街道格局呈现方格形状。而工业时代对城市格局分布的内在要求是工厂集聚、居住集聚，不同功能区之间通勤便利。

现实情况是，中国的大多数城市为了保持既有横平竖直的风貌，都采取了一种折中建设的思路，即在城市外围修建快速环路。这种建设思路的好处是，可以确保周边区域的快速沟通，但中心外围之间的联系较少。对于中心驶向外围的车辆而言往往是两种选择：一是保持距离最短的前提下要走较多的支线道路，这就浪费了时间；二是选择快速环路尽管可以快速通达，但并不是理论上的最短路线。

一个鲜明的对比案例是北京和上海：北京的五环以内共有 4 条环路、共计里程 244 公里，五环以内覆盖人口 1050 万人、覆盖土地面积 706 平方公里；上海外环以内共计 3 条环路、共计里程 190 公里，外环内覆盖人口 1160 万人、覆盖土地面积 663 平方公里。总的来讲，上海以较少的环路里程数服务了较多的人口和土地面积，其交通状况明显好于北京。根据荷兰交通导航服务商 TomTom 在 2015 年 4 月发布的全球拥堵城市排名，北京是全球第 15 位拥堵的城市（见图 9 – 2），而上海排名第 24 位（见图 9 – 3），相差较远。造成这一差距的原因是：北京少有连接环路之间的放射性主干道，仅有长安街以及在各条环路的角上存在连接。相比之下，上海的延安高架、南北高架贯穿内环线，中环有 A9、A11、沪嘉高速、逸仙高架等多条高速连接，这使得中心到外围的扩散能力大大增加。

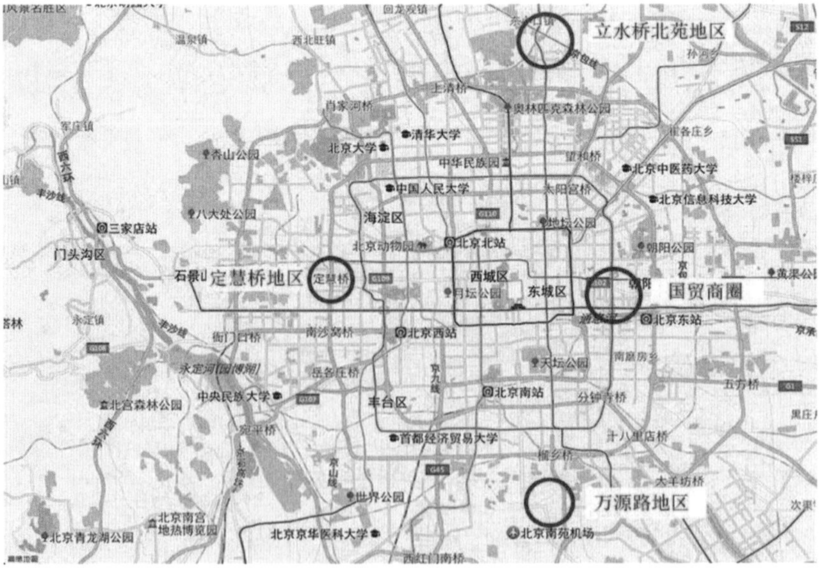

图 9 – 2　北京市交通图一览，圈出处为公认的“四大堵点”

两座城市的这种路网差异与城市历史密切相关。北京作为农耕文明时代传统城市的典范，其建设规模宏大、城市格局规整，在工业文明背景下难以进行大的改动。比如，中轴线不可能修建快速路，海淀圆明园一带也需要历史风貌的保护。反之，农耕文明在上海留下的城市印记较少。自鸦片战争开埠通商后，租界的道路格局奠定了城市路网的放射状形态，铸就了工业文明时代功能城市的典范。

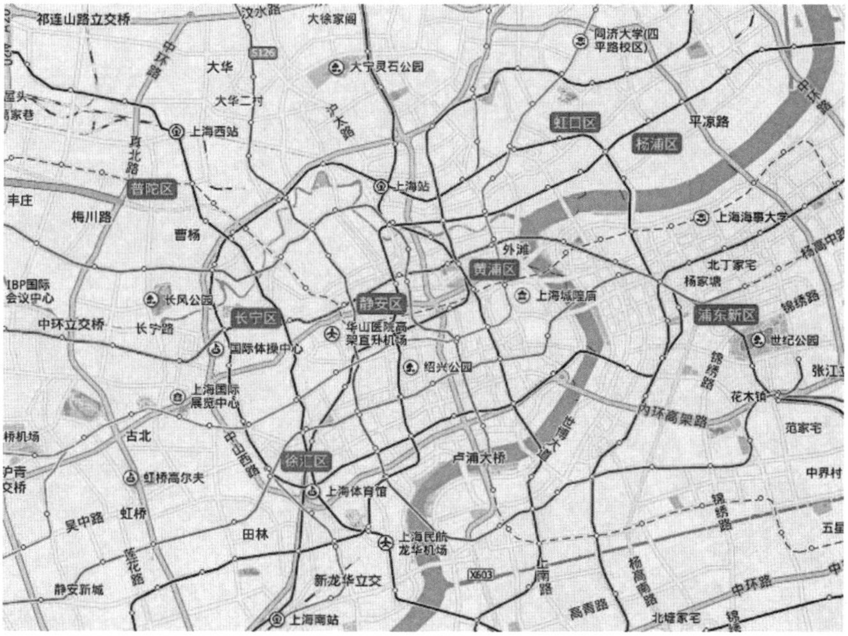

图 9－3　上海市交通图一览

缓解城市交通压力另一个重要措施是主干道扩容，应尽量采取立体交通的模式。现实的对比案例还是北京和上海：北京的环线快速路大都采取了地面快速路加路口跨线桥的设计模式，而上海则是采取高架快速路和地面道路平行的设计模式。如果将城市快速路看作城市交通的主动脉的话，这意味着北京是一条主动脉，而上海是近似两条。因而北京快速路的通勤效率较低，我们可以观察到的典型现象是出口或入口是经常的堵点。

此外，北京的这种快速路设计还会导致平交次干道被切断，主路之间没有一条辅路可以沟通；而上海的快速路设计不影响地面道路通勤，地面辅助路网是完整的。总的来讲，平面快速路是一种低通勤效率的道路方案，也是一种土地利用效率低的道路方案，它很容易使得城市形成摊大饼的扩张模式，因为要保证快速路通畅，最好使得出入口的间隔较大。

三、“拆墙”的其他城市规划意义及经济学背景

“拆墙”尽管对缓解城市交通压力并无太大作用，但它确实反映了国际潮流，不少专业人士将其解读为中国城市规划对《马丘比丘宪章》的呼应。

《马丘比丘宪章》签署于1977年，是对1933年《雅典宪章》的反思和再次发扬，《马丘比丘宪章》的先进性体现在：它对《雅典宪章》中城市分区概念进行了否定，提出城市应努力创造一个综合、多功能的环境，住房规划应促进人际关系和谐，不同社会阶层选择居住区应抱有宽容和谅解的精神。总结来说，《马丘比丘宪章》在土地使用方面要求私人利益服从公共利益。

《马丘比丘宪章》签署的背景是，人类正处于工业文明快速发展的时期，而工业文明内在要求的规模生产、企业集聚使得城市病问题逐渐凸显，如人口流动加剧、交通承载能力受限、工厂污染严重、人际关系冷漠等。城市规划者希望，城市社会回到过去那种功能综合、城市风貌统一、人际关系和谐的状态，因此在规划理念形成了统一意见。此后的经济转型也为这种思想提供了现实基础：人类进入后工业文明时代后，

服务业成为主要经济业态，网络经济使得生产者与消费者的界限逐渐模糊；这就使家庭生产和家庭办公成为可能，原本在城市空间范围内实现的居住、工作和休憩的功能在社区范围内就有实现的可能。

因此，根据《马丘比丘宪章》，打开小区围墙的意义就在于让服务于上述功能的各种公共设施在更大社区范围内共享：比如共享游泳馆、网球场，从而促进和谐的邻里关系；比如新建社区图书馆、咖啡吧，促进各类工作创意的交流等。

图 9-4　马丘比丘遗址

四、当前中国城市规划的现实选择

当今中国正处于快速城市化的进程中，经济发展也正朝着服务业主导的方向发展。但是，中国的区域发展极不均衡，东西部地区间差异巨大，这就要求中国的城市规划因地制宜，以适应当地的经济形态。对于中西部地区城市，城市规划应重点考虑功能布局以及不同功能区块之间的通勤状况。工业园区、开发区承担城市的生产功能，老城区承担了居住、文化教育、休闲娱乐等功能，这在城市形态上必然对应着功能型城市。对于已经进入后工业化时代的东部城市，城市规划应重点考虑人文的风貌展现，新建筑与历史文化的传承，创意经济应与城市特色紧密结合。

此外，公共服务均等化也是城市规划中应重点考虑的事项。中国“大城市病”并不完全是功能城市的产物，一些中国特色的社会管理模式也造成了城市通勤的压力。比如，户籍管理制度、上学择校制度以及社区转诊制度的不完善，这些都会加剧城市不同功能区之间的人口流动。

第十章　中国高铁或重塑城市化规律
——兼论房地产调控与城市化格局的匹配

这又是一篇讨论城市化规律的文章。古语云："君子谋时而动、顺势而为"，这里的"时"和"势"都有"规律"的意思，再细细体会一下，"时"和"势"是蕴含"一定条件的规律"。一旦条件改变，规律也可能发生变化。当前中国城市化面临的最大客观条件是高速铁路。根据国际铁路联盟的统计，截至2017年4月，中国已投入运营高铁里程达到22000公里，居世界第一位，而排名第二的日本运营里程仅有3041公里。高铁具有高速、高频、准点的特性，它的出现产生了明显的"时空压缩"效应，极大地拓展了交通可达性范围，对基于高速公路的汽车运输产生了冲击。试想一下，将如此巨量的基础设施安放在中国版图上，它将对人们的居住位置和出行方式产生何其震撼的影响。我所在单位就有从天津乘城际铁路上班的同事。在出差交通工具的选择上，如果是1000公里以下的行程，我一定会选择高铁出行。在这样的背景下，高铁对城市化规律的改变可能表现在城市化发展的第三阶段，即中国可能跨越城市发展的郊区化阶段直接过渡到城市带阶段。城市发展由中心聚集走向郊区化，反映了人们对城市中心的不舍，人们通过市郊之间的高速公路来保持这种不舍；而高铁的出现则大大扩大了人们的选择范围，尽管距离看上去远了，但时间却缩短了。这正是高铁改变城市化规律的根本原因。

高铁形成的网络图是一个无向图，因而高铁增强的可达性实际上是把双刃剑，它既可能加强中心城市的虹吸效应，也可能将中心城市过大的负载导出。这是要特别注意的。2010 年夏天，中国社会科学院金融研究所房地产金融中心主要成员去长三角调研房地产市场形势，其中一站是嘉兴。当时全国的房价正经历“高热不退”的状态，沪杭高铁即将通车，不少人认为这对嘉兴房价而言是利好消息，预计嘉兴的房价将迎来一波大涨行情；我则没那么乐观，我认为嘉兴的房价最多是小幅上涨，但也不排除下跌的可能。我的理由是高铁开通后上海会对嘉兴产生虹吸效应，将城市里“地铁一通房价就涨”的思维应用到城市间是不对的。事后来看，2011 年嘉兴的房价是小幅下跌的。从化解“城市病”的角度而言，我们希望高铁带来的是导出效应。那么如何做到呢？文中以案例形式给出了答案，即形成专业分工的城市竞争模式。

此文于 2017 年 9 月 28 日刊发在《社会科学报》的改革实践版面，最初标题为“房地产调控需顺应城市化发展规律”，此处改为“中国高铁或重塑城市化规律”，这是中国特色经济学的真实案例。

当前我国城市化还处于首位城市人口集聚未完成的阶段，因此未来一段时期内“大城市病”依然是我们要面临的严峻问题。中国高铁的快速发展可能会重塑城市化一般规律，即中国可能会跨越郊区化发展阶段直接过渡到城市带阶段，这为解决“大城市病”提供了新的契机。把握这一契机的关键在于：高铁沿线小城市应发展自己的特色产业，与大城市形成专业分工的互补发展模式。雄安新区的功能定位或许会成为特色城镇的范本。相应地，房地产调控应与这种新型城市化格局相适应：一线城市应大力发展住房租赁市场。二线城市如天津、杭州不能一味压制需求，应从区域大局观出发意识到自己对一线城市的承载作用，注重围绕高铁站增加土地供给，发展适合高端商务人士的生活服务业。高铁沿线的三线城市房地产调控应注重产城融合；西部三线城市应警惕去库存转化成新的投资、投机热情，进而形成新泡沫。

一、城市化发展的国际规律及当前中国城市化的阶段

城市化发展大体包括三个阶段：第一阶段，当城市人口超过10%以后，进入城市化的初期阶段，城市人口的增长以自然增长率为主；第二阶段，当城市人口超过30%以后，进入城市化加速阶段，城市人口迅猛增长，这其中人口迁移占多数；第三阶段，当城市人口超过70%以后，进入城市化后期阶段，城市化进程放缓，以郊区化和形成城市带为主。我们对100多个国家的实证研究表明，绝大多数国家在城市化进入第三阶段之前，采取了大城市战略完成人口集聚过程，而且首位城市在城市人口中的比例极高。在高峰时期，5个英国城市人口中有1个居住在伦敦，4个法国城市人口中有1个居住在巴黎；亚洲完成城市化的国家中，高峰时期的日本3个城市人中有1个是东京人，韩国2.5个城市人中有1个是首尔人；以国土面积较大的俄罗斯和美国为例，前者最大城市人口占城市总人口比例为11.4%，后者为7.1%；南美洲的阿根廷和智利，这一比例分别为38.1%和40.7%。

2016年中国城市人口占总人口的比重为57.4%，以该指标判断中国目前处于城市化第二阶段的尾声，如果城市化率每年保持1.5%的增速，中国到2025年即可完成城市化。然而，以首位城市人口集聚程度视角来看，中国的城市化还有很长的路要走。根据世界银行的统计，中国最大城市上海在2016年的人口为2448万，占城市总人口比重为

3.1%，这一比例低于所有金砖国家，甚至比城市化程度远低于我们的印度还低（2016年印度的最大城市人口占城市人口的比例达到6%，而其城市化率仅为33.1%）。

由于城市承载力、“大城市病”等原因，我们针对特大城市采取了“以业控人”等人口疏散措施，然而从国际经验来看，这一做法很可能是错误的。20世纪90年代中期，日本东京实施了首都功能分散计划，即用行政力量进行人口疏散，但日本很快就放弃了这一计划。一方面这影响东京作为首位城市的国际竞争力，另一方面整个日本的竞争力也受到了影响。为什么会出现这样的现象？因为当一国完成工业化进入城市化发展阶段后，这个国家的核心竞争力就由工业转向服务业，而服务业效率的提高离不开人的聚集。生产性服务业的创新离不开信息、知识的碰撞，生活性服务业的发展具有规模门槛效应，这也离不开人的聚集。从数据来看，2016年仅北京和上海两座城市就贡献了全中国第三产业10.2%的产值，4座一线城市贡献了16.8%。当前共享经济在一线城市的蓬勃发展以及海外创业水土不服的事实说明，服务业的兴旺需要一个坚实的人口基础。基于理论和现实逻辑，未来5~10年内中国的城市化应以大城市战略为主导。

二、中国高铁或重塑城市化规律

高速铁路的出现使得城市发展由郊区化迅速向城市带转变，新干线的出现使得东京都市圈扩大成为东京－大阪大都市连绵带，法国高速铁路TGV的出现使得大巴黎扩大成为巴黎－里昂组合都市区。高铁促进城市带形成的根本原因在于：快速、高频的运输服务产生了明显的“时空压缩”效应，使得交通可达性的范围远超基于高速公路的汽车运输。

中国高铁重塑城市化规律主要表现在城市化发展的第三阶段，即中国可能跨越城市发展的郊区化阶段直接过渡到城市带阶段，这为解决“大城市病”以及重构城市与区域空间结构提供了新的契机。比如，京津城际的开通对选择居住在燕郊的人口形成了较大竞争，搭乘京沪高铁上班的新昆山人有效分流了居住嘉定的人口。

高铁可达性的增强是把双刃剑，它既可能进一步强化“核心－边缘模式”，也可能促成“多中心化模式”的形成。前者的典型案例是日本，随着新干线的建设，东京获得了最大的增长，大阪次之，而位于新干线中间位置的名古屋由于初始规模小而增长缓慢，甚至在某些领域出现负增长。导致这一现象的原因是，具有多项竞争优势的大城市在高铁“时空压缩效应”的帮助下获得了更大的规模经济，形成了极化现象。甚至有学者认为，对缺乏产业竞争优势的小城市而言，不与高铁相连反而有助于防止地区衰退。如何破解大城市虹吸效应这一难题？关键点是小城市应发展自己的特色产业，与大城市形成专业分工的互补发展模式。支撑这一模式的典型案例是法国：里尔原本是一个传统的工业城市，随着 1993 年巴黎－里尔高铁的开通和 1994 年欧洲之星的开通，里尔提出了建设欧洲服务中心的目标，目前已成功转型为一座商务城市。同样成功的还有德国：德国 ICE 的开通不仅没有使得法兰克福中心人口更加集聚，反而出现了中心城市人口往外转移的现象；与此同时，区域内的城市和星罗棋布的城镇在经济上各具功能，这使得区域经济在 ICE 的串联下整体竞争力得到进一步提升。

中国重塑城市化第三阶段规律，是要遵循日本模式还是欧洲模式呢？答案不言自明。具体如何实施，雄安新区的建设可能在未来提供范本。雄安新区的定位是集中承载非首都功能，并从区域角度优化城市布局和空间结构。什么是非首都功能？哪些行业是要集中疏解的？首先，总部经济是非首都功能。总部经济导致了北京与地方之间的通勤增加，企业总部与政府的近距离接触也增加了腐败的机会，因此总部经济需要搬离。其次，要重点疏解教育和医疗资源。习总书记提出，雄安新区要建设绿色生态宜居新城、创新驱动发展引领区。如何满足这两个条件，教育和医疗这两个高端服务业恰好具备低碳、高附加值的特征。这一产业布局也可与北京的行政中心、文化中心、国际交往中心形成错位发展。

雄安的发展具有典型性，它依托的是首都资源的疏解，那么雄安以外的区域如何推进城市化？应从宏观上划定一个城市化的主要区域，我们认为胡焕庸线（黑河－腾冲线）以东地区是发展重点，该地区占全国44%的面积，却拥有94%的人口，这种高聚集的人口密度为城市化提供了天然的土壤。微观上如何进一步细化？根据测算，至2020年"四纵四横"以及四个城际快速系统建成后，由"京广、京沪、沪蓉、徐兰"高铁构成的倒"甘"字形地区是加权平均旅行时间的核心低值区，且这些线路沿线走廊地区在高铁建成后加权平均旅行时间变化显著（见图10－1）。这意味着《国家新型城镇化规划》中涉及的特色小镇应在倒"甘"字形的走廊区域选址布局。一方面，这些特色小镇的居民离不开核心城市的多样生活，另一方面，特色小镇的产业发展需要城市的人口依托。比如，在京张高铁沿线发展冰雪特色小镇，在沪宁城际沿线发展古镇旅游，这都会成为特色小镇的典范项目。

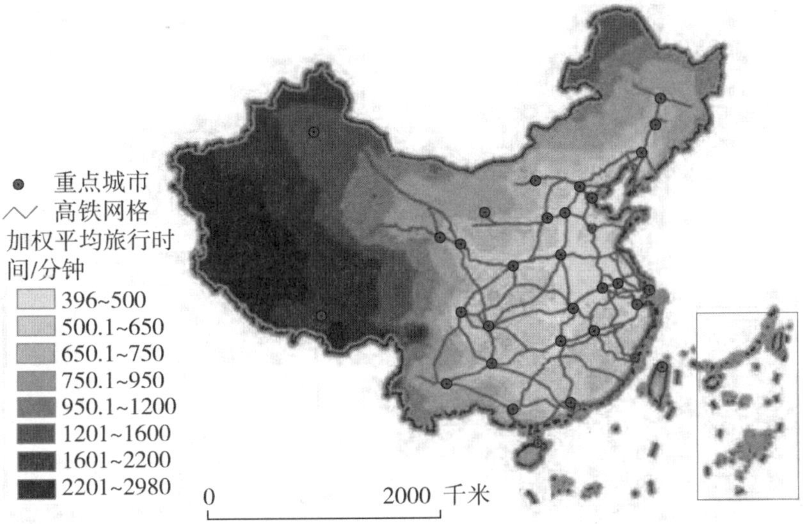

图 10－1　“四纵四横”完成后加权平均旅行时间①

三、房地产调控与城市化格局匹配的对策

安居才能乐业，实现住有所居是城市化的关键问题之一，将这一问题与城市化发展的规律有机结合起来，可以更好地促进城市空间布局优化。应当肯定的是，当前因城施策的房地产调控措施是完全正确的，因为不同层级城市在城市化格局中的地位和定位是不一样的。

（一）一线城市的对策

当前一线城市的房地产调控存在一个难解的矛盾现象：一方面，高房价关联银行、土地财政，可能导致系统性风险，于是我们采取了抑房价的措施；另一方面，一线城市集聚过程远未结束，如何在资源承载力

① 颜色越浅的区域加权平均旅行时间越短，这些区域的可达性越好。

有限的情况下满足新进入城市人口的住房需求？这就必须大力加大发展住房租赁市场。租赁市场的发展可以使得原本用于投资投机的空置住房利用起来，优化供给结构；稳定的租赁市场还可以改变市场恐慌性购房的预期，发挥抑制泡沫的作用。在具体实施中，可参照日本建立租客保护政策，如：一旦租客与业主签订租赁协议，业主没有权利驱逐租客，在租客半年不缴纳租金的情况下，业主方有权利起诉；业主或租客终止租约，须提前六个月通知；若业主无法续订租约，需提供正当理由。

一线城市在大力发展租赁市场的过程中，应注重为低端服务业的劳动者提供租赁住房。低端服务业（主要指生活服务业，包括餐饮、保洁、快递等）是整个城市服务业竞争力的重要部分，解决了行业劳动者的住房痛点整个服务业就有活力。一方面应成立专门机构提供有效供给，另一方面还应通过政府补贴降低租赁价格。

（二）二线城市的对策

二线城市应分两类情况看待：一类是位于一线城市 1 小时都市圈范围内的，如天津、杭州。由于高铁的“时空压缩效应”，这类城市须意识到自己在部分空间上已成为一线城市的卫星城，而且承载的是高端商务人士。从区域大局观出发，这类城市在房地产调控政策上应围绕高铁站加大土地供给，合理规划，以高端商务人士的生活服务为导向进行产业规划。这既可以缓解一线城市的“大城市病”，也可以形成自身城市发展的新格局。

另一类是处于区域中心地位的二线城市，如武汉、重庆。这类城市一方面要通过增加土地供给有效抑制房价，让市民买得起房，有归属感；另一方面针对短期外来务工人员，要大力发展租赁市场。

（三）三、四线城市的对策

三、四线城市也应分两类情况：一类是位于胡焕庸线以西的城市以及尽管在胡焕庸线以东但处于高铁可达性孤岛的城市，这类城市的房地产调控应以市场主导为主。当前受益于中央去库存战略和地方棚改计划，这类城市的库存情况有了很大改善；但我们应警惕这种去库存的大好形势形成新的投资、投机热情，进而形成新泡沫；毕竟这类城市是城市化背景下的衰落城市，这类城市的房地产调控应尽快回归市场。

另一类是处于高铁走廊上的三、四线城市，这类城市的房地产调控应注重产城融合发展。一方面，土地供应应围绕高铁站展开；另一方面，相关的落户和购房优惠政策应与特色产业结合起来。

第十一章　住宅市场的价格特征：以北京为例

这是一篇有关方法论实践应用的文章，尽管以数据分析为主，但实则阐释了房价在一座城市内部的空间分布规律。莱布尼茨曾说：“世界上没有两片树叶是完全相同的。”住宅与树叶具有类似的性质，即每一套住宅都是完全不同的：地理位置不同，周边设施不同，楼层不同、朝向不同、面积不同、装修不同等，这些特征上的差异如此重要，以至于新房售卖要实行“一房一价”的政策。那么我们如何判断定价政策是否合理呢？或者说我们如何度量差异呢？恩格斯曾经说过：“同一性自身包含着差异性，这一事实在每一个命题中都表现出来。”这句话阐明了差异性和同一性之间的辩证关系，也即不同的差异之间蕴含着共同规律。如何把握住宅不同特征对房价作用的一般规律呢？具体的做法是将所有特征进行正交化操作，提取前几位重要主成分进行考察。

从统计分析结果来看，对房价影响由大到小的因素依次为：第一，住宅在整个城市中的位置，距城市中心越近价格越高，也即“location, location and location”这个规律；第二，住宅小区周边的基础设施（尤其是交通基础设施）的强度，强度越大住宅价格越高；第三，住宅建筑属性的好坏，如房龄越新、装修越好等房价越高。用政治经济学的语言来说，即“以位置为代表的级差地租Ⅰ对房价的影响” > “以追加投资为代表的级差地租Ⅱ对房价的影响”>“建筑物自身对房价的影响”。以上是北京案例分析的结果，也是大部分城市的一般规律。在这些大规律之外也有一些例外的情况，比如上海，它是个双中心城市，浦西的房价符合上述规律，浦东则与上述第二条规律不一致。即在浦东范围内，住宅周边的基础设施强度越大，房价反而越低；这可能反映了在浦东地区的购房者在宁静社区以及便利性两者的取舍上更偏好前者。再比如南京，尽管符合上述的大规律，但建筑属性如楼层以及装修程度对房价的影响却要大于北京这类一线城市建筑属性对房价的影响。这背后反映了二线城市的集中度不如一线城市，因为地租的作用还没有强到使建筑属性内部的差异消失，这也意味着这类二线城市在未来还有再城市化的潜力。

这篇文章抽丝剥茧地分析了北京房价的空间特征，这背后也反映了建模的思路。此外，引言部分的文献综述也值得一读，读者可以按图索骥找到自己关心的影响房价的重要因素。此文最初发表在《金融评论》2012 年第 6 期。

一、引言

住宅价格问题是住宅市场的基本问题，然而由于统计方法缺陷以及主观选样偏差，导致我国目前住宅价格指数并不能客观地反映市场运行情况。就当前房价统计方法而言，采取的主要是非同质方法，一般是平均法。该方法的最大缺陷是忽略了住宅自身的差异因素，在现实中由于新建房样本大都集中在郊区，往往在这一区位因素主导下导致房价统计系统性偏低。住宅特征价格模型是国外房价研究中一种相对成熟的方法，特征价格的英文为 Hedonic Prices，Hedonic 的英文原意为“享乐的”，这里取其“能够给人带来效用”之意。因此，特征价格模型的含义可以理解为：商品的价格应等于该商品所包含的一切能够满足人们需求的特征的价格之和。

采用特征价格方法计算住宅价格，具有微观和宏观两方面的实践意义。就微观角度而言，住房购买者可在邻里和区位特征相同的条件下，比较建筑特征的差异，从而决定自己购买的住宅是否存在套利空间，比如如果毛坯房相对于精装修的住宅，价格的便宜程度大于装修成本，那么就存在套利空间。住宅开发商可通过一座城市的距离和邻里特征，决定自己的开发选址是否有利。就宏观角度而言，由于我们分解了住宅的价格特征，也就得到了同质条件下的房价，从而也就客观地刻画了住宅市场的变动，这对房地产宏观调控、银行压力测试、土地财政可持续性及房地产税等课题的研究均至关重要。

自 20 世纪 60 年代以来，国外住宅特征价格研究蓬勃发展，我们将有关文献大致分为三个方面进行简要回顾：第一，用于对住宅周边公共产品的分析，这其中研究较多的包括轨道交通、公园、学校等。Grass（1992）研究发现临近地铁、轻轨会提升住房的价格；但 Forrest 等（1996）对曼彻斯特轻轨线路的研究发现邻近轻轨车站会降低住房价格。实际上产生的两种对立结果源自轨道交通对居住环境的影响是两方面的：一方面它为出行提供了交通便利性，但另一方面其产生的噪声影响居住的健康。Lutzenhiser 和 Netusil（2001）研究了都市公园、天然公园和专业公园对住宅价格的影响，其结论是三者中天然公园的影响最大。Clauretie 和 Neill（2000）用学生的 SAT 成绩作为学校质量的代理变量，发现其与住房价格之间存在显著的正向关系。第二，对非市场产品的评估，这一类评估主要涉及存在负外部性的产品，在政策上则与环境经济学相关，具体包括噪声污染、空气污染、水污染等。学界公认的最早将特征价格法应用于住宅领域实证分析的文献是关于空气质量的，Ridker 和 Henning（1967）以圣路易斯市为样本进行的空气污染（以硫含量为代理变量）对房价影响的分析；Zabel 和 Kiel（2000）对美国四个城市的空气污染对房价的影响进行了研究，然后根据估计系数和样本得出如下结论，即经过环境治理达到国家环境空气质量标准（NAAQS）后，四个城市从中获益 1.71 亿 ~9.53 亿美元。Espey 和 Lopez（2000）的研究表明，噪声对住宅价格产生负的影响其门槛值至少要达到 65 分贝；Nelson（2004）研究发现，噪声每增加 1 分贝，房价下降 0.51% ~0.67%。关于水质量对房价的影响，Michael 等（2000）针对缅因州的湖水透明度产生的影响进行了测度，该文的目的并不是想说明最终的测度结果，而是通过变换不同的测度方式得出不同的结果进而说明政策决定必须对其依据进行小心考证。Bin 等（2008）对北卡罗纳莱州卡特里特郡的海岸线房价受洪水影响的程度进行了分析：该文的新颖之处是它不仅分析了洪水这一环境因素的影响，还将其与保险费率联系在一起；其结论是洪水泛滥区的房价明显低于其他地区，相应的保险费率也高于其他地区，这说明住宅市场和保险市场的均衡是一致的。第三，关于住房价格指数编制。在上述第二方面的截面分析中加入时间虚拟变量即可编制住房价格指数。Ferri（1977）将特征价格指数与传统方法编制的房价进行了对比，结果发现 1965 年至 1975 年间传统指数上涨了 86.2%，而特征价格指数仅为 59.2%；其原因是后者剔除了由于样本住房楼龄的缩短、住房设备的改善等因素对价格的影响。Case 等（1991）对特征价格指数、加权重复销售指数和混合模型方法的结果进行了对比，其结论是三种方法中加权重复销售指数表现最差，特征价格指数法优于前者，混合模型效果最好，因为混合模型包含了组内估计和组间估计两方面的信息。Hill 等（2009）对澳大利亚悉尼市 2001 年至 2006 年间出现的楼价暴涨和暴跌进行了测度，结果表明三者测度大体一致，差异不大。

住宅特征价格是一项基础性研究，从国外已有文献来看它取得了广泛的应用价值。然而，由于房价及其特征数据的可得性和真实性两方面的原因，国内这方面的实证研究未能取得较大进展。本文的主要贡献表现在以下三个方面：第一，基础数据方面，目前二手房价格相对真实的信息主要来自中介发布的信息（各地建委数据因避税原因明显低于真实成交价），然而中介信息的最大缺陷是重复发布。我们建立了一套重复数据剔除规则，在剔除了 90% 以上的数据后，得到北京地区跨时 3 年、800 多个小区，共计 60 余万条包含建筑特征的数据。这一数据库是保证本项研究客观真实的基础。第二，研究思路方面，我们采取了从微观到宏观的实证分析思路，即在相同小区内计算建筑特征差异，在得到每个小区的所有建筑特征组合对应的价格信息后，再进行邻里和区位特征的计算。这么做的原因包括两点：其一，如果采用包括时间虚拟变量的单一方程回归，任何计量软件都难以承担 60 余万条的工作量；其二，在小区内进行数据量的精简可以防止房价系统性高估，因为存量房市场数据主要集中在城区，而小区分布则相对均匀。第三，特征指标的全面性。建筑特征除楼龄、朝向、使用面积未包括，几乎包括了所有特征；邻里特征包括了商业、教育、医疗、公共场所四个方面，仅仅未考虑环境污染因素；区位特征涉及该区位到市中心的直线距离和交通便利性，而交通便利性在公交车站点方面还区分了上行和下行。

二、不同住宅价格统计方法的比较

上文主要阐述了住宅特征价格的基础性作用和应用价值，并对相关文献进行了简要回顾，在正式开始对北京的住宅特征价格分析前，我们对不同住宅价格统计方法进行对比，说明住宅特征价格在统计上的优势。

（一）非同质方法

非同质方法即忽略住房差异性特征，直接以各报告期交易住房单元成交价格的算术平均值、加权平均值或中位数等指标作为价格统计结果。目前，国家统计局公布的“商品房平均价格”指标即采用非同质方法进行计算。该指标将开发企业填报的新建住房销售金额和销售面积分别在城市、省、全国等各层面进行加总后，将销售金额总额除以销售总面积，计算得到平均销售价格，实际上等价于以住房单元面积为权重，计算各报告期内成交住房单元单价的加权平均值。

非同质方法的最大优势是对基础数据源的要求较低，尤其是不需要成交单价、单元面积之外的其他住房属性信息。因为对基础数据的要求低，它的劣势也是非常明显的。由于该方法假设除单元面积以外的属性是匀质的，而现实中可能出现选样的系统性偏差。比如当前的“平均价格指数”，由于统计的新建房大都集中在郊区，因此放在同质可比条件下相当于区位属性降低，如果考虑时间维度，这意味着系统性地低估房价上涨幅度（即以当前处于城市郊区的住房价格，与以往城市中心地区的住房价格进行比较）。此外，即使报告期内成交的住房单元属性不存在系统性变化，且样本量足够大，非同质性误差还将影响住房价格统计结果的信度（即加大统计结果中包含的随机误差，主要体现为短期市场结构变化引起的统计价格波动）。

综合上述分析，非同质方法尽管因其低基础数据要求而具有高可行性的优势，但其固有的同质性误差不仅降低了价格统计结果在短期维度上的可靠性，而且可能在长期维度上存在系统性偏误。

（二）样本匹配法

针对非同质问题的第一种质量调整思路是采取样本匹配（sample matching）法，即仅选择那些在不同报告期内没有发生任何质量变化的相同样本，据此进行价格统计，从而利用此类样本固有的同质性特点达到质量控制目的。存量住房价格统计中广为应用的是重复交易法，最为典型的是 Case 和 Shiller 编制的关于美国住宅市场的重复交易指数。这一方法考虑在各报告期内至少交易过两次的样本数据，进而在假设同一物业在不同报告期内保持各项特征不变的前提下，利用相同物业在两次交易间的价格差异编制住房价格指数。

对于新建商品住宅而言，显然无法应用重复交易方法，因为这是首次交易。但是在样本匹配这一大思路下，新建住宅可以在统一开发项目的相同单元内进行匹配，这是由于同一住房项目内的住房单元不仅具有相同的区位条件和邻里环境，而且通常在户型、装修、设施等物理属性方面也具有高度相似性，有助于在住房价格统计中进行质量调整。我国目前的“70 个大中城市房地产价格指数”即是采取这种思路进行样本匹配的。该方法的具体做法是：以新建住房项目作为价格统计中的基本单元，首先利用加权平均公式计算每一在售项目在该报告期的平均价格，再将该平均价格与同一项目前一报告期平均价格进行比较，计算其环比变化率。在逐一计算得到各项目本报告期环比变化率的基础上，进一步利用各项目交易量为权重计算环比变化率的加权平均值，作为该报告期全市新建住房环比变化率的最终结果。

该方法尽管能够有效控制交易住房单元在项目层面上的质量差异，从而部分满足同质可比要求。但是，该方法在应用于中国新建商品住宅市场统计时，至少存在以下两方面问题。首先，这种方法仍无法实现对单元层面住房属性差异的控制，甚至放大了单元层面住房属性变化对最终统计结果的影响。多数情况下，特定住房项目在取得预售许可证后，其全部单元将同时投放市场。一个合理的假设是，户型、楼层、朝向等方面属性较受欢迎的住房单元将被首先选购，相反滞销单元（“尾盘”）则通常具有某一方面的不利条件。这将导致同一项目在不同报告期内成交的住房单元存在单元层面属性的持续“下降”，从而导致最终统计结果对住房价格涨幅的系统性低估。其次，也是更为重要的，由于该方法仅仅是在单元层面进行特征同质化控制，但在区位和邻里层面并没有进行样本匹配，这实际上也会出现上述非同质方法中的系统性低估问题。

在我们的研究中，房价中最为主要的特征是区位特征，鉴于当前新建房郊区化的趋势，系统性低估在所难免。事实上，研究存量房市场的价格特征更具实践指导意义。然而，由于存量房市场广泛存在的阴阳合同问题，基础数据的真实性难以保证，而拥有真实交易数据的二手房中介，出于商业保密性的原因，这些数据又不可得。鉴于重复交易方法在实践中的缺陷和数据方面的困境，我们将住宅价格的研究转向特征价格。

（三）特征价格法

对住宅价格非同质特征进行调整的另一个思路是借助于特征价格模型（hedonic price model），因此被统称为特征价格法（hedonic method）。

特征价格法的核心要义是，特定住房单元价格由其包含的各种特征以及每种特征的特征价格决定，通过大量数据反映的特征信息计算出房价的基础性价格。式（1）给出了其最常见的形式：

$$\ln P_t = c + \sum_{n=1}^{N} \beta_n X_n + \sum_{t=2}^{T} \alpha_t D_t + \varepsilon \tag{1}$$

其中，c 为常数项，X_1，…，X_n 分别为住房的 n 个特征因素，β_1，…，β_n 分别为对应的特征价格，D_t 为时间哑元变量，α_t 为时间哑元变量系数，ε 为随机误差项。利用特征价格法进行住房价格统计最常见的一种思路（“一次性建模形式特征价格法”），是将各报告期成交住房单元价格和属性数据一次性引入式（1）所示特征价格模型中，再利用估计得到的各时间哑元变量系数计算住房价格指数。现实中，也可通过截面数据计算出住宅的基础性价格，再通过同比或环比计算出住房价格指数。

理论上，特征价格法同样能够在很高程度上满足同质可比要求。但特征价格法的准确应用有赖于高质量基础数据源，尤其是除住房交易价格外，还需要包含对各种住房属性数据的完整反映。本项研究获取的数据很大程度上可以满足特征价格的计算要求。一方面，关于建筑特征平均一个季度提供的数据就达到 5 万条；另一方面，通过地图搜索抓取的大量的小区周边的商业、医疗和教育设施数据很好地满足了邻里特征计算的需要。上述公式看似完美，数据也相当充分，似乎计算特征价格没有问题；然而，样本选取的不当仍然可能导致统计结果的系统性偏误，比如每个季度提取的 5 万多条数据集中在郊区，或集中在大户型住宅上，这都会导致价格的系统性低估。

三、住宅价格特征选取、实证研究思路及方法说明

（一）住宅价格特征选取

特征价格方法有广泛的应用领域，比如国内外文献已有将特征价格用于计算机和汽车这类零部件较多的商品中，然而将特征价格应用到住宅价格决定中是最为复杂和最有难度的。一方面，从商品属性上看，尽管住宅和汽车、计算机这类商品为人们提供的都是综合效用，但住宅与它们的最大区别是商品的不可拆分性。就计算机而言，其特征价格不仅可以通过特征参数由方程解得，也可通过某个部件在不同等级之间的价格差异直接反映，因此方程估计的特征价格可以进行可靠的验证；就住宅而言，由于其不可拆分性，在构建特征价格方程时就应该尽可能包括所有特征参数，否则因遗漏导致的价格偏差难以得到印证。另一方面，住宅与汽车、计算机这类商品的最大区别是不可移动性，因此其特征价格很大程度上取决于附着于住宅的周边环境，而对周边环境的估计带有很强的主观性。如果将小区周边范围确定为其中心 20 公里，那么一个行政区都将共享相同的周边设施，这将造成邻里特征参数没有显著性；如果将小区周边范围确定得过小，又会导致计算邻里特征的样本过少。因此如何使我们的主观判断接近现实中人们对周边设施的认识，这是一个不断试验的过程。

鉴于上述论述，我们在特征参数的选取上应尽可能全面，而在邻里特征计算方面，我们应试验不同的周边环境范围。此外，在特征参数的选取方面还应考虑数据的可得性以及已有文献论述的相关特征的重要性。

住宅特征大体上可以分为三类：建筑特征、邻里特征和区位特征。这三个特征在空间上遵循着由小到大的顺序，即建筑特征仅限于住宅单元自身，邻里特征涉及小区周边环境，区位特征反映了小区在整个城市中的空间位置。

我们对住宅价格特征文献进行了梳理分析。就建筑特征而言，Sirmans（2005）的总结发现如下特征是学者考虑的重点（按出现频次由高到低排列）：房龄、建筑面积、是否有立体车库、是否有壁炉、占地面积、浴室数目、卧室数目、是否有空调、是否有泳池、是否有地下室等。Sirmans 总结的文献主要反映了西方国家的住宅建筑特征，尤其是反映了美国的建筑特征，比如是否有泳池、是否有壁炉、是否有车库。结合中国国情，我们认为建筑特征应该包括：建筑面积，通常认为面积越大，单价越低，这可由规模经济解释；卧室数目，通常认为卧室数目越多，为家庭成员提供的空间和功能越多，效用越大，从而价格越高；是否装修，通常认为装修的住宅比没装修的贵，因为装修的投入可以产生实实在在的效用，但也有观点认为如果装修老旧或不符合购买者需求，装修将成为负担；楼层，在高层住宅并不普遍的时代，人们偏好楼层的中间层，当高层住宅较为流行时，人们往往认为楼层越高越好；建筑年代，老旧的住宅相对便宜；房间朝向，这一点在北京这座城市应该存在显著特征，通常认为南北通透的住宅透气性和采光性都很好，朝南的住宅比朝北的价格更贵；使用面积，在得房率越来越低的背景下，人们更多地考虑使用面积的大小。表 11 -1 列示特征价格计算中考虑的指标以及最终进入计算的指标。

表 11-1　住房特征价格的计算指标

大类	指标	是否进入最后计算	未进入最终计算的原因
建筑特征	建筑面积	是	—
	卧室数目	是	—
	是否装修	是	—
	楼层	否	普遍不显著
	建筑年代	否	样本数据不充足
	房间朝向	否	样本不充足，且虚拟变量过多
	使用面积	否	样本数据不充足
邻里特征	商业环境	是	—
	教育条件	是	—
	医疗条件	是	—
	公共场所	是	—
	银行服务便利性	否	样本统计有遗漏，只有中国银行的网点情况
	宾馆	否	存在共线性问题
区位特征	通勤便利性	是	—
	到达城市中心的距离	是	—

就邻里特征而言，我们考虑如下因素：商业环境，通常认为商业环境对住宅特征价格的影响是正向的，但 Colwell（1985）的研究表明住宅价格和到商业中心的距离并非单调关系，究其原因，靠近商业中心意味着更好的市政设施、娱乐便利性，但同时也存在噪声、污染等负面效应。教育条件在很大程度上会对住宅价格产生正的影响，Clauretie 和 Neill（2000）用学生的 SAT 成绩作为学校质量的代理变量，发现其与住房价格之间存在显著的正向关系。在中国，基础教育的升学是通过片

区行政划定的，因此在计算中如果能够得到某一小区是否属于重点小学或中学的信息，可以直接确定教育条件对房价的影响，但由于信息的缺失，我们使用小区周边的教育设施数量进行替代，即幼儿园得分为1，小学得分为2，中学得分为2.5。这一指标仅仅反映了数量特征，并没有反映出质量特征。关于周边医疗条件对房价的影响，目前文献中还未曾出现，但我们考虑老龄人倾向选择在医疗条件好的地区居住，因此将其作为邻里特征考虑。公共场所，公共场所在国外文献中被考虑最多的是公园，并且公园的类型又被分为都市公园、天然公园和专业公园，在三者中天然公园对住宅价格的影响最大（Lutzenhiser and Netusil，2001）。这一研究成果具有典型发达国家特点，西方国家大多地广人稀，在住宅选择上更讲究环境质量。在本项研究中，我们的公共场所不仅包括公园，还包括体育场馆、旅游景点等，这些公共场所的统计采取数量加总的方法，不考虑其在提供效用上的差异。我们综合认为这些设施对人们的生活质量产生正影响，进而推动房价。宾馆，宾馆的选址实际上是商业便利性和旅游便利性两方面的综合，我们选取该指标作为特征因素，但同时也考虑指标之间的共线性问题。

区位特征被认为是影响住宅价格最重要的因素，房地产领域的至理名言“Location，Location and Location”就是对这一因素的充分阐释。对区位特征的度量可以从两个方面测度，一方面可以通过住宅到城市中心的距离衡量，另一方面可以用住宅周边的交通便利性衡量，因为作为距离的空间是以到达目的地的时间度量的。So（1997）等人通过衡量住宅到最近的地铁、公共汽车、小型公共汽车站点的距离，对香港地区交通可达性的重要性进行研究，揭示了香港地区对公共交通的依赖性很高，人们为了得到更好的工作场所可达性，愿意为住宅支付更高的价格。我们的研究以小区周边交通的便利程度作为代理变量，公交站点得分为1，地铁站点得分为5。

（二）实证研究思路

特征价格的计算可以采取如上文公式（1）所述直接一次计算的方式，这种方式的样本选取要求在各个特征上分布均匀，但从目前提取的样本情况来看，一次性计算可能产生系统性高估房价的情况。图11－1是小区样本的分布情况，根据我们的统计，四环路以内的样本小区数为426个，总样本数为812个。这意味着四环内外的小区数目是大致相当的，但是就小区内部的住宅单元来讲，四环以内小区的样本数目明显多于四环以外的小区，因为作为二手房，核心城区的存量和报价量更多，因此如果所有数据直接一次进入方程，那么方程的计算结果将更多地反映核心城区的信息，这会导致北京的房价系统性高估。对此，我们采取如下的方法解决：即首先对每个小区内的样本进行建筑特征的计算，然后再结合邻里特征和区位特征进行计算，这样可以使核心城区内的样本数有效降低，从而避免房价系统性高估的问题。

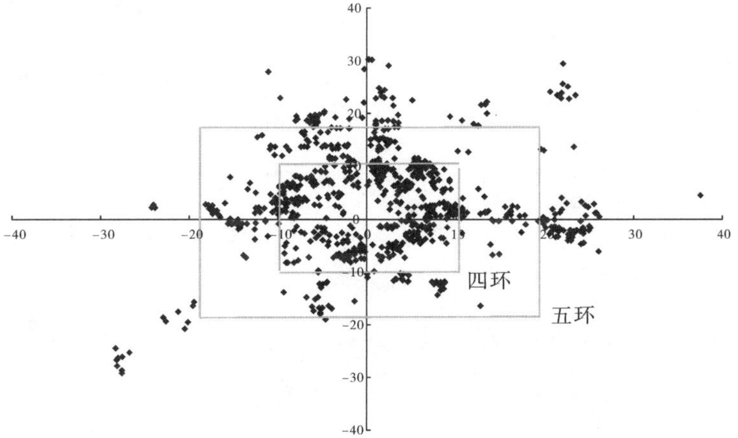

图11－1　2010年小区样本分布情况

为了避免房价系统性高估的问题，我们采取了从微观到宏观的计算思路。然而，由于首先要转向微观计算，那么就涉及微观样本的异常处理。如果一次性进入方程计算，数百条或上千条样本的异常对于方程的计算是没有多少影响的，因为我们总体的样本数达到数十万条；但是对于某个小区 30～60 条样本来讲，若干条样本的异常都会对最终的结果产生影响，因此必须先进行调整。

图 11－2 是整个住宅特征价格计算的流程。

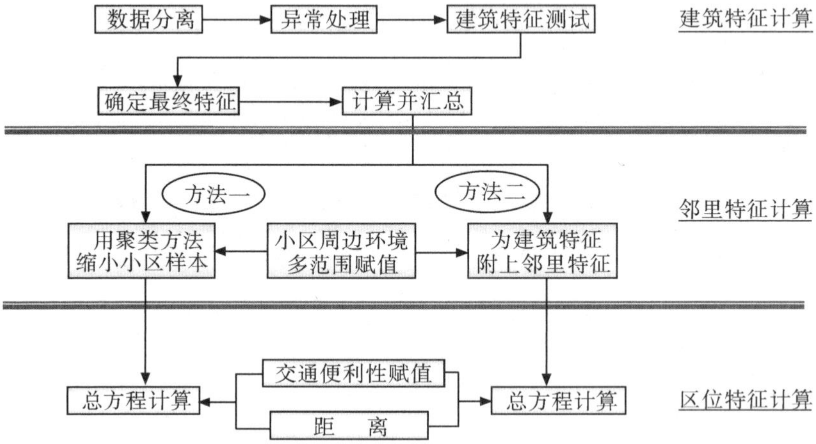

图 11－2　住宅特征价格计算流程

首先，进行建筑特征价格的计算。由于基础样本数据是混合在一起的，因此对单个小区的样本进行计算，就需要把这个小区的样本数据分离出来。在分离出单个小区的样本数据后，我们需要对异常数据进行处理，由于异常数据处理涉及的方面较多，下面单独介绍。在完成上述步骤后，我们进行建筑特征的测试。由于建筑特征包含的因素众多，如果一些特征因素在诸多小区都不显著，那么就没有计算的必要。比如楼层特征普遍不显著，对于装修特征，原始数据标注的有精装修、中等装修、简易装修和毛坯，但检验表明，诸多小区的住宅单元仅仅在装修或非装修之间存在显著差异，这主要是因为装修程度的标识很大程度上是由人的主观因素确定的，标准并不统一，而装修或毛坯却是客观事实。在经过对100多个小区进行测试后，我们最终确定的建筑特征包括：住宅面积、房间数、是否有装修。

其次，我们进行邻里特征的计算。第一步要为小区周边环境进行赋值，我们设定了四种情形：小区周边300米、小区周边500米、小区周边800米、小区周边1000米，通过最后的方程显著性确定各个邻里特征的最终范围。邻里特征的赋值方法具体如下：商业环境，原始数据提供的信息类型包括大型商场、市场、建材超市、古玩市场、珠宝市场，删除一些与生活关系不大的古玩市场、珠宝市场等，只保留大型商场和市场两类，其中大型商场得分为2，市场得分为1；医疗条件，原始数据提供的信息包括医院和诊所两类，医院得分为2，诊所得分为1；教育条件，原始数据提供的信息包括四类，职业教育得分为0.5，幼儿园得分为1，小学得分为2，中学得分为2.5；公共场所提供的信息包括公园、景点、场馆、游乐场，这些设施与人们的休闲娱乐相关，不做区分，只统计数量。在为邻里特征赋值完成后，可采用两种方法计算：一是通过聚类方法选取片区中的代表性样本，从而在进入总方程时进一步缩小小区样本，各个小区之间的邻里差异通过回归方程进行计算；二是在每一条建筑特征附上邻里特征，再结合下面的区位特征直接进入总方程计算。方法一的优势是在进行指数计算时可减少工作量，但前期的基础工作较大；此外，从商业运作的角度，它可以为开发商提供区域价值评估。方法二的优势是保留了尽可能多的邻里特征信息，从理论探讨的角度这种做法是合适的，本研究采取方法二。

最后，进行区位特征计算并汇总其他特征进行总方程计算。区位特征的计算涉及两个方面：一是到市中心的距离，本项研究中北京的中心确定为天安门；二是交通便利性，交通便利性的赋值方法是，公交站点上行或下行得分0.5，地铁站得分5。地铁站设定数倍于公交站得分的原因是，地铁具有强大的网络覆盖以及无拥堵带来的准时性。在完成区位特征赋值后，采用方法二进行总方程的计算。

（三）有关方法说明

此部分就基础数据的处理方法以及特征计算时的方程形式进行说明。

在基础数据的处理过程中，我们发现存在如下的问题：

第一，价格异常数据。对于价格异常数据的处理，我们认为不应简单采取绝对价格数的标准进行裁定，因为不同小区的价格水平存在很大差异。如果采用较高的绝对数标准，可能导致异常数据不能有效剔除；而如果采用较低的标准，可能导致一些小区的正常数据被剔除。因此，异常数据的剔除应该基于单个小区内的相对价格进行，我们对大量小区的价格水平分析表明，价格分布呈明显的左偏形态，即高价格住宅的数量偏少，因此我们在剔除数据时考虑保留0.5%分位数和98%分位数区间内的数据。

第二，户型异常的处理。后文的分析表明，当户型发生跳跃时住宅单价会有显著的下降，因此户型数据是否正确关乎整体方程的回归效果。在数据处理过程中，我们发现大量的户型错误，即存在大量的户型A房间数大于户型B房间数，但户型A面积却小于户型B面积的矛盾现象。我们并不否认上述现象在现实中存在，但我们认为只有在面积非常接近的情况下才会出现上述现象。在处理的程序上，我们采取如下方法修改户型，即将小区住宅按面积进行升序排序，而户型代表的房间数必须呈阶梯状上升。按上述规则修改户型记录，并标记每个小区的修改次数，对于修改次数较多的小区，需要进行关注和复检。即是否存在户型 A 面积很接近户型 B，但户型 A 房间数大于户型 B 房间数的情况，如果出现上述情况，我们视上述情况出现的频次以及是否在不同季度上保持一致，从而确定是否要返回修改。

第三，装修情况的处理。对于没有标记是否装修的记录，我们统一认为是装修的情况。

此外，对于数据是否异常，我们还采取了如下的检测方式。即记录每个季度该小区的均值和标准差，然后进行跨季度的对比。若两个季度之间的均值和标准差变动很大则要特别关注。首先需要观察两个季度之间是否出现户型突变的情况，在排除了上述情况后即可寻找是否有异常的数据。

关于计算方程的形式说明。

特征价格模型一般包括三种形式：

第一种形式是线性方程式，如下所示：

$$P = \alpha_0 + \beta_1 Z_1 + \beta_2 Z_2 + \cdots + \beta_n Z_n + \varepsilon \tag{2}$$

其中，Z_1，Z_2，…，Z_n 分别代表住宅的不同属性，β_1，β_2，…，β_n 表示住宅各种属性的影子价格。该方程给出了住宅价格每个属性对住宅价格的贡献值，但是该方程假设每一种属性对价格的贡献量是不变的，而现实中每一种属性的变动存在着边际效应。

第二种形式是对数形式，如下所示：

$$\ln P = \ln\alpha_0 + \beta_1 \ln Z_1 + \beta_2 \ln Z_2 + \cdots + \beta_n \ln Z_n + \varepsilon \tag{3}$$

其中，Z_1，Z_2，…，Z_n 分别代表住宅的不同属性，β_1，β_2，…，β_n 不再表示住宅各种属性的影子价格，而是表示每一单位属性增加带来的价格增量，或者说住宅价格对各种属性的弹性。

第三种形式是半对数形式，如下所示：

$$\ln P = \ln\alpha_0 + \beta_1 Z_1 + \beta_2 Z_2 + \cdots + \beta_n Z_n + \varepsilon \tag{4}$$

其中，Z_1，Z_2，…，Z_n 分别代表住宅的不同属性，β_1，β_2，…，β_n 表示每一单位属性增加带来的住宅价格对数变化的百分比，将 β_i 乘以 100 就近似等于住宅价格变化的百分比，$100 \times \beta_i$ 又被称为价格 P 对 Z_i 的半弹性。

对于上述三种形式，具体使用哪一种，可采用 Box－Cox 变换，再通过分析取得最终的函数形式。

Box－Cox 变换的原理如下：

$$Z^{(\lambda)} = \begin{cases} (Z^{\lambda} - 1)/\lambda, \lambda \neq 0; \\ \ln Z, \lambda = 0 \end{cases} \tag{5}$$

当 $\lambda = 1$ 时，$Z^{(\lambda)} = Z - 1$；当 $\lambda = 0$ 时，$Z^{(\lambda)} = \ln Z$。

对住宅价格函数的所有变量都进行此种 Box－Cox 变换可得到下列模型：

$$P^{(\lambda_0)} = \beta_0 + \beta_1 S^{(\lambda_1)} + \beta_2 T^{(\lambda_2)} + \beta_3 U^{(\lambda_3)} + \beta_4 V^{(\lambda_4)} + \varepsilon \tag{6}$$

当所有的 $\lambda = 0$ 时，这个模型就是对数表达式；

当所有的 $\lambda = 1$ 时，方程转变为：

$P - 1 = \beta_0 + \beta_1(S - 1) + \beta_2(T - 1) + \beta_3(U - 1) + \beta_4(V - 1) + \varepsilon$，该方程与线性表达式是等价的。

当 $\lambda_0 = 0$，$\lambda_{1,2,3,4} = 1$ 时，方程则变成半对数形式。

根据诸多的研究结果，半对数是最为恰当的函数形式。它具有如下优势：第一，半对数模型允许各个特征计量单位的差异性；第二，回归系数很容易理解，系数乘以 100 后表示每一单位特征变化导致的价格变化百分比；第三，半对数模型可以最小化模型的异方差。本文选择半对数模型进行分析。

四、北京市住宅建筑特征分析

上文介绍了住宅特征价格的计算流程，由于我们的计算从微观部分的建筑特征开始，因此这一节对住宅建筑特征进行分析。

（一）单个小区的建筑特征

根据大量的试验，小区的建筑特征计算中排除了朝向、建筑年代、使用面积等特征，保留了面积、卧室数目、是否装修三个特征。楼层并不显著，但几乎所有小区计算的楼层系数相对截距项都很小，且在进入总方程计算时，我们都假定是1楼，因此不影响结果。

图11－3是2010年第四季度农光里小区的住宅价格案例。从图中的走势可以看出，随着住宅面积的增大，房价整体呈下降趋势。我们还可从图中看出房价的下降呈阶梯状，即在某一面积区间范围房价变化幅度不大，这说明房价变动可能存在户型特征。此外，图中的某些突降点可能是装修因素造成的。因此，我们以住宅单价取对数作为被解释变量，面积、楼层、户型虚拟变量、装修虚拟变量作为解释变量，进行回归分析。这里的回归方程一定不存在共线性问题：因为户型和装修都为虚拟变量，而作为连续数据的面积和楼层不可能出现随面积增大楼层相应增大或减小的现象，因此直接进行回归。

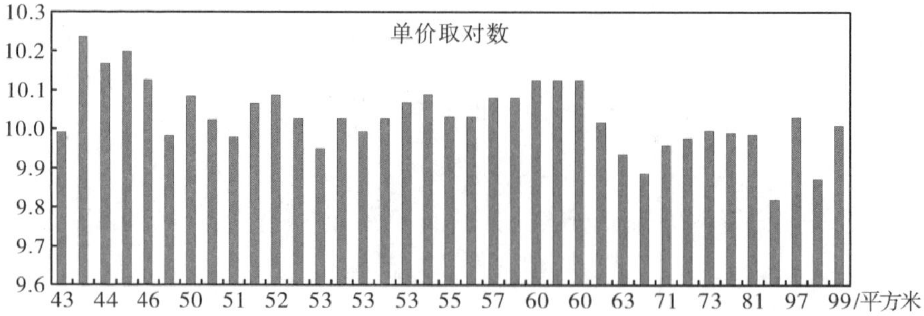

图 11－3　2010 年第四季度农光里小区单价随面积变化情况

表 11－2 是 2010 年第四季度农光里小区的建筑特征回归结果，这是有代表性的回归结果。截距项的显著性最为明显，其系数代表了小区单价的整体水平。建筑面积通过 T 检验，其系数为负，表明随着面积的增加单价减少；由于被解释变量取对数，系数意味着变化弹性，表示面积每增加一平方米，单价减少 0.7%，在本案例中即为 229 元，这里体现了住宅价格变化的规模效应。户型虚拟变量系数为正，且两者都通过了 T 检验，表明随着户型增加，住宅为消费者提供的功能增加，效用也增多。建筑面积与户型两者最终对住宅价格的影响取决于综合效应：在这一案例中，住宅由 1 居升为 2 居，住宅单价下降 614 元；住宅由 2 居升为 3 居，住宅单价下降 1018 元。装修特征系数为负，且通过 T 检验，表明毛坯房比装修房便宜，在综合考虑建筑面积、户型因素后，毛坯房比装修房便宜 4848 元。这一价格的便宜程度是很大的，存在着套利空间。因为对于 43 平方米的一居户型而言，毛坯房相对于装修房便宜 21 万元，远远可以覆盖装修成本。在所有小区的计算中，这样的案例是很少的，根据我们的统计，毛坯房相对于装修房单价大约便宜 5%，考虑房价和装修成本后，存在装修套利空间的房子很少。楼层系数并没有通过 T 检验，但其系数很小，是第二小的建筑面积的系数的 1/10，因此

在其乘以 1 后并不会对结果产生实质性影响。

表 11-2　2010 年第四季度农光里小区建筑特征回归结果

变量		系数	标准差	T 统计量	p 值
截距项		10.4039***	0.1072	97.0205	0.0000
建筑面积		-0.0070***	0.0022	-3.2215	0.0030
楼层		0.0007	0.0020	0.3516	0.7276
是否 2 居以上		0.0721	0.0430	1.6753	0.1039
是否 3 居以上		0.1653**	0.0811	2.0379	0.0502
是否装修		-0.2286***	0.0836	-2.7361	0.0102
R^2	0.4548	F 统计量	5.1727	F 检验	0.0015

然而，并不是所有小区的回归结果都很好，表 11-3 即是一个不好的案例，建筑面积勉强通过检验；楼层并不是关注的变量，却通过检验；户型虚拟变量只有 4 居通过检验，其他都未通过；装修尽管也是勉强通过检验，但系数为正，说明毛坯房比装修房贵。此外，方程的拟合优度也不高。

表 11-3　2010 年第三季度桃花岛小区建筑特征回归结果

变量		系数	标准差	T 统计量	p 值
截距项		9.9157***	0.1231	80.5255	0.0000
建筑面积		-0.0024	0.0015	-1.6100	0.1140
楼层		-0.0185**	0.0094	-1.9598	0.0558
是否 2 居以上		0.0295	0.0691	0.4265	0.6716
是否 3 居以上		-0.0023	0.0585	-0.0392	0.9689
是否 4 居以上		0.2970**	0.1582	1.8776	0.0665
是否装修		0.1776	0.1119	1.5869	0.1191
R^2	0.2511	F 统计量	2.6828	F 检验	0.0251

在我们对各个小区的建筑特征进行计算的过程中，通过错误户型的修改以及异常数据的剔除，尽管可以使方程的拟合效果有所提高，但并不是所有小区的建筑特征都拟合得很好。然而，在对各个小区进行计算的过程中，我们发现一个现象，即所有小区的截距项都是通过检验的。这就意味着每个小区都存在一个基础价格，而这个价格并不是由小区内的特征决定的，恰恰是由建筑特征以外的因素决定的。

（二）户型特征在不同区域的表现

上文的分析表明建筑特征对住宅价格的决定因素仅仅是很小一部分，那么这一节我们通过统计方法对不同建筑特征在不同区域的表现差异进行考察，以便为小区基础价格的决定因素发现一些线索。

上文论述表明，户型提供的功能效用和建筑面积的规模效应交织在一起，但总的表现是随着户型增加单价略微下降。本节考察户型特征在不同区域的表现，我们在相同小区、相同装修特征的前提下，将户型按升序排列，观察大户型相对于小户型是否单价下降，以及下降幅度。

表 11 -4 是按上述方法进行排序后的统计结果。从表中我们可以发现一个有意思的现象：当我们由全市范围向核心城区缩小范围时，随户型增加单价下降的情况相较于随户型增加单价上升的情况以更快的速度递减，这意味着越往主城区靠近，户型增大导致规模效应的可能性越小；价格变动的幅度更能说明问题（第 5、第 6 两列），越往主城区靠近，随户型增加导致单价下降的幅度越低，相反单价上升的幅度越高，这说明往主城区不仅产生规模效应的可能性变小，产生规模效应的程度也变小。这一现象背后反映的是：在城区级差地租逐步抬高的情况下，面积的规模效应逐渐消失。实际上，在建筑特征的多维考察中，室内面积相对于区域来讲是不重要的一个维度。

表 11－4　2010 年第四季度北京市户型在不同区域的表现

变量	随户型增加单价下降的个数/个	随户型增加单价上升的个数/个	两者之差/个	随户型增加单价下降的幅度/%	随户型增加单价上升的幅度/%	两者之差/%
全区域	1413	808	605	7.78	7.84	－0.06
五环以内	969	637	332	7.05	7.56	－0.51
四环以内	544	413	131	6.61	7.48	－0.87
三环以内	170	160	10	6.94	8.67	－1.73

（三）装修特征在不同区域的表现

上文统计了户型在不同区域的表现差异，这里统计装修在不同区域的特征差异。同样，我们固定相同的小区、相同的户型条件下，比较装修房和毛坯房的价格关系。

表 11－5 是统计结果，整体来看出现毛坯房比装修房贵的情况很少，不到总数的 2%。从区域特点来看，出现毛坯房比装修房贵的情况越往郊区可能性越大。这与郊区别墅较多的情况有关，因为购买别墅的人是价格不敏感的，他们对住房的个性需求是重要的，而这时一座已有装修的房子如果与购房者的偏好不同，对于购房者来说就是个负担。此外，装修房比毛坯房贵的幅度从另一个方面说明了问题，越往核心区靠近，装修房相对毛坯房贵的程度在下降，这也说明装修这种建筑特征相对于级差地租而言是不重要的，反方向的变动也印证了这一事实，越往郊区，毛坯房相对装修房越贵。

表 11－5　2010 年第三季度北京市装修在不同区域的表现

变量	装修房比毛坯房贵的个数/个	装修房比毛坯房便宜的个数/个	两者之差/个	装修房比毛坯房贵的幅度/%	装修房比毛坯房便宜的幅度/%	两者之差/%
全区域	1046	23	1023	5.72	10.88	－5.16
五环以内	648	14	634	5.73	9.41	－3.68
四环以内	244	4	240	5.49	8.76	－3.27
三环以内	78	0	78	6.25	0.00	6.25

五、北京市住宅建筑特征及区位特征的综合分析

上文的分析已经勾勒出区位重要性的线索，这一节我们先进行建筑特征和区位特征的综合分析，由于我们的特征价格计算采取的是方法二（即混合所有特征计算），且区位特征相对重要，因此先进行区位特征的计算，先进行区位特征的计算并不影响最终结果。

（一）区位特征的整体回归

图 11－4 是 2010 年第四季度北京市住宅单价取对数后，其随距市中心距离的变化情况。从图中可以看出，住宅单价随距离增加呈逐渐下降趋势，但其下降趋势并不是线性比例的下降，我们给出的拟合线说明住宅单价是加速下降的。这提示我们方程的形式应该包括二次形式。图中的价格下降趋势中呈现锯齿形态，我们设想这是由三个方面的原因造成的：一是户型之间的差异，二是是否装修导致的差异，三是交通便利性导致的差异。于是我们构建如下的方程形式：

$$\ln P = c + b_1 \times D^2 + b_2 \times D + b_3 \times TC + b_4 \times S + \sum b_j \times \text{Bedroom}_j + b_k \times \text{If\_ Decor}$$

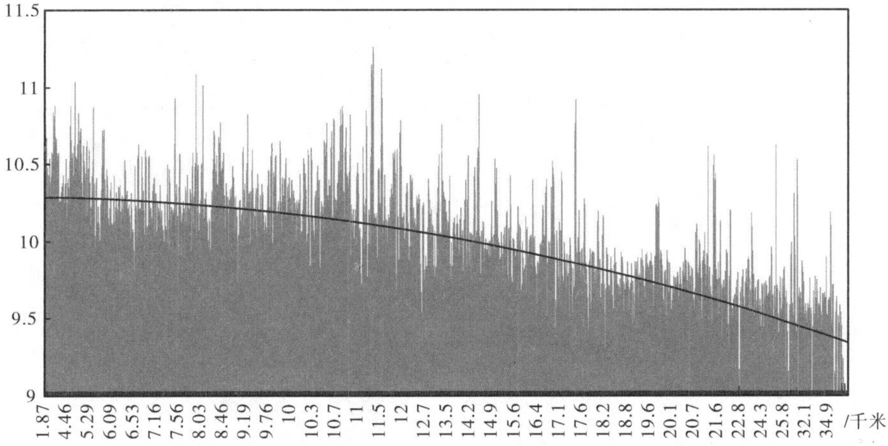

图 11－4　2010 年第四季度北京市住宅单价在地理空间上的差异

表 11－6 是包含建筑特征和区位特征的按上述方程回归的结果，由于对于交通便利性我们并不确定怎样的赋值范围才是合适的，因此我们分别计算了四种情形下的模型分析结果，模型一至模型四分别表示小区 300 米范围的交通便利性、小区 500 米范围的交通便利性、小区 800 米范围的交通便利性和小区 1000 米范围的交通便利性。表 11－6 的检验结果表明，当赋值范围达到小区中心 800 米范围以上时，交通便利性通过 T 检验，而且随着范围扩大，方程的整体拟合优度也在提升。较小的半径范围难以通过检验的原因是，范围过小不能充分地包含交通便利性信息，以小区中心 300 米半径为例，很多大型的小区自身都覆盖了这个面积，因此交通便利性赋值大都为 0，难以起到区分作用。模型三和模型四都是拟合效果很好的方程，考虑到过大的范围也会出现交通便利性共享的问题，我们选用模型三。

模型三的整体拟合效果很好，并且所有系数通过 T 检验。系数所反映的情况是：截距项的系数最大，它体现了北京的住宅单价的整体情况。距离的系数为负，表明随距离的增加，住宅单价是单调递减的；距离的平方系数为正，说明这种递减是加速递减的。交通便利性的系数为正，说明交通越发达，其对住宅单价有显著的提升作用。建筑面积的系数为正，表示住宅单价随单位面积的增大而递增；这与上文的建筑特征的案例分析结果不同，尽管住宅单价上升，但户型的梯度增加引致单价下降，且户型系数远大于面积，考虑现实户型面积后，两者综合效应是递减的；这说明就北京全市而言，户型越大，房价相对便宜，但相同户型条件下，面积增加引致效用增加，从而住宅价格增加。装修系数为负，说明毛坯房比装修房便宜。

表 11－6　包含建筑特征和区位特征的回归结果

变量	模型一	模型二	模型三	模型四
截距项	10.4918*** (650.8188)	10.4894*** (628.4954)	10.4687*** (601.6705)	10.4621*** (581.9495)
距离的平方	0.0003*** (7.6499)	0.0003*** (7.6562)	0.0003*** (7.6791)	0.0003*** (7.5647)
距离	－0.0459*** (－29.6215)	－0.0459*** (－29.6118)	－0.0457*** (－29.4732)	－0.0455*** (－29.2337)
交通便利性	－0.0003 (－0.6866)	0.0000 (－0.0742)	0.0003*** (2.5782)	0.0003*** (2.9679)
建筑面积	0.0019*** (21.2352)	0.0019*** (21.2068)	0.0020*** (21.4310)	0.0020*** (21.4693)
是否 2 居以上	－0.0660*** (－6.3215)	－0.0660*** (－6.3206)	－0.0664*** (－6.3624)	－0.0665*** (－6.3698)
是否 3 居以上	－0.1040*** (－9.8463)	－0.1041*** (－9.8503)	－0.1048*** (－9.9219)	－0.1049*** (－9.9336)

（续表）

变量	模型一	模型二	模型三	模型四
是否4居以上	-0.1437*** (-10.3661)	-0.1436*** (-10.3509)	-0.1451*** (-10.4649)	-0.1451*** (-10.4682)
是否装修	-0.0648*** (-7.7058)	-0.0645*** (-7.6714)	-0.0630*** (-7.4963)	-0.0627*** (-7.4601)
R^2	0.6171	0.6171	0.6177	0.6179
调整后的 R^2	0.6164	0.6163	0.6170	0.6172
F统计量	830.0789	829.9268	832.0949	832.8003
F值的p检验值	0.0000	0.0000	0.0000	0.0000

（二）区位特征的南北差异

对于北京的住宅价格，民众普遍的说法是"上风上水上海淀"，其表明的含义是北京居民偏好于在北部购房，那么相应地北部区域的房价相对更高，下降的速度也应该更慢。图11-5绘制了2010年第四季度北京住宅单价在南北分布之间的差异，以黑色的竖线为中心，右边表示北部区域，左边表示南部区域。图中也简单地拟合了住宅单价随距离变动的二次曲线，从拟合的结果来看，北部的房价随距离下跌的速度更快，似乎并不能得出北部房价更高的结论。

为了更深入地说明问题，我们需要通过回归分析进一步地观察。表11-7是应用模型三分别对南北两个区域进行估计的结果。从截距项来看，北部高于南部，说明北部的房价整体高于南部区域；距离系数表现出有意思的现象，距离本身的系数北部的绝对值大于南部，说明北部房价下降的幅度大，距离的平方也同样说明北部的房价越往城外走下降的速度越快。结合截距项的结果可以说明如下问题：所谓的北部区位优势

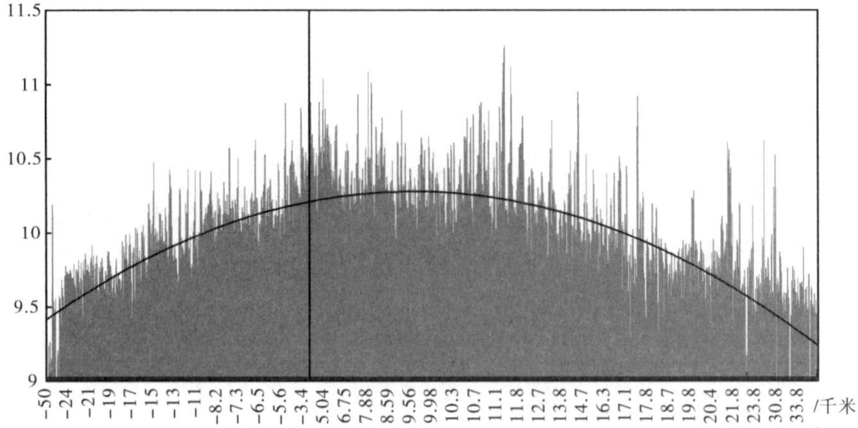

注：横轴正号表示北边，负号表示南边。

图 11－5　2010 年第四季度北京住宅单价在南北区域分布的差异

好，实际上仅仅限于核心城区部分，而到郊区，北部的房价下降得更快；对于南部而言，城区的房价相对较低，而郊区的下降幅度也不大，这与当前北京南部的开发力度加大有关。就交通便利性特征而言，系数反映的结果是南部地区的交通便利性对房价有正向作用，北部地区的交通便利性对房价却是负向作用，这可能是北部的郊区交通已经很发达，但房价还未达到相应的估计水平造成的。综合建筑面积和户型虚拟变量来看，在北部区域买更大的住宅相对于南部会更便宜。装修特征的南北部差异是，北部区域的毛坯房相对于装修房更便宜。

表 11－7　区位特征在南北之间的差异

变量	南部	北部
截距项	10.3367*** (506.4673)	10.6975*** (431.3466)
距离的平方	0.0002*** (3.9947)	0.0006*** (11.0896)

（续表）

变量	南部	北部
距离	-0.0405*** (-23.5473)	-0.0605*** (-27.0540)
交通便利性	0.0001 (0.7456)	-0.0001 (-0.5853)
建筑面积	0.0018*** (11.3952)	0.0018*** (16.6594)
是否 2 居以上	-0.0600*** (-4.3912)	-0.0631*** (-4.8040)
是否 3 居以上	-0.0969*** (-6.7953)	-0.0968*** (-7.3737)
是否 4 居以上	-0.1314*** (-6.6314)	-0.1337*** (-7.9694)
是否装修	-0.0480*** (-4.4290)	-0.0558*** (-5.2497)
R^2	0.7149	0.6387
调整后的 R^2	0.7133	0.6376
F 统计量	441.6975	597.0136
F 值的 p 检验值	0.0000	0.0000

（三）不同户型组在区位特征上的差异

第四节我们分析了户型特征在不同区域的表现，结果表明越往中心城区，户型增加导致单价下降的可能性越小，甚至可能还是上升的，我们将其解释为中心城区的地租是房价决定中更重要的因素。在这一节我们进行同样目的的检验，但方法略有不同：我们固定住某一户型，看其在距离增大的过程中价格下降的程度，对于较大的户型而言，其下降的幅度和速度都应该更大，因为越往中心，扩大面积的地租代价越大，或者换句话讲，越往郊区，大户型才越有发展的空间。

图 11－6 是不同户型组在距离特征上的差异，根据前文的结论以及这一节的假设，4 居及以上相对于 3 居以及 2 居和 1 居应该有更大的负斜率，并且有更大的凸度。上述四个子图基本符合这一趋势。

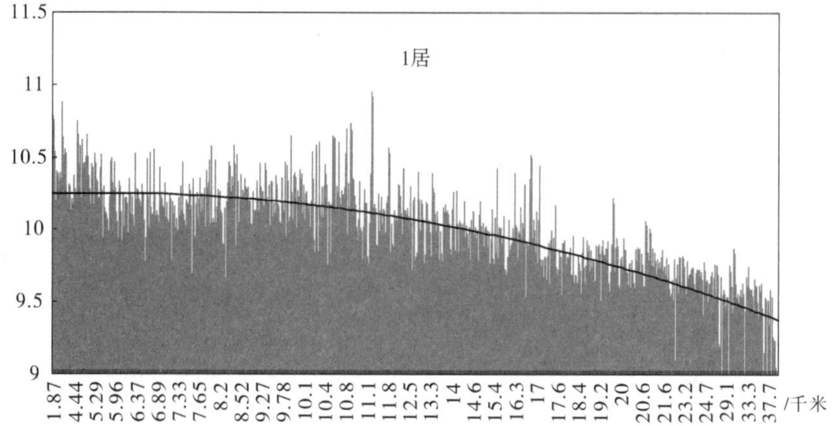

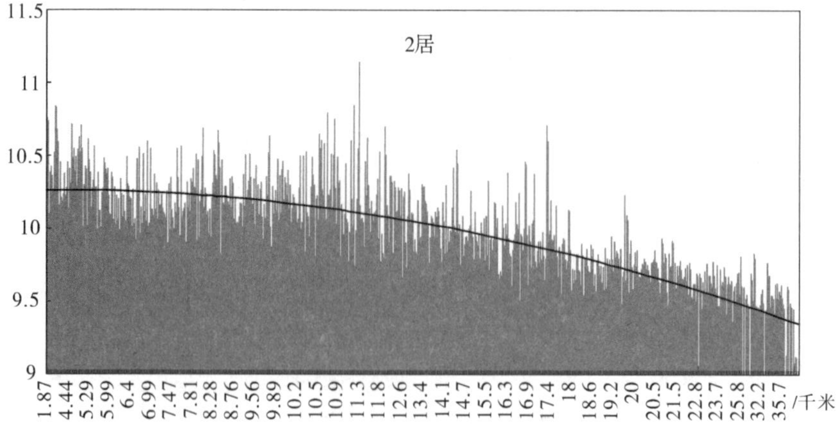

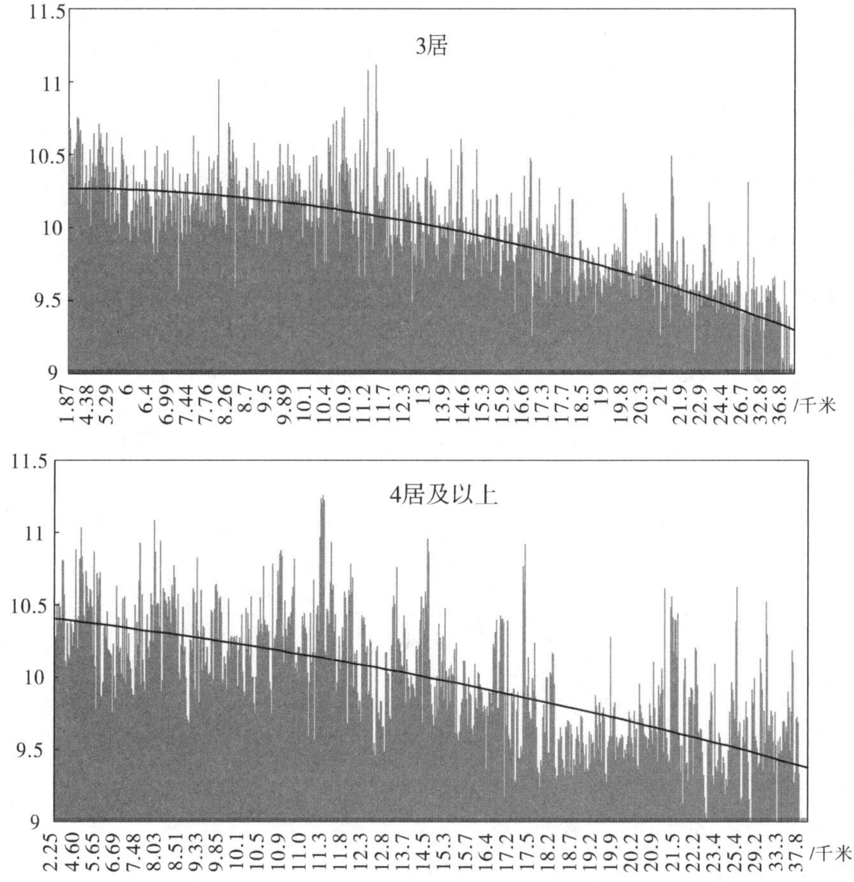

图 11－6　不同户型组在距离特征上的差异

表 11－8 是四个方程的拟合结果：距离的平方即为凸度表示，确实是随着户型增加逐渐增加；距离的系数是负数，但其绝对值是随着户型增加逐渐增加的，这说明下降的幅度是增加的。交通便利性的系数是随户型增大逐渐减少的，甚至当达到一定户型后其系数为负，这背后反映了一个有意思的现象：如果各种户型对应于不同的购买者，单身族或上班族更看重通勤便利性，因此交通便利性对房价产生正向影响；对于两口或三口之家而言，在该方程中他们对交通便利性并不敏感；对于那些

有能力购买大户型住宅的消费者而言，交通便利性还会产生负面影响，因为越便利的交通意味着更多的污染、噪声等，这类奢侈住宅大多建在较为幽静的地方。建筑面积的系数在各种户型下都为正数，这意味着在住宅提供的功能整体不变的条件下，增加面积是增加效用的，因此需要支付更高的价格；只有当户型发生改变时，单价才随面积增加而下降。装修系数都为负，且随着户型增加其相对于装修房的便宜程度逐渐降低。

表 11－8　包含建筑特征和区位特征的回归结果

变量	1 居	2 居	3 居	4 居以上
截距项	10. 3984***	10. 3233***	10. 2742***	10. 3371***
	(316. 4124)	(290. 2520)	(244. 8237)	(194. 6951)
距离的平方	0. 0001**	0. 0002***	0. 0003***	0. 0005***
	(1. 9139)	(3. 8998)	(4. 6599)	(4. 7769)
距离	－0. 0372***	－0. 0435***	－0. 0484***	－0. 0558***
	(－13. 9784)	(－16. 9619)	(－16. 4922)	(－13. 3692)
交通便利性	0. 0007*	0. 0001	0. 0002	－0. 0011*
	(1. 6679)	(0. 3871)	(0. 4145)	(－1. 6037)
建筑面积	0. 0019***	0. 0029***	0. 0025***	0. 0018***
	(3. 8847)	(8. 6007)	(9. 8620)	(13. 0370)
是否装修	－0. 0673***	－0. 0665***	－0. 0630***	－0. 0619***
	(－4. 6058)	(－4. 7692)	(－3. 9714)	(－2. 8259)
R^2	0. 6670	0. 6737	0. 6429	0. 5383
调整后的 R^2	0. 6653	0. 6722	0. 6413	0. 5359
F 统计量	384. 9657	457. 0962	394. 6791	219. 4369
F 值的 p 检验值	0. 0000	0. 0000	0. 0000	0. 0000

六、北京市住宅建筑特征、邻里特征及区位特征的综合分析

上文对北京市住宅的建筑特征和区位特征进行了分析，这一节我们将考虑对住宅价格影响仅次于区位因素的小区周边环境，即邻里特征。这些邻里特征包括：商业环境、医疗条件、教育条件和公共场所情况。这些因素与上文区位特征中的交通便利性很可能反映出共同的信息，因为便利的交通除了是为了快速地达到工作场所外，也同样会指向商场、医院、学校、公园、体育场馆等，因此这里的分析尤其要注意共线性问题。

（一）加入商业环境的住宅特征价格

在上述第五节的方程中加入商业环境因素，从而分析这种邻里因素对住宅价格的影响。由于我们并不确定小区多大范围内的商业环境会对住宅价格产生影响以及其影响方向，我们设计了 300 米范围、500 米范围、800 米范围和 1000 米范围四个方程进行分析。本节开头指出了潜在的多重共线性问题，我们首先进行共线性检验。表 11 －9 是四个方程的方差膨胀因子计算结果，通常认为方差膨胀因子整体大于 10 存在显著的共线性，表 11 －9 的结果表明各个方程的方差膨胀因子平均在 4 左右，不存在共线性问题。

表 11 －9　包含商业环境方程的方差膨胀因子

方差膨胀因子	小区 300 米范围	小区 500 米范围	小区 800 米范围	小区 1000 米范围
距离的平方	11. 8303	11. 9223	11. 9867	12. 1742
距离	11. 9007	12. 0306	12. 1831	12. 3963

（续表）

方差膨胀因子	小区 300 米范围	小区 500 米范围	小区 800 米范围	小区 1000 米范围
交通便利性	1. 0516	1. 0610	1. 0836	1. 0773
商业环境	1. 0159	1. 0493	1. 0941	1. 1015
建筑面积	3. 6437	3. 6607	3. 6452	3. 6402
是否 2 居以上	1. 5176	1. 5179	1. 5176	1. 5174
是否 3 居以上	2. 1642	2. 1650	2. 1640	2. 1639
是否 4 居以上	2. 6418	2. 6416	2. 6392	2. 6382
是否装修	1. 0220	1. 0219	1. 0218	1. 0218
均值	4. 0875	4. 1189	4. 1484	4. 1923

表 11 - 10 给出了包括商业环境的住宅特征价格回归结果，模型一至模型四分别表示小区 300 米范围至 1000 米范围的商业环境得分情况。从回归结果看，在加入商业环境后方程的整体回归结果与第五节的回归结果相比没有大的变化，截距项有略微波动，距离系数有略微差异，距离的平方系数没有变化，其他系数变化也不大。这说明商业环境的加入对北京住宅特征价格的整体影响不大。但一个有意思的现象是，如果商业环境距离小区过近，其对小区住宅价格的影响是负向的，这与我们通常想象的周边商业越发达住宅价格越高的观念不相一致。随着周边范围的扩大，商业环境对住宅价格的系数转为正，但这些方程都没有通过 T 检验，这说明房价因素决定中，商业环境并不是一个主要因素，但距离周边商业过近的小区，房价会有负面影响。

表 11 - 10　包含商业环境的住宅特征价格回归结果

变量	模型一	模型二	模型三	模型四
截距项	10. 4737*** (593. 7655)	10. 4668*** (579. 9190)	10. 4725*** (565. 9543)	10. 4732*** (554. 0179)

（续表）

变量	模型一	模型二	模型三	模型四
距离的平方	0. 0003*** (7. 8022)	0. 0003*** (7. 5675)	0. 0003*** (7. 6847)	0. 0003*** (7. 6535)
距离	-0. 0459*** (-29. 5077)	-0. 0456*** (-29. 1176)	-0. 0459*** (-29. 1003)	-0. 0459*** (-28. 8755)
交通便利性	0. 0003*** (2. 6684)	0. 0003** (2. 5184)	0. 0003*** (2. 6440)	0. 0003*** (2. 6419)
商业环境	-0. 0100*** (-1. 7070)	0. 0010 (0. 4067)	0. 0000 (-0. 6005)	0. 0000 (-0. 6028)
建筑面积	0. 0020*** (21. 3344)	0. 0020*** (21. 3895)	0. 0020*** (21. 3716)	0. 0020*** (21. 3959)
是否 2 居以上	-0. 0662*** (-6. 3415)	-0. 0665*** (-6. 3685)	-0. 0663*** (-6. 3524)	-0. 0664*** (-6. 3567)
是否 3 居以上	-0. 1045*** (-9. 8984)	-0. 1049*** (-9. 9278)	-0. 1048*** (-9. 9133)	-0. 1047*** (-9. 9157)
是否 4 居以上	-0. 1442*** (-10. 3978)	-0. 1453*** (-10. 4717)	-0. 1447*** (-10. 4502)	-0. 1451*** (-10. 4626)
是否装修	-0. 0628*** (-7. 4704)	-0. 0630*** (-7. 4908)	-0. 0630*** (-7. 4903)	-0. 0630*** (-7. 4932)
R^2	0. 6180	0. 6177	0. 6177	0. 6177
调整后的 R^2	0. 6171	0. 6169	0. 6169	0. 6169
F 统计量	740. 3073	739. 5084	739. 5652	739. 5660
F 值的 p 检验值	0. 0000	0. 0000	0. 0000	0. 0000

（二）加入教育环境的住宅特征价格

教育环境通常是居民购房选择过程中重点考虑的因素，当前学区房价格普遍高于周边住房价格即是明证。遵照上文的方法，我们单独加入教育环境进行分析。首先依然是进行共线性检验，从表 11 - 11 给出的计算结果来看，加入教育环境后的方程不存在多重共线性问题。

表 11 - 11　包含教育环境方程的方差膨胀因子

方差膨胀因子	小区 300 米范围	小区 500 米范围	小区 800 米范围	小区 1000 米范围
距离的平方	12. 1644	12. 5936	13. 0344	13. 3614
距离	12. 4615	13. 1471	13. 9478	14. 6225
交通便利性	1. 0685	1. 0768	1. 0967	1. 0916
教育环境	1. 1362	1. 2235	1. 3569	1. 4479
建筑面积	3. 6980	3. 6797	3. 6717	3. 6514
是否 2 居以上	1. 5182	1. 5182	1. 5179	1. 5175
是否 3 居以上	2. 1677	2. 1673	2. 1667	2. 1653
是否 4 居以上	2. 6424	2. 6410	2. 6409	2. 6384
是否装修	1. 0218	1. 0222	1. 0220	1. 0218
均值	4. 2087	4. 3410	4. 4950	4. 6131

表 11 - 12 给出了小区不同半径范围加入教育环境的住宅特征价格回归结果，同样地，与第五节回归结果相比，方程整体的改变不大。回归结果显示，在小区周边 800 米范围内，教育对住宅价格的影响是不显著的，但是在小区周边 1000 米范围内，教育环境对住宅价格有正向的影响。从系数来看，这种影响效果并不强，甚至小于建筑面积递增产生的正的影响。这一结果与现实感受存在一定的差距，很大原因是我们只标识了教育设施的物理距离，而现实中哪些小区能够与重点学校相连很大程度上是行政直接划分的结果。如果我们能够明确得到小区是否是学区房的信息，相信这一回归结果的效果会更明显。

表 11－12　包含教育环境的住宅特征价格回归结果

变量	模型一	模型二	模型三	模型四
截距项	10.4743*** (567.8639)	10.4744*** (541.4644)	10.4709*** (514.8214)	10.4490*** (496.7333)
距离的平方	0.0003*** (7.7121)	0.0003*** (7.5874)	0.0003*** (7.3519)	0.0003*** (6.6167)
距离	-0.0460*** (-28.8781)	-0.0460*** (-28.1248)	-0.0458*** (-27.1777)	-0.0444*** (-25.7374)
交通便利性	0.0003*** (2.6777)	0.0003** (2.6525)	0.0003*** (2.5645)	0.0003** (2.1957)
教育环境	-0.0020 (-0.9036)	0.0000 (-0.6697)	0.0000 (-0.2092)	0.0010* (1.6688)
建筑面积	0.0019*** (21.1329)	0.0020*** (21.2285)	0.0020*** (21.3031)	0.0020*** (21.4988)
是否 2 居以上	-0.0662*** (-6.3384)	-0.0662*** (-6.3442)	-0.0664*** (-6.3565)	-0.0666*** (-6.3815)
是否 3 居以上	-0.1044*** (-9.8741)	-0.1045*** (-9.8857)	-0.1047*** (-9.9062)	-0.1052*** (-9.9653)
是否 4 居以上	-0.1446*** (-10.4203)	-0.1448*** (-10.4370)	-0.1450*** (-10.4518)	-0.1453*** (-10.4826)
是否装修	-0.0631*** (-7.5015)	-0.0632*** (-7.5089)	-0.0631*** (-7.4978)	-0.0629*** (-7.4842)
R^2	0.6178	0.6177	0.6177	0.6180
调整后的 R^2	0.6169	0.6169	0.6169	0.6171
F 统计量	739.6977	739.5907	739.4731	740.2698
F 值的 p 检验值	0.0000	0.0000	0.0000	0.0000

（三）加入医疗条件的住宅特征价格

医疗条件是购房过程中考虑的另一重要邻里因素，先验的想法是：老年人很愿意在靠近医院的周边居住，因为他们有更多的健康需求，并且他们相对于年轻人在更早的时机有更强的购买力。因此，我们推断医疗条件对住宅价格有正向影响。下面通过方程进行检验，首先依然是考虑共线性问题，表 11 – 13 给出的方差膨胀因子表明方程不存在共线性关系。

表 11 – 13　包含医疗条件方程的方差膨胀因子

方差膨胀因子	小区 300 米范围	小区 500 米范围	小区 800 米范围	小区 1000 米范围
距离的平方	11.7626	11.7463	11.7979	11.9395
距离	11.8197	11.8215	11.9327	12.1346
交通便利性	1.0526	1.0486	1.0552	1.0531
医疗条件	1.0191	1.0132	1.0369	1.0509
建筑面积	3.6680	3.6512	3.6394	3.6364
是否 2 居以上	1.5176	1.5179	1.5173	1.5174
是否 3 居以上	2.1658	2.1647	2.1639	2.1638
是否 4 居以上	2.6425	2.6400	2.6394	2.6383
是否装修	1.0223	1.0219	1.0218	1.0217
均值	4.0745	4.0695	4.0894	4.1284

表 11 – 14 是包含医疗条件的住宅特征价格回归结果。与不加入医疗条件的回归结果相比，方程的系数和各变量的显著性检验差异不大，这同样说明了邻里特征并不是价格决定的主要因素。但是对不同小区半径的回归结果却与我们的先验观念不一致：医院或诊所距离小区过近，其对小区住宅价格的影响是负向的，且越近程度越大；当医院或诊所距离小区 1000 米范围的情况下，其对住宅价格的影响是正向的，但却不显著。对此我们有两点解释：第一，距离医院越近，存在医疗污染的风

险越大，这是负面的效应。第二，对于有大量医疗服务需求的老年人来说，他们的另一个属性是有大量的时间，空间上的距离是通过时间上的可达性丈量的，在时间相对充裕的情况下，距离的远近也就并不重要；此外，即使存在急救的需求，这一方面是一个概率事件，花费很大的住宅价格成本去换取急救时间可能是不值得的，另一方面在发生急救后，治疗就不存在距离上的远近问题，因为这时已经转为住院服务了。

表 11－14　包含医疗条件的住宅特征价格回归结果

变量	模型一	模型二	模型三	模型四
截距项	10.4764*** (602.8980)	10.4853*** (589.3814)	10.4780*** (570.3098)	10.4665*** (548.7223)
距离的平方	0.0003*** (7.4245)	0.0003*** (7.8147)	0.0003*** (7.7733)	0.0003*** (7.5752)
距离	−0.0452*** (−29.2660)	−0.0460*** (−29.7149)	−0.0460*** (−29.4735)	−0.0456*** (−29.0010)
交通便利性	0.0004*** (2.9558)	0.0003*** (2.6351)	0.0003*** (2.6955)	0.0003** (2.5532)
医疗条件	−0.0240*** (−5.9121)	−0.0100*** (−4.2810)	−0.0020 (−1.5669)	0.0000 (0.2880)
建筑面积	0.0019*** (20.8724)	0.0019*** (21.1537)	0.0020*** (21.3765)	0.0020*** (21.4305)
是否 2 居以上	−0.0655*** (−6.3006)	−0.0655*** (−6.2914)	−0.0664*** (−6.3611)	−0.0664*** (−6.3600)
是否 3 居以上	−0.1028*** (−9.7738)	−0.1038*** (−9.8524)	−0.1046*** (−9.9098)	−0.1048*** (−9.9214)
是否 4 居以上	−0.1418*** (−10.2619)	−0.1436*** (−10.3728)	−0.1446*** (−10.4315)	−0.1451*** (−10.4650)

（续表）

变量	模型一	模型二	模型三	模型四
是否装修	-0.0642*** (-7.6602)	-0.0626*** (-7.4587)	-0.0629*** (-7.4858)	-0.0630*** (-7.4956)
R^2	0.6209	0.6194	0.6179	0.6177
调整后的 R^2	0.6201	0.6186	0.6171	0.6169
F 统计量	749.6189	744.7869	740.1739	739.4845
F 值的 p 检验值	0.0000	0.0000	0.0000	0.0000

（四）加入公共场所的住宅特征价格

公共场所对于居民生活质量的提升是显然的，因此其对周边小区的住宅价格应该有显著正向影响。下面对加入公共场所的住宅价格特征进行分析，表 11－15 是共线性检验结果，方差膨胀因子显示并不存在共线性问题。

表 11－15　包含公共场所方程的方差膨胀因子

方差膨胀因子	小区 300 米范围	小区 500 米范围	小区 800 米范围	小区 1000 米范围
距离的平方	11.8200	11.8418	11.9408	11.9209
距离	11.8685	11.9094	12.0863	12.1028
交通便利性	1.0490	1.0487	1.0552	1.0546
公共场所	1.0092	1.0135	1.0350	1.0417
建筑面积	3.6366	3.6386	3.6364	3.6360
是否 2 居以上	1.5173	1.5173	1.5175	1.5174
是否 3 居以上	2.1638	2.1639	2.1638	2.1638
是否 4 居以上	2.6384	2.6384	2.6397	2.6392
是否装修	1.0217	1.0219	1.0222	1.0221
均值	4.0805	4.0882	4.1219	4.1221

回归结果如表 11－16 所示，与不加入公共场所的回归方程相比，系数和方程稳定性变化都不大。但一个有意思的现象是：公共场所距离小区过近，其对小区住宅价格的影响是负向的，这可能是因为人流、车流形成的各种污染造成的；随着距离的扩大，这种负面影响效应在下降，对生活品质的正向影响效应在上升；但是达到一定距离后，正向影响效应也呈下降趋势。表 11－16 反映的各种距离条件下的回归结果表明，在公共场所 800 米范围内，其对住宅价格的影响效应最大。

表 11－16　包含公共场所的住宅特征价格回归结果

变量	模型一	模型二	模型三	模型四
截距项	10.4738*** (595.5697)	10.4710*** (587.8696)	10.4566*** (566.8424)	10.4566*** (559.0061)
距离的平方	0.0003*** (7.8187)	0.0003*** (7.7006)	0.0003*** (7.2060)	0.0003*** (7.4013)
距离	－0.0459*** (－29.5449)	－0.0458*** (－29.3834)	－0.0452*** (－28.6460)	－0.0452*** (－28.8140)
交通便利性	0.0003** (2.5354)	0.0003*** (2.5681)	0.0003*** (2.8258)	0.0003*** (2.7065)
公共场所	－0.0150* (－1.9559)	－0.0020 (－0.5972)	0.0060*** (3.1784)	0.0030* (1.7711)
建筑面积	0.0020*** (21.4099)	0.0020*** (21.4052)	0.0020*** (21.4158)	0.0020*** (21.4423)
是否 2 居以上	－0.0665*** (－6.3692)	－0.0664*** (－6.3600)	－0.0663*** (－6.3348)	－0.0663*** (－6.3510)
是否 3 居以上	－0.1047*** (－9.9203)	－0.1047*** (－9.9149)	－0.1048*** (－9.9270)	－0.1048*** (－9.9282)

（续表）

变量	模型一	模型二	模型三	模型四
是否4居以上	-0.1453*** (-10.4848)	-0.1452*** (-10.4687)	-0.1446*** (-10.3969)	-0.1446*** (-10.4311)
是否装修	-0.0630*** (-7.4955)	-0.0630*** (-7.4882)	-0.0633*** (-7.5728)	-0.0633*** (-7.5291)
R^2	0.6181	0.6177	0.6186	0.6180
调整后的R^2	0.6172	0.6169	0.6178	0.6172
F统计量	740.5723	739.5640	742.3964	740.3720
F值的p检验值	0.0000	0.0000	0.0000	0.0000

七、住宅特征价格在时间序列上的表现

以上第四节至第六节都是基于截面数据的住宅特征价格分析，或者说北京的住宅价格在空间特征上的表现，本节加入时间序列因素，在确定空间特征因素后重点观察其在时间上的动态表现。在这节的方程建模中，我们选择对住宅价格正向影响程度最大的邻里特征进入方程，即小区1000米半径范围的教育环境和小区800米半径范围的公共场所情况，其他建筑特征和区位特征保持不变。

在进行总方程回归结果考察前，首先还是观察共线性的问题，表11-17给出了方程中共线性检验的结果，结果表明方程各因素之间并不存在共线性问题。

表 11－17 总方程回归中的方差膨胀因子

距离的平方	距离	交通便利性	教育环境	公共场所	建筑面积	是否 2 居以上
9.7390	10.9939	1.1199	1.5593	1.0775	3.4182	1.5108
是否 3 居以上	是否 4 居以上	是否装修	是否 2009 Q2 以后	是否 2009 Q3 以后	是否 2009 Q4 以后	是否 2010 Q1 以后
2.1557	2.6155	1.0484	1.7293	3.0921	4.1938	5.1436
是否 2010 Q2 以后	是否 2010 Q3 以后	是否 2010 Q4 以后	是否 2011 Q1 以后	是否 2011 Q2 以后	是否 2011 Q3 以后	是否 2011 Q4 以后
5.8170	6.0827	5.8687	5.4283	4.5479	3.2100	1.7702

表 11－18 给出加入时间因素的住宅特征价格回归结果。从系数的估计结果来看，所有的表示空间特征的因素系数都没有发生大的变化；方程的截距项显著下降，这是因为之前所有的空间特征分析都是基于 2010 年第四季度数据，而加入时间因素的初始起点在 2009 年第一季度，截距项的减少都在后续的时间哑变量中得到了体现。由于方程的被解释变量为单价取对数，因此方程的系数可解释为弹性或变化百分比。比如距离系数为－0.0491，表示距离每增加一公里价格下降4.91%，当然这里还得考虑二次项的变化系数；交通便利性系数为 0.0003，表示小区 800 米半径范围内，每增加一个公交站点（或 1/5 座地铁站），价格增加 0.03%。对于时间虚拟变量系数，实际上代表了某一季度相对于前一季度的环比变化情况。比如“是否 2009Q2 以后”系数为 0.0566，其含义是 2009 年第二季度相对于 2009 年第一季度增长 5.66%。

表 11－18　加入时间因素的住宅特征价格回归结果

变量	系数	标准差	T 统计量	p 值
截距项	9.7754	0.0071	1385.1762	0.0000
距离的平方	0.0004	0.0000	33.6181	0.0000
距离	－0.0491	0.0005	－105.7045	0.0000
交通便利性	0.0003	0.0000	6.9274	0.0000
教育环境	0.0003	0.0001	2.5021	0.0123
公共场所	0.0053	0.0006	8.8184	0.0000
建筑面积	0.0019	0.0000	75.2280	0.0000
是否 2 居以上	－0.0538	0.0032	－16.9452	0.0000
是否 3 居以上	－0.0950	0.0032	－29.8272	0.0000
是否 4 居以上	－0.1350	0.0041	－33.2131	0.0000
是否装修	－0.0545	0.0024	－22.6401	0.0000
是否 2009Q2 以后	0.0566	0.0050	11.2455	0.0000
是否 2009Q3 以后	0.1105	0.0049	22.5722	0.0000
是否 2009Q4 以后	0.1204	0.0049	24.4740	0.0000
是否 2010Q1 以后	0.1738	0.0051	34.3209	0.0000
是否 2010Q2 以后	0.2184	0.0052	41.6886	0.0000
是否 2010Q3 以后	－0.0156	0.0054	－2.8943	0.0038
是否 2010Q4 以后	0.0373	0.0054	6.8489	0.0000
是否 2011Q1 以后	0.0702	0.0056	12.6113	0.0000
是否 2011Q2 以后	0.0037	0.0056	0.6652	0.5059
是否 2011Q3 以后	－0.0119	0.0056	－2.1327	0.0330
是否 2011Q4 以后	－0.0289	0.0058	－4.9734	0.0000

我们将时间虚拟变量的系数绘制在图中，就可以得到基于特征价格的二手房价格环比变动图。同时，我们将统计局的二手房价格环比数据

进行月度相乘再减去1，即可得到季度的环比价格图，因为季度环比变化是月度环比的累积。

图11－7是应用特征价格法和统计局的样本匹配法得到的二手房价格环比情况，对比两个时间序列我们发现：在2009年至2010年上半年这段时期，特征价格法刻画的房价上涨程度明显高于统计局的样本匹配法，前者与大家对存量房价格变动的感受可能更接近。2010年第二季度和2011年第一季度是北京房价的两个拐点，前者恰好对应“新国十条”政策的出台，后者对应北京限购政策的落地，我们的特征价格法反映出房价对政策的出台是敏感的，且其变动程度明显大于统计局的样本匹配法。

此外，图11－7还展示了统计局的二手房指数和新建房指数的对比情况，整体而言，二手房指数的上升幅度和下降幅度都小于新建房的变动情况。这似乎与人们的一般认识存在偏差：这一轮房价变动周期中，大家普遍感觉存量房为主的城区的房价变动要大于新建房为主的郊区的房价变动。

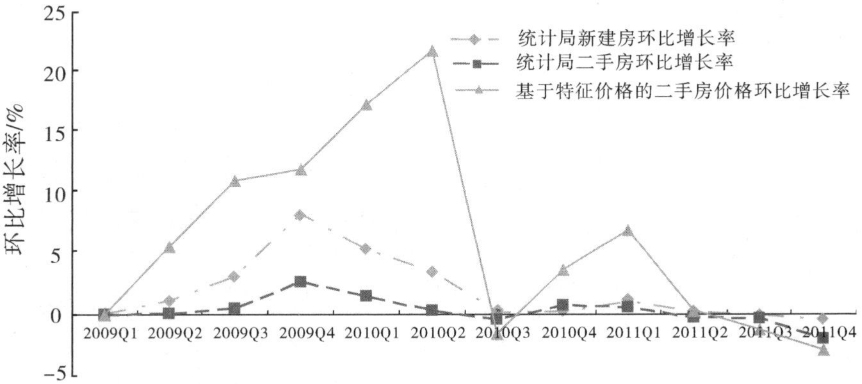

图11－7　两种统计方法的二手房价格变化对比图

八、总结及进一步研究展望

本文对北京存量住宅市场的价格特征进行了详细深入的分析。在时间序列上，时间虚拟变量反映的价格动态变化，一方面很好地刻画了2009年至2010年上半年房价大幅上涨的特征，与人们对市场的感受认知相符；另一方面，它也很好地反映了“限贷”和“限购”政策所起到的效果。我们倾向于认为特征价格法描述的价格变动更接近客观事实。

在时点层面上，截面数据表现出明显的空间和区位特征：以天安门为中心，距离每增加一公里，住宅单价大约下降5%，且这种下降呈加速趋势；交通便利性对房价也存在显著正影响，即在小区800米半径范围内，公交站点每增加一个，房价上涨0.03%；北京的住宅价格在南北两部分也表现出差异，所谓的“上风上水上海淀”仅仅描述出北部整体的房价高于南部，事实上北部房价下降的速度和加速度都高于南部（这一点可以用股票的阿尔法和贝塔理解）。

邻里特征对房价的作用并不是简单的线性关系，事实上周边环境对房价起正向作用发生在一定范围内，这反映了空间经济理论中的推拉两种效应共同作用的结果，也与Lutzenhiser（2001）关于公园与住宅价格的关系一致。比如本文的实证表明，如果公共场所距小区800米范围，其对房价的影响是最大的，过大或过小都会产生负面影响；关于教育，太近的距离没有显著性，对1000米范围内的小区有轻微的正影响；关于医疗条件，则是完全的负面影响；商业环境对300米范围内的小区有负面影响，更大的半径条件下它不是房价的决定性因素。

关于建筑特征的实证分析结论如下：装修的住宅比未装修的贵；面

积大的住宅比面积小的住宅单价便宜，这种便宜仅仅在住宅功能发生改变时才成立，即在户型扩大的情况下住宅单价才有下降趋势；而在相同户型条件下，增加户型面积是需要多支付价格的。此外，这些户型和装修特征还在空间和区位上表现出差异：大户型由中心向郊区发展其价格相对于小户型有更快的下降幅度和速度；装修特征对于城区和郊区来说有不同的表现形式，城区中装修住宅比未装修住宅贵的可能性和幅度都大；而在郊区，毛坯房更贵的可能性和幅度都大。

以上实证分析呈现出如此完美的结果，实际上归因于住宅特征的相互独立性，或者说这些特征几乎处于正交空间中，因此不存在共线性问题。正是基于这一点认识，下一步的研究中无须担心加入新的特征后会出现实证分析效果下降的情形。对于当前的研究结果，我们认为还有如下三点值得进一步改进：第一，需要加入建筑年代特征，距离接近的两个小区，在其他建筑特征相同的条件下，旧住宅与新住宅存在显著差异，根据切身感受，我们认为这一影响因素的系数至少大于建筑面积的系数；第二，当前教育特征的标注是将价格与距教育设施的距离联系在一起的，现实中完全存在一线之隔的两栋住宅因学区划片不同导致价格显著差异的情况，因此关于教育特征的标注需要用学区划片标识，而非距离标识；第三，当前的邻里特征反映的是最后时点的情况，并没有动态变化，而这就可能忽略了城市生长对住宅价格的推动作用。

参考文献

[1] 艾经纬．我国有多少房子：115 万平方公里平原上 4% 是住宅．第一财经日报，2014 - 05 - 30．

[2] 蔡真．房价调控失效的宏观原因及房价上涨的微观机制．中国房地产业，2011（11）．

[3] 蔡真，汪利娜．房价与信贷关系研究：兼论当前房价调控政策的有效性．金融评论，2011（1）．

[4] 蔡真，汪利娜．住宅市场的价格特征：以北京为例．金融评论，2012（6）．

[5] 戴金平，张华宁．全球货币量化宽松：何时退出？．厦门：厦门大学出版社，2012．

[6] 高波，毛丰付．房价与地价关系的实证检验：1999—2002．产业经济研究，2003（3）．

[7] 高晨．北京住房空置率为 19.5%．京华时报，2014 - 06 - 11．

[8] 郭文英，李江波．北京市政债券安全发行规模探讨．首都经济贸易大学学报，2010（4）．

[9]《国务院关于坚决遏制部分城市房价过快上涨的通知》，国发〔2010〕10 号．2010 年 4 月 17 日．

[10] 郭英，余建波．中国市政债券安全规模分析．广东金融学院

学报，2012（1）.

［11］韩立岩，郑承利，罗雯，等. 中国市政债券信用风险与发债规模研究. 金融研究，2003（2）.

［12］贾康，段爱群. 预算法修改中的创新突破与问题评析：关于《预算法》修改的意见和建议. 财政研究，2013（6）.

［13］凯梅尼. 从公共住房到社会市场：租赁住房政策的比较研究. 北京：中国建筑工业出版社，2010.

［14］刘刚. 金融危机后全球量化宽松货币政策比较研究. 厦门：厦门大学出版社，2015.

［15］李洪鹏. 北京二手房价跌幅，28 月新低. 法制晚报，2014－6－18.

［16］李健飞，史晨昱. 我国银行信贷对房地产价格波动的影响. 上海财经大学学报，2005（02）.

［17］李腊生，耿晓媛，郑杰. 我国地方政府债务风险评价. 统计研究，2013（10）.

［18］李萍，许宏才，李承. 财政体制简明图解. 北京：中国财政经济出版社，2010.

［19］凌维慈. 公法视野下的住房保障：以日本为研究对象. 上海：上海三联书店，2010.

［20］迈恩，苏非. 房债. 北京：中信出版社，2015.

［21］毛其淋，盛斌. 中国房地产市场的“巴拉萨－萨缪尔森”效应：来自省际动态面板数据的经验证据. 财经研究，2010（12）.

［22］明斯基. 稳定不稳定的经济：一种金融不稳定视角. 北京：清华大学出版社，2015.

［23］奥沙利文. 城市经济学：第 6 版. 北京：北京大学出版

社，2008.

［24］裴育，欧阳华生. 我国地方政府债务风险预警理论分析. 中国软科学，2007（3）.

［25］沈沛龙，樊欢. 基于可流动性资产负债表的我国政府债务风险研究. 经济研究，2012（2）.

［26］田东海. 住房政策：国际经验借鉴和中国现实选择. 北京：清华大学出版社，1998.

［27］谭小芬，林木材. 人民币升值预期与中国房地产价格变动的实证研究. 中国软科学，2013（8）.

［28］王国刚. 城镇化：中国经济发展方式转变的重心所在. 经济研究，2010（12）.

［29］王国刚，冯光华，刘煜辉，等. 中国地区金融生态环境评价（2013—2014）. 北京：社会科学文献出版社，2015.

［30］吴璟，刘洪玉，马亚男. 住房价格指数的主要编制方法及其选择. 建筑经济，2007（7）.

［31］魏加宁，陈穗红，严文彬，等. 如何控制和解决地方政府债务风险. 小康，2006（5）.

［32］武康平，皮舜，等. 中国房地产市场与金融市场共生性的一般均衡分析. 数量经济技术经济研究，2004（10）.

［33］王胜. 银行信贷扩张与房地产泡沫：理论、模型与实证. 成都：西南财经大学，2008.

［34］吴晓灵. 新（预算法）犹抱琵琶半遮面. 中国总会计师，2013（3）.

［35］徐佳. 建立地方政府债务风险预警指标体系. 中国财政，2008（11）.

［36］谢征，陈光焱．我国地方债务风险指数预警建模之构建．现代财经，2012（7）．

［37］殷剑峰，吴建伟，王增武．钱去哪了：大资管框架下的资金流向和机制．北京：社会科学文献出版社，2017．

［38］杨胜刚，张润泽．政府信用评级与市政债券发债规模探讨．现代财经（大津财经大学学报），2011（5）．

［39］余永定，肖立晟．解读中国的资本外逃．国际经济评论，2017（5）．

［40］袁志刚，樊潇彦．房地产市场理性泡沫分析．经济研究，2003（3）．

［41］中国人民银行调查统计司与成都分行调查统计处联合课题组．影子银行体系的内涵及外延．金融发展评论，2012（8）．

［42］张宏斌，贾生华．编制城市房地产价格指数的理论模型和实用方法．中国软科学，2000（4）．

［43］周京奎．房地产泡沫生成与演化：基于金融支持过度假说的一种解释．财贸经济，2006（5）．

［44］郑思齐，等．“以地生财，以财养地”：中国特色城市建设投融资模式研究．经济研究，2014（8）．

［45］张涛，龚六堂，卜永祥．资产回报、住房按揭贷款与房地产均衡价格．金融研究，2006（2）．

［46］周天勇．地方政府发债与公共项目建设．西部财会，2005，7．

［47］周小川．金融政策对金融危机的响应：宏观审慎政策框架的形成背景、内在逻辑和主要内容．金额研究，2011（1）．

［48］赵晔．现阶段中国地方政府债务风险评价与管理研究．沈

阳：辽宁大学，2009.

[49] 郑之杰. 走近全球量化宽松. 北京：社会科学文献出版社，2015.

[50] 章志平. 中国地方政府债务风险灰色评估和预警. 统计与决策，2011（15）.

[51] ADAIR A S, BERRY J N, MCGREAL W S. Hedonic modeling, housing submarkets and residential valuation. Journal of property research, 1006, 13（1）: 67 – 83.

[52] ALLEN F, DOUGLAS GALE. Bubbles and Crises. Wharton Financial Institutions Center: Wharton Working Paper Series, 1998.

[53] BALASSA B. The Purchasing Power Parity Doctrine: A reappraisal. The journal of political economy, 1964.

[54] BIN O, KRUSE J B, LANDRY C E. Flood Hazards, Insurance Rates, and Amenities: Evidence from the coastal housing market. The journal of risk and insurance, 2008, 75（1）: 63 – 82.

[55] CASE A, POLLAKOWSKI H O, WACHTER S M. On choosing among house price index methodologies. AREUEA J., 1991, 19（3）: 286 – 307.

[56] CASE K E, SHILLER R J. The efficiency of the market for single – family homes. The american economic review, 1989, 79（1）: 125 – 137.

[57] CHEN, WANG. The Procyclical Leverage Effect of Collateral Value on Bank Loans – Evidence from the Transaction. Taiwan: Economic Inquiry, 2010, 42（2）: 395 – 406.

[58] CLAURETIE M, NEILL H R. Year – round school schedules and residential property values. Journal of real estate finance and economics, 2000, 20（3）: 311 – 322.

[59] COLWELL P F, GUJRAL S S, COLEY C. The impact of a shopping center on the value of surrounding properties. Real estate issues, 1985, 10 (1): 35 –39.

[60] DAVIS, PHILIP, Zhu. Bank lending and commercial property cycles: some cross – country evidence. Bank for International Settlements, 2004.

[61] DONALD J M, ANTHONY R, SUNIL S. Financial crises in e-merging markets. IMF working paper, 1998.

[62] ESPEY M , LOPEZ H. The Impact of airport noise and proximity on residential property values. Growth and change, 2000, 31: 408 –419.

[63] FERRI M G. An Application of hedonic indexing methods to monthly changes in housing prices: 1965 – 1975. AREUEA J. , 1997, 5 (4): 455 –462.

[64] FITCH. International Local and Regional Governments Rating Criteria Outside US. , 2012.

[65] FORREST D J, GLEN R. W. The impact of a light rail system on the structure of house prices: a longitudinal study. Journal of transport e-conomics and policy, 1996, 30 (1): 15 –29.

[66] GOODHART C. The definition and control of systemic financial risk, presentation at the workshop on towards a new framework for monetary policy? Lessons from the crisis. Netherland Band, 2009 –9 –21.

[67] GRASS R G. The Estimation of Residential Property Values a-round Transit Station Sites in Washington, D. C. . Journal of Economics and Finance, 1992, 16 (2): 139 –146.

[68] HILL R J, MELSER D, SYED I A. Measuring a boom and

bust: the sydney housing market 2001 – 2006. Journal of housing economics, 2990, 18 (3): 193 – 205.

[69] HYMAN P. MINSKY. The financial instability hypothesis. Jerome levy ecomonics institute working paper, 1992, 74.

[70] JEREMY C S. Prices and trading volume in the housing market: a model with down – payment effects. The quarterly journal of economics, 1995, 110 (2): 379 – 406.

[71] JOHN C. Capital flight: estimations, issues and explanations. Princeton studies in international finance, 1986, 58.

[72] Karl E. Case and Robert J. Shiller. The Efficiency of the Market for Single – Family Homes. The American Economic Review, 1989, 79 (1): 125 – 137.

[73] KARL E, ROBERT J, ALLEN N. Mortgage default risk and real estate prices: the use of index – based futures and options in real estate. NBER working paper, 1995, 7 (2): 243 – 258.

[74] LUTZENHISER M, NETUSIL N R. Effect of open space on a home's sale price. Contemporary economic policy, 2001, 19 (3): 291 – 298.

[75] MICHAEL H J, BOYLE K J, BOUCHARD R. Does the Measurement of Environmental Quality Affect Implicit Prices Estimated from Hedonic Models? . Land economics, 2000, 76 (2): 283 – 298.

[76] MOODY. Regional and Local Governments Outside the US. , 2008.

[77] MOODY. The Application of Joint Default Analysis to Regional and Local Governments. , 2008.

[78] NELSON J, Meta – analysis of airport noise and hedonic property

values: problems and prospects. Journal of transport economics and policy, 2004, 38: 1 -28.

[79] OTTOSON H W. Land use policy and problems in the united states. Lincoln: university of nebraska press, 1963.

[80] OWEN L, JEREMY C S. Leverage and house - price dynamics in U. S. cities. Rand Journal of Economics, 1999, 30 (3): 498 -514.

[81] Report of the Secretary of the Treasury, 1831 (1829 -1836 Volume) .

[82] RIDKER R G, HENNING J A. The determinants of residential property values with special reference to air pollution. Review of economics and statistics, 1967, 49 (2): 246 -257.

[83] SAMUELSON P A. Theoretical notes on trade problems. Review of economics and statistics, 1964.

[84] SIRMANS G S, MACPHERSON D A. The composition of hedonic pricing models. Journal of real estate literature, 2005, 13 (1): 3 -41.

[85] SO H M, TSE R Y, GANESAN S. Estimating influence of transport on house prices: Evidence from Hong Kong. Journal of property valuation and investment, 1997, 15 (1): 40 -47.

[86] STANDARD. International Local and Regional Governments Rating Methodology. , 2010.

[87] TAMIM B, TRUNG B. Estimating policy spillovers from U. S to foreign asset prices. IMF Working Paper, 2011.

[88] VASICEK O A. Credit Valuation. KMV Corporation, Revision Edition, 1999.

[89] YINQIU LU, TAO SUN. Local government financing platforms in

China: a fortune or misfortune?. IMF Working Paper, 2013.

[90] ZABEL J E, KIEL K A. Estimating the demand for air quality in Four U. S. Cities. Land Economics, 2000, 76 (2): 174 -194.